高管激励动态性、战略行为与公司绩效

——基于人力资本与动态激励相容的研究

左晶晶 ◎ 著

本书受国家自然科学基金青年科学基金项目"政府干预与大股东治理对创新投资的影响机制研究"(项目批准号：71302166)和上海市哲学社会科学规划课题"创业企业催化剂型组织的治理机制研究——基于人力资本动态激励相容的视角"(项目批准号：2020BGL026)的资助

经济日报出版社

北 京

图书在版编目（CIP）数据

高管激励动态性、战略行为与公司绩效 ：基于人力资本与动态激励相容的研究 / 左晶晶著. -- 北京 ：经济日报出版社, 2025. 1. -- ISBN 978-7-5196-1533-8

Ⅰ. F272.923；F272.5

中国国家版本馆CIP数据核字第20242PH397号

高管激励动态性、战略行为与公司绩效
——基于人力资本与动态激励相容的研究

GAOGUAN JILI DONGTAIXING、ZHANLÜE XINGWEI YU GONGSI JIXIAO

——JIYU RENLI ZIBEN YU DONGTAI JILI XIANGRONG DE YANJIU

左晶晶　著

出版发行：	经济日报出版社
地　　址：	北京市西城区白纸坊东街2号院6号楼
邮　　编：	100054
经　　销：	全国各地新华书店
印　　刷：	三河市国英印务有限公司
开　　本：	710mm×1000mm　1/16
印　　张：	14.75
字　　数：	224千字
版　　次：	2025年1月第1版
印　　次：	2025年1月第1次
定　　价：	62.00元

本社网址：www.edpbook.com.cn，微信公众号：经济日报出版社

请选用正版图书，采购、销售盗版图书属违法行为

版权专有，盗版必究。本社法律顾问：北京天驰君泰律师事务所，张杰律师

举报信箱：zhangjie@tiantailaw.com　　举报电话：(010) 63567684

本书如有印装质量问题，由我社事业发展中心负责调换，联系电话：(010) 63538621

前　言

在当今这个快速变化的商业环境中，创新已成为企业持续成长和维持竞争优势的关键因素。创新不仅关系着企业的市场竞争力，更是企业实现长期可持续发展的关键战略行为。企业要想在激烈的市场竞争中立于不败之地，就必须不断地进行技术创新和管理创新，以适应市场需求的变化和新兴技术的发展。然而，创新并非易事，需要企业投入大量的资源，包括资金、人力和时间等，而且创新的成功率并不总是能够得到保证。在这样的背景下，如何激发企业内部的创新动力，尤其是如何通过有效的激励机制来激发高管团队的创新精神，成为企业管理者和学术界共同关注的焦点。

本书正是基于这样的背景，深入探讨了人力资本动态性的高管激励机制设计对于提升企业创新能力以及企业业绩的必要性和重要性。人力资本，作为企业最宝贵的资源，其动态性体现在高管的工作努力程度和工作能力会随着市场环境和企业内部经营情况的变化而发生动态变化。因此，传统的静态高管激励机制已经难以适应当前企业对高管激励的需求，亟须变革为动态的激励机制，以实现高管与股东之间的动态激励相容，持续提升公司价值。

本书通过理论分析和实证研究，揭示了高管激励动态性与企业创新投入之间的内在联系，以及这种联系如何影响企业的长期和短期绩效。研究发现，动态的股权激励机制和薪酬激励机制能够有效地激发高管的工作热情，促使其实施与股东利益一致的决策行为，从而提高企业的创新能力和业绩。在此基础上，本书还进一步探讨了研发创新投入在股权激励动态性与企业绩效之间的中介作用，以及企业风险承担水平和代理问题在其中的调节作用。探讨了研发创新投入在薪酬激励动态性与企业绩效之间的中介作用，以及外部薪酬差距和内部薪酬差距在其中的调节作用。

在企业的众多战略行为中，营销战略是直接关系企业市场表现和经济效益的关键环节。如何平衡营销投入与企业绩效之间的关系，是企业需要深思熟虑的问题。本书揭示了高管激励动态性对于企业营销战略的影响，并进一步探讨了营销战略对于企业绩效的影响。研究发现，高管薪酬激励的动态性与企业营销战略风格的稳健性正相关，即高管薪酬激励动态性越强，企业更倾向于采取稳健的营销战略。营销战略风格的激进程度与企业绩效负相关，即激进的营销战略虽能短期内提高营业收入，但会损害企业的长期盈利水平和盈利能力。

本书从人力资本动态性的角度出发，将动态激励相容理论应用于高管激励机制设计的研究中，为理解高管激励与企业绩效之间的关系提供了新的理论视角。本书的研究成果对于企业如何优化高管激励机制设计、提升企业创新能力和业绩，具有很强的现实指导意义，为政府和监管机构引导企业建立科学的高管激励机制提供了参考，在理论上有所创新，在实践应用上具有重要的参考价值。

左晶晶
2024 年 6 月

目 录

第一章 引言 ·· 1

　　第一节　研究背景与意义 ··· 1
　　第二节　研究思路与内容 ·· 10
　　第三节　研究路线与方法 ·· 12
　　第四节　研究特色与创新 ·· 18

第二章 理论基础与研究文献回顾 ··· 21

　　第一节　概念界定 ··· 21
　　第二节　理论基础 ··· 25
　　第三节　研究文献回顾 ··· 30

第三章 高管股权激励动态性、研发创新与公司绩效 ··································· 52

　　第一节　理论分析与研究假设发展 ·· 52
　　第二节　理论模型 ··· 59
　　第三节　研究设计 ··· 60
　　第四节　实证结果及其分析 ·· 65

第四章 高管薪酬激励动态性、研发创新与公司绩效 ··································· 98

　　第一节　理论分析与研究假设发展 ·· 98
　　第二节　理论模型 ·· 105
　　第三节　研究设计 ·· 106

第四节 实证结果及其分析 ……………………………………… 113

第五章　CEO 薪酬激励动态性与营销战略风格 …………………… 160

第一节 理论分析与研究假设发展 ……………………………… 160
第二节 理论模型 ………………………………………………… 164
第三节 研究设计 ………………………………………………… 164
第四节 实证结果及其分析 ……………………………………… 169

第六章　研究结论与建议 …………………………………………… 196

第一节 研究结论 ………………………………………………… 196
第二节 研究建议 ………………………………………………… 201
第三节 研究展望 ………………………………………………… 204

参考文献 …………………………………………………………… 208

后　记 ……………………………………………………………… 229

第一章 引言

第一节 研究背景与意义

一、高管股权激励动态性、研发创新与公司绩效

（一）研究背景

在 A. 伯利（Adolf A. Berle）和 C. 米恩斯（Gardiner C. Means）于 1932 年发表的《现代公司与私有财产》一书中，提出了企业所有权与控制权分离的概念，由此引发了企业运营中的委托代理问题。在委托代理框架下，委托人（即股东）旨在实现投资收益的最大化，表现为资本增值和企业价值的提升；而代理人（即高管）则追求包括货币性奖励和非货币性激励在内的各项报酬。由于目标利益的不一致性以及信息的不对称性，导致了代理人与委托人之间的利益冲突，这种冲突在企业的实际运营中是难以避免的。

委托代理矛盾可能导致股东和高管在追求个人利益最大化的过程中损害对方的利益。特别是在激励契约不完全的情况下，高管可能无法获得与其期望相符的收益，或者其付出的努力与所获得的收益之间存在不对称性，这会加剧双方的矛盾，导致高管采取与股东利益不一致的决策，从而降低企业价值。根据激励相容性理论，企业在设计激励契约时，应充分考虑高管和股东的利益诉求，以实现双方利益的协调和企业效用最大化为主要目标。因此，制定能够合理满足高管需求的激励契约是解决现代企业委托代理问题的关键

所在。

在现代企业治理体系中，已经形成了以货币薪酬和股权激励为代表的显性激励机制，以及以在职消费和薪酬差距为代表的隐性激励机制，这些构成了一个较为成熟的薪酬激励体系。然而，随着关键人力资本在企业运营中的战略地位日益凸显，其稀缺性和动态性特征也变得愈发明显。人力资本的动态性体现在其工作投入和能力水平会根据外部市场环境和企业内部经营状况的变化而发生相应的动态调整。这种动态性要求薪酬激励机制能够适应人力资本的这种变化，而传统的静态薪酬激励机制已难以满足实现委托人（股东）与代理人（高管）之间激励相容的需求。特别是对于那些以长期激励为主要目标的股权激励机制而言，一次性的股份分配和少量的股份持有往往难以充分激发高管的工作热情和长期承诺。因此，有必要将企业现有的治理制度和治理机制转变为更加动态的形式（唐跃军、左晶晶，2020；Tang and Zuo，2022），以充分挖掘和激发关键人力资本的潜力。通过建立动态的薪酬激励机制，可以更好地满足高管的动态需求，从而促进高管与股东之间实现动态激励相容。这一转变对于现代企业而言，已成为一个亟待解决的重要问题，它关系到企业能否有效地激发高管的潜力，以及能否通过合理的激励机制来提升企业的长期竞争力和市场表现。

随着中国经济进入新常态，对"中国制造"向"中国智造"转型的需求日益迫切，企业价值创造的重心逐渐向关键人力资本的积极赋能转移。在此背景下，提升关键人力资本的薪酬奖励和实施企业股权配置等激励机制，已成为吸引管理人力资本、激发高管工作积极性、提升企业业绩的关键策略。然而，诸如"业绩下降而薪酬持续增长""仅奖励优秀而忽视惩罚劣质"等现象，不仅引发了负面的社会舆论，还加剧了对企业收入分配公平性的质疑。在资本市场，关键人力资本的工作投入和能力会根据市场环境和企业内部经营状况的变化而动态调整。然而，现有的企业治理机制往往偏向于静态和短期导向，导致大多数企业的股权激励效果不尽如人意。因此，构建一个合理的动态薪酬激励制度，已成为上市公司改革的当务之急。尽管股权激励作为一种长期激励工具，对于缓解管理人才流失具有潜在的正面效应，但在中国上市公司中，高管持股比例普遍较低，甚至存在不采纳股权激励的情况。因此，如何动态地调整高管持股结构，以持续激励高管做出与股东利益一致的决策，是企业治理亟须解决的问题。同时，"中国智造"的战略目标要求关键技术的自主可控，强调建设创新型国家的紧迫性。激发企业的创新动力和创新能力，成为企业治理必须重点考虑的战略目标。创新是企业在资本市场中获得竞争优势的关键，而企业的创新行为同时受到内外部经营环境的影响。高管作为企业内部创新活动的重要决策者和执行者，如何通过合理的制度安排和机制设计，引导和激励高管的创新行为，优化企业的研发创新决策，是当前企业治理面临的重要挑战。

鉴于当前中国经济发展正处于创新驱动发展战略的关键时期，本研究旨在深入探讨股权激励的动态性如何影响企业绩效，并分析研发创新投入在这一过程中所发挥的作用及其内在机制。对于理解股权激励如何作为一种有效的激励工具，通过动态调整以适应企业内外部环境变化，进而提升企业绩效，本研究提供了理论框架。同时，研究还强调了研发创新在推动企业长期发展和增强市场竞争力中的核心作用，有助于企业更高效地配置研发资源，提升研发创新的投资效率，从而为企业的持续增值和可持续发展提供动力。

（二）研究意义

在理论层面，本研究对高管股权激励的现有研究进行了以下两个方面的拓展。

第一，本研究从动态性的角度对高管股权激励进行了深入探讨，这一点在以往的研究中往往被忽视。传统研究多集中于静态的股权激励机制，尤其是在高新技术行业。本研究特别关注了人力资本的动态性在企业运营中的影响。在当前经济环境下，人力资本已成为企业运营中不可或缺的战略资源，充分挖掘和调动人力资本的潜力，将其知识和技能有效转化为生产力，对于企业的成功至关重要。同时，人力资本的动态特性也要求企业不断改革其传统的制度安排和治理机制（唐跃军、左晶晶，2020；Tang and Zuo, 2022）。基于此，本研究从人力资本动态性的视角出发，创新性地研究了股权激励动态性对企业绩效的影响机制，并通过实证检验进一步丰富和扩展了动态激励相容理论。

第二，本研究在"股权激励动态性——企业绩效"的逻辑框架下，引入了研发创新投入作为中介变量，这不仅丰富了股权激励动态性治理效应研究的影响因素，也为提升企业绩效和改善企业发展提供了新的视角。

在实践层面，本研究为以下两个方面提供了参考。

一是探讨了如何通过动态的长期激励契约设计，更好地协调高管与股东的利益。从动态视角分析股权激励对企业绩效的影响机制，旨在为股东提供新颖而全面的激励高管积极决策行为的方法，从而为企业创造更佳的效益。同时，还从制度层面提出了规避高管短视行为的策略，为企业吸引和留住人才提供了更完善的激励制度设计，以降低企业的委托代理成本，提升企业业绩。通过实证检验，对股权激励动态性与企业绩效之间的关系进行了深入研究，并根据实证结果为企业改革激励制度提供了可资参考的建议。

二是为激励我国实体企业增加研发创新投入、建设创新型国家提供了参考。在国际市场竞争日益激烈的背景下，创新是推动我国国民经济增长、跻身世界科技强国之列的关键。通过探究研发创新投入在股权激励动态性与企业绩效之间的中介作用，为完善上市公司高管激励机制、激发创新动力提供了参考。研究指出，在设计动态股权激励契约时，应考虑激励契约是否能够促进企业创新战略的实施、推动企业战略转型、获取市场竞争优势，以提高股权激励契约的有效性，进而提升企业的业绩表现。

二、高管薪酬激励动态性、研发创新与公司绩效

（一）研究背景

创新不仅是企业维持其竞争优势的关键因素（李文贵等，2015），同时也是推动企业成长的重要动力源泉（Solow，1957）。当前，国际形态动荡多变，世界经济低迷徘徊，全球贸易遭受碎片化冲击……企业创新能力在此背景下显得尤为重要，成为企业应对经济下行压力的有力工具。对于企业而言，实现研发投入的持续增长，进一步激发企业的创新活力，是关乎企业未来发展前景及其市场竞争力的核心议题（李世刚等，2022）。业界实践者和学术研究者普遍关注的问题在于：哪些因素能够影响企业的创新活动，以及如何有效

促进这些活动。推动企业创新并非单纯涉及技术或资本的问题，更多地关联到管理和激励机制。

在此背景下，首席执行官（Chief Executive Officer，以下简称 CEO）作为企业战略的主导者，其行为和决策对企业创新战略的实施具有直接影响（Baranchuk et al.，2014）。企业的创新活动在很大程度上取决于其领导者是否有意愿并能够实施创新战略，这涉及如何有效地整合人力和物质资源，而这一决策过程受到公司治理结构的显著影响，是企业创新能力构建的核心要素（Belloc，2012）。学术界普遍认同，公司治理机制通过资源配置和整合在促进企业创新方面发挥着关键作用（Lazonick et al.，2000）。为了应对外部环境的不确定性和激烈的市场竞争，现代企业迫切需要构建以创新为驱动的激励机制。其中，CEO 的薪酬激励安排作为公司治理机制的一个重要组成部分，对于激励 CEO 整合创新所需的关键资源、提升企业的研发投资水平具有至关重要的作用。因此，系统地研究 CEO 薪酬激励与企业创新之间的关系，对于理解和优化企业创新管理具有重要的理论和实践意义。

在探讨高管薪酬激励对企业创新影响机制的研究中，众多学者通常采用绝对货币薪酬作为衡量激励程度的指标，而未能充分从动态激励相容的角度评估对高管激励的有效性和充分性。在人力资本日益成为主导因素的时代背景下，中国社会及企业面临的挑战是如何最大限度地激发和利用人力资本的潜力和价值（唐跃军等，2020；Tang et al.，2022）。因此，围绕高管人力资本的显著动态性，如何充分激发关键人力资本的潜力以及如何实现高管动态激励相容，探讨其对企业创新投入的影响机制，对于降低代理成本、提升公司治理效率和企业绩效具有重要的现实意义。

在中国特有的市场治理环境中，由于企业高管团队内部权力分布的不均衡，尤其是 CEO 在企业中扮演着更为关键的角色（左晶晶等，2014）。因此，仅讨论薪酬激励的规模和比例是不够的，必须关注人力资本的动态性以及薪酬激励的动态特征。CEO 薪酬激励作为激励 CEO 的主要工具，在设计时需要充分考虑 CEO 的动态需求。这种动态性要求 CEO 不仅要关注企业的短期利润，更要有动力和能力去追求公司的长期绩效和价值创造。然而，如何设计这样的薪酬激励机制，以及这种机制如何影响企业的绩效和创新，仍是一个亟待深入研究的问题。此外，除了薪酬激励本身，CEO 与同行的薪酬差距以及 CEO 与企业内部其他高管之间的薪酬差距，也可能对企业的创新和绩效产生显著影响。薪酬差距过大可能导致 CEO 感到不公平，引发内部竞争和团队不和，进而对企业的创新和绩效产生负面影响。

鉴于此，本研究旨在深入探讨 CEO 薪酬激励的动态性如何影响企业绩效，尤其是对企业创新投入的影响，并研究 CEO 薪酬差距在这一过程中的调节作用。通过这一研究，旨在为现代企业提供更为合理和有效的 CEO 激励策略，以促进企业的持续创新和长期发展。

（二）研究意义

在理论层面，本研究立足于国内外现有研究成果，深入探讨了 CEO 薪酬激励的动态性对企业绩效的影响机制，并分析了 CEO 薪酬激励动态性对企业创新投入的影响，以及创新投入在二者之间的中介作用。此外，研究还考察了 CEO 薪酬的外部差距和内部差距，并分析了这两种差距如何调节 CEO 薪酬激励动态性与企业创新投入之间的关系。本研究的理论贡献主要体现在以下两个方面。

一是从人力资本动态性的角度出发，探讨了 CEO 薪酬激励动态性对企业绩效的影响机制，为 CEO 薪酬激励与公司治理领域的研究提供了新的视角。现有文献多集中于薪酬激励的整体性概念或从静态角度研究特定激励方式，而本研究则深入探讨了薪酬激励动态性的治理效果。在人力资本日益重要的时代背景下，如何激发和利用人力资本的潜力，实现高管与企业之间的动态激励相容，对于降低代理成本、提高公司治理效率和企业绩效具有重要的现实意义（唐跃军等，2020；Tang et al.，2022）。在中国特殊的市场治理环境中，CEO 的作用尤为重要（左晶晶等，2014）。本研究为 CEO 薪酬激励动态性对企业绩效的影响提供了新的研究视角和经验证据，丰富了动态激励相容理论，并为其提供了可靠的经验支持。

二是在分析 CEO 薪酬激励动态性对企业绩效影响的基础上，引入企业创新投入作为中介变量，CEO 薪酬差距作为调节变量，拓展了对企业创新投入影响因素的研究，并为提升企业创新能力提供了新的研究视角。现有文献主要关注高层管理者与一般员工之间的薪酬差距，以及管理团队内部薪酬差距对企业创新投入的作用，对于外部薪酬差距对企业创新投入的影响研究不足。本研究分别从企业外部和内部考察了 CEO 与同职位同行的外部薪酬差距，以及 CEO 与非 CEO 高管团队的内部薪酬差距对企业创新的影响，为 CEO 薪酬激励的有效性提供了更加全面的经验证据。根据"契约理论"和"动态激励相容理论"，动态的薪酬激励机制可以激发 CEO 的创新动力（Smith，2020），促使关键人力资本——CEO 在追求个人利益发展的同时，也会致力于推动企业创新投入水平，更加关注企业的长期发展（Wang et al.，2019）。企业可通过创新投入的增加，来开展更多的创新实践活动，提升产品和服务质量，增强市场竞争力，从而间接促进企业绩效提升。本研究还将探讨创新投入在 CEO 薪酬激励动态性和企业创新投入之间的中介效应，有效拓展了 CEO 薪酬激励动态性的研究深度。

在实践层面，本研究具有以下意义。

第一，本研究基于实证分析，明确了 CEO 薪酬激励动态性与企业绩效之间的逻辑关联，为企业优化公司治理、提升企业绩效提供了理论依据。研究结果有助于优化公司治理结构，促进企业创新，提升企业绩效，实现企业目标与个人激励之间的一致性，最终达到动态激励相容。

第二，本研究通过实证分析探讨了 CEO 薪酬差距在 CEO 薪酬激励动态性对企业创新投入影响中的调节作用，为企业优化 CEO 激励机制设计提供了政策建议。研究进一步区分了 CEO 外部薪酬差距和内部薪酬差距，从不同视角探讨了 CEO 薪酬结构对企业创新投入的作用机制，并提出了具体的政策和建议，对于深化公司薪酬机制设计、优化创新管理制度具有重要的实践意义，为企业有效应对人力资本动态性并制定有效的薪酬契约提供了理论依据和经验证据支持。

三、CEO薪酬激励动态性与营销战略风格

（一）研究背景

保罗·罗默（Paul Romer）首次提出技术进步内生决定的增长模型，该模型认为：技术进步是经济增长的核心；大部分技术进步是市场激励导致的有意识行为的结果；知识商品的成本是生产开发本身的成本，可以反复使用，无须增加成本。这意味着，以罗默为代表的新经济增长理论认为，内生的技术进步是经济实现持续增长的决定因素，而要实现技术进步、技术创新，企业除了要具有相关物质资本外，更为重要的是人力资本拥有者本身所具有的知识、能力、素质以及有助于激发人力资本潜力的制度环境。因此，新经济增长理论实际是将专业化人力资本引入增长模型，将新古典增长模型中的"劳动力"定义扩大为人力资本投资。

上述理论无疑揭示了一个新时代的到来，人力资本已经逐渐成为人类社会、经济赖以发展的重要战略资本，人力资本的战略性毋庸置疑。实际上，从近几年一些省市激烈的"抢人大战"可以看出，无论是国家还是企业都意识到人力资本的重要性。除了招募、留住关键人力资本之外，充分挖掘其具有的巨大潜力可能更为重要。如何通过合理的制度安排与机制设计有效激励关键人力资本，并将其知识和能力转化为生产力是当前中国经济社会和企业面临的现实问题。同时，需要特别注意的是，关键人力资本的能力以及努力程度往往是根据所处情境的不同而动态变化的，因此，面对人力资本的动态性特点，传统静态的公司治理制度安排和治理机制设计已经不足以实现有效的激励相容，充分激发人力资本的潜力，公司治理制度和治理机制需要由静态变革为动态（唐跃军等，2020；Tang et al.，2022）。

另外，股东和经理人之间因为所有权和经营权分离以及目标函数不一致，将不可避免引发委托代理问题。已有足够的研究文献指出，为有效缓解委托代理问题，通常的做法是让代理人参与剩余价值的分配，将高管所能获得的剩余收益与经营业绩挂钩，让高管与股东利益趋于一致，共同承担企业经营风险，激发高管的主观能动性，促使其努力工作（张金山，2008）。基于这样

的逻辑，各种薪酬激励制度应运而生，如绩效薪酬、年薪制、利润分享等。这些薪酬制度都强调与高管业绩或企业绩效紧密挂钩，但在现实中是否有效应对了高管人力资本的动态性？高管薪酬激励的动态性具体会给企业战略行为带来什么影响，进而对企业绩效有哪些作用？这是本书想要研究的主题。众所周知，高管是企业战略决策的主要影响力量，高管是否实现激励相容与企业战略制定、企业绩效表现密切相关。在中国市场上，因盲目扩张或投入巨额广告卷入激进营销战略的案例不胜枚举，短暂的声名大噪之后往往是难以挽回的泥足深陷。面对这种情况，企业不仅要反思对市场的错误判断引发的负面效应，更需要从人力资本动态性以及制度安排与机制设计的角度认真思考：当前高管薪酬激励的动态性是否有效地缓解了第一类代理问题，是否促使管理层科学地制定战略决策、推动企业的持续发展？

（二）研究意义

在理论方面，本研究显著丰富并补充了高管薪酬激励的相关理论。现有文献主要从静态的角度研究薪酬激励的治理效应，较少从人力资本动态性的角度研究薪酬激励动态性的治理效果。然而，目前人力资本已经成为重要的战略资本，充分挖掘人力资本的潜力至关重要，但同时人力资本具有动态性，因此传统静态的公司治理制度安排和治理机制设计已经不足以实现有效的激励相容，充分激发人力资本的潜力，公司治理制度和治理机制需要由静态变革为动态（唐跃军等，2020；Tang et al.，2022）。因此，本研究从人力资本动态性角度，创新性研究了高管薪酬激励动态性对公司营销战略风格的影响，为以后薪酬激励的研究提供了新的思路；同时丰富了动态激励相容理论（唐跃军等，2020；Tang et al.，2022），给出了可靠的经验证据，用实证结果支持了人力资本在收益权层面达到动态激励相容的理论价值。

本研究的实践意义在于：一是基于实证研究发现，为企业和监管者提出从动态性的角度优化高管薪酬激励机制设计、有效应对人力资本动态性的方向和具体建议，即在相关公司治理制度安排与机制设计层面，公司不仅需要强调激励相容，还需要特别重视动态激励相容，通过增强高管薪酬激励的动态性提高薪酬契约的有效性，这样才能充分激发高管潜力，进而缓解第一类代理问题；二是通过实证检验为企业制定营销战略提供参考，企业在制定营销战略决策时，要避免盲目实施激进的营销战略决策，在面对不确定性较大的营销投入时，应该保持足够的谨慎。

第二节　研究思路与内容

一、高管股权激励动态性、研发创新与公司绩效

本研究基于委托代理理论、动态激励相容理论以及人力资本理论，采用理论分析与实证检验相结合的方法，对股权激励的动态性与企业绩效之间的关系进行深入探讨。研究引入中介效应检验，选取 2010 年至 2022 年所有 A 股上市且非 ST、非金融类的企业作为研究样本，运用多元回归分析方法，探究股权激励动态性影响研发创新投入进而作用于企业绩效的内在机理。本书的研究内容主要包括以下几个方面。

一是股权激励动态性对企业绩效的影响。基于委托代理理论、激励相容理论以及人力资本的动态性，本书旨在实证检验动态股权激励如何适应企业运营中人力资本的动态变化，并持续激发高管的工作热情，促使其以企业利润最大化为目标进行经营战略决策。

二是股权激励动态性对研发创新投入的影响。本书依托人力资本动态性和激励相容理论，从动态视角出发，研究股权激励是否能够有效引导并激励高管的研发创新行为，优化企业的研发创新决策，从而提高企业的研发创新投入。

三是中介效应检验。该部分将采用温忠麟等人（2014）提出的中介检验方法，实证检验研发创新投入在股权激励动态性与企业绩效之间的中介作用，揭示其作用路径和影响机制。

四是调节效应检验。本书将进一步探讨企业风险承担水平、代理问题等因素在股权激励动态性与企业绩效之间的调节作用，旨在从理论层面丰富对股权激励动态性影响企业绩效的作用机制和机理的理解。通过上述研究，本

书期望能够为企业提供关于如何通过优化股权激励机制以提升企业绩效和创新能力的有益见解。

二、高管薪酬激励动态性、研发创新与公司绩效

本书基于委托代理理论、动态激励相容理论以及人力资本理论,探讨公司治理结构中CEO激励机制对企业创新绩效的影响,并遵循"理论探讨—内在机制分析—实证检验—提出建议"的研究路径。

第一,本书在梳理现实背景和理论背景的基础上,明确了研究问题并阐述了研究的重要性。借助委托代理理论、激励相容理论、人力资本理论等相关理论框架,从理论层面探讨了CEO薪酬激励动态性对企业绩效的影响机制。

第二,本书在现有研究变量的基础上构建理论模型,进一步研究了创新投入的中介作用以及CEO薪酬差距在中介传导路径中的调节作用。从公司管理的视角出发,CEO的薪酬激励制度对于激发CEO推动企业创新的积极性具有决定性作用,这种激励制度对企业的创新活动产生显著影响,并最终促进企业绩效的增长。

第三,在分析研究机理和梳理文献的基础上,本书构建了研究框架和内容,并进行了实证检验和分析。采用多元视角和系统化的实证研究方法,本书揭示了公司治理机制如何影响企业绩效,并据此提出了相应的政策建议。这不仅有助于深化对CEO薪酬激励动态性、CEO薪酬差距、创新投入与企业绩效之间关系的理论认识,而且为实践层面提供了有针对性的建议,以促进企业的创新发展。

三、CEO薪酬激励动态性与营销战略风格

本书基于委托代理理论、动态激励相容理论以及人力资本理论,旨在深入分析高管薪酬激励的动态性如何塑造企业的营销战略风格,并探讨营销战略风格对企业绩效及长期发展的影响。本研究遵循"理论探讨—内在机制分析—实证检验—提出建议"的研究路径,主要包括以下两个方面的研究内容。

第一,从人力资本的动态性角度出发,探讨了高管薪酬激励的动态性对

公司营销战略风格的影响，并揭示了营销战略风格与企业绩效之间的内在联系。通过这一视角，不仅丰富了动态激励相容理论的学术讨论内容，而且提供了实证证据支持该理论在营销战略风格领域的应用。

第二，基于实证分析的结果，为企业管理层和监管机构提供了优化高管薪酬激励机制设计的策略和建议。这些建议着重于如何从动态性的角度出发，构建更具灵活性和适应性的薪酬激励体系，以有效应对人力资本的动态变化，并促进企业战略的顺利实施和绩效的持续提升。

第三节 研究路线与方法

一、高管股权激励动态性、研发创新与公司绩效

本书基于委托代理理论、动态激励相容理论以及人力资本理论，综合运用文献综述、理论推演和实证分析等方法，通过实证检验上市公司薪酬及财务报告数据，深入探讨股权激励的动态性与企业绩效之间的相互作用机制，目的在于识别和解决股权激励实施过程中的问题，为管理决策的优化和企业经营表现的提升提供理论和实践指导（见图1-1）。

（一）文献分析法

本研究系统梳理了关于股权激励及其动态性的学术文献，进行了详尽的定性分析。基于动态激励相容理论和人力资本理论，对股权激励的动态性进行了深入的理论探讨。同时，综合国内外关于股权激励、研发创新、企业绩效的研究成果，进行了批判性的总结和梳理。在借鉴现有研究方法和结论的基础上，提出了创新性的理论假设，解析股权激励动态性的作用机制。

（二）实证研究法

选取中国A股市场非金融类上市公司作为研究对象，利用CSMAR数据库收集的企业年报披露数据和管理层治理信息，通过严格的数据预处理和指标构建，建立了多元回归模型，运用Stata 17.0软件进行统计分析，以探讨股权

激励动态性与企业绩效之间的内在联系,以及研发创新投入在其中的中介效应。为确保回归结果的稳健性,本研究采用工具变量法对潜在的内生性问题进行控制,从而确保样本间的因果关系得到准确估计。最终,根据实证分析结果,为上市公司的激励机制设计提供具有参考价值的建议。

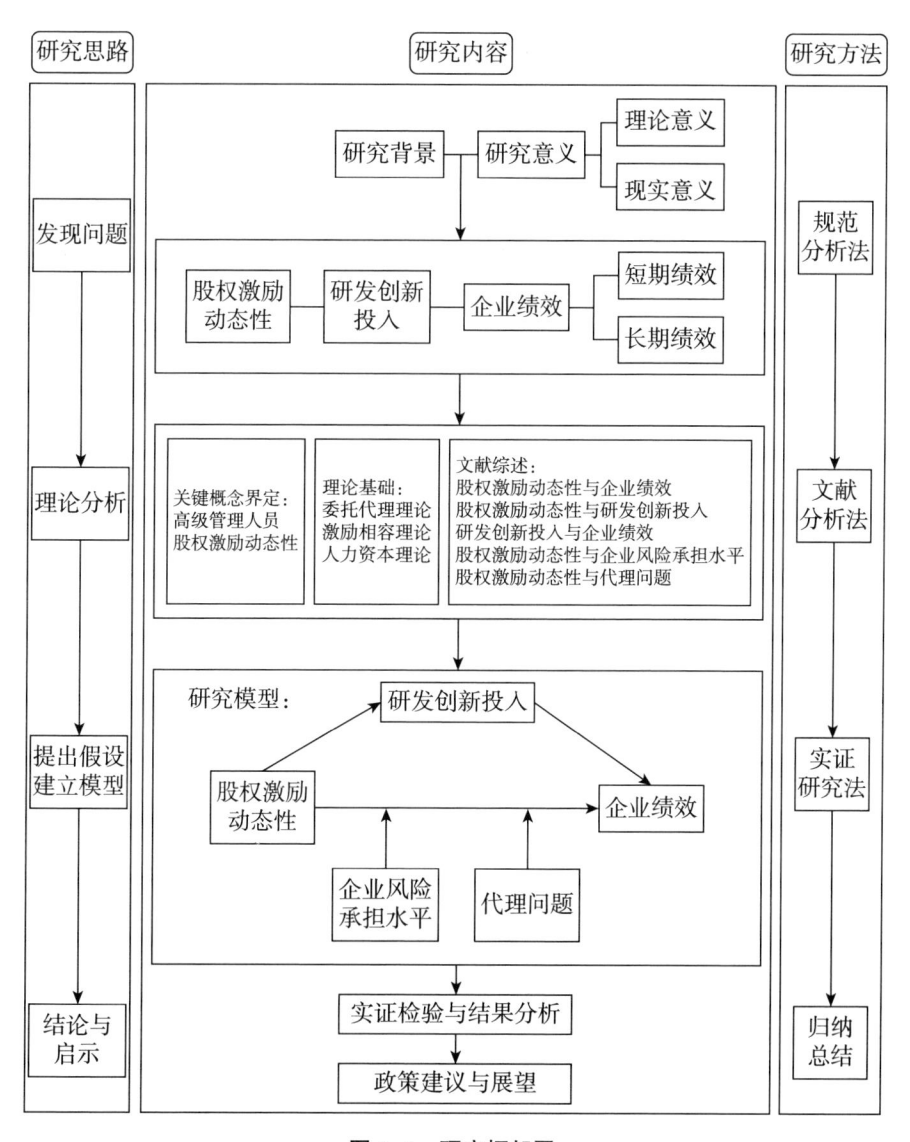

图 1-1 研究框架图

二、高管薪酬激励动态性、研发创新与公司绩效

本研究由六个主要部分组成：引言、理论基础与文献综述、理论分析与假设提出、实证研究设计、实证结果及其分析以及研究结论及启示，旨在深入探讨上市公司 CEO 薪酬激励的动态性如何影响企业绩效（见图 1-2）。研究综合运用了文献综述、理论推演和实证分析等方法，系统地阐述了 CEO 薪酬激励动态性对企业绩效的作用机制，并试图识别和解决薪酬激励实践中的问题，以期优化管理决策并提高企业绩效。

本研究综合运用文献分析法与实证研究法，深入地探讨了薪酬激励动态性对企业绩效影响的机制。

（一）文献分析法

本研究采用文献分析法，全面梳理和总结薪酬激励动态性领域内现有的实证研究成果、发展趋势及学术贡献。该方法通过系统的文献搜集与鉴别，为研究主题提供了坚实的理论和实证基础。通过深入阅读和分析相关文献，本研究归纳了 CEO 薪酬激励动态性对企业绩效影响的现状，并探讨了薪酬契约中的薪酬差距对企业创新投入的影响。此外还总结了与薪酬激励动态性、创新投入及薪酬差距相关的经济后果，确立了研究的出发点和需要进一步探讨的关键问题，从而明确了本书的研究方向，并形成了研究主题。

（二）实证研究法

实证检验分析法是一种通过分析现实世界中的现象，归纳出普遍性规律，并利用逻辑演绎对这些规律进行推导，最终通过数据检验来确认其正确性的研究方法。在理论分析和假设提出的基础上，本书选取了 2011 年至 2022 年在深圳证券交易所和上海证券交易所上市的非金融类 A 股公司作为初始样本。所有研究数据均来源于 CSMAR 数据库。通过构建科学的研究模型和运用恰当的统计方法，对提出的假设进行了实证检验，揭示薪酬激励动态性与企业绩效之间的内在联系，以及创新投入在其中所起的中介作用。通过上述研究方法的应用，为理解薪酬激励动态性对企业绩效的影响提供新的理论视角和实证据，为企业管理实践和政策制定提供参考。

第一章 引言

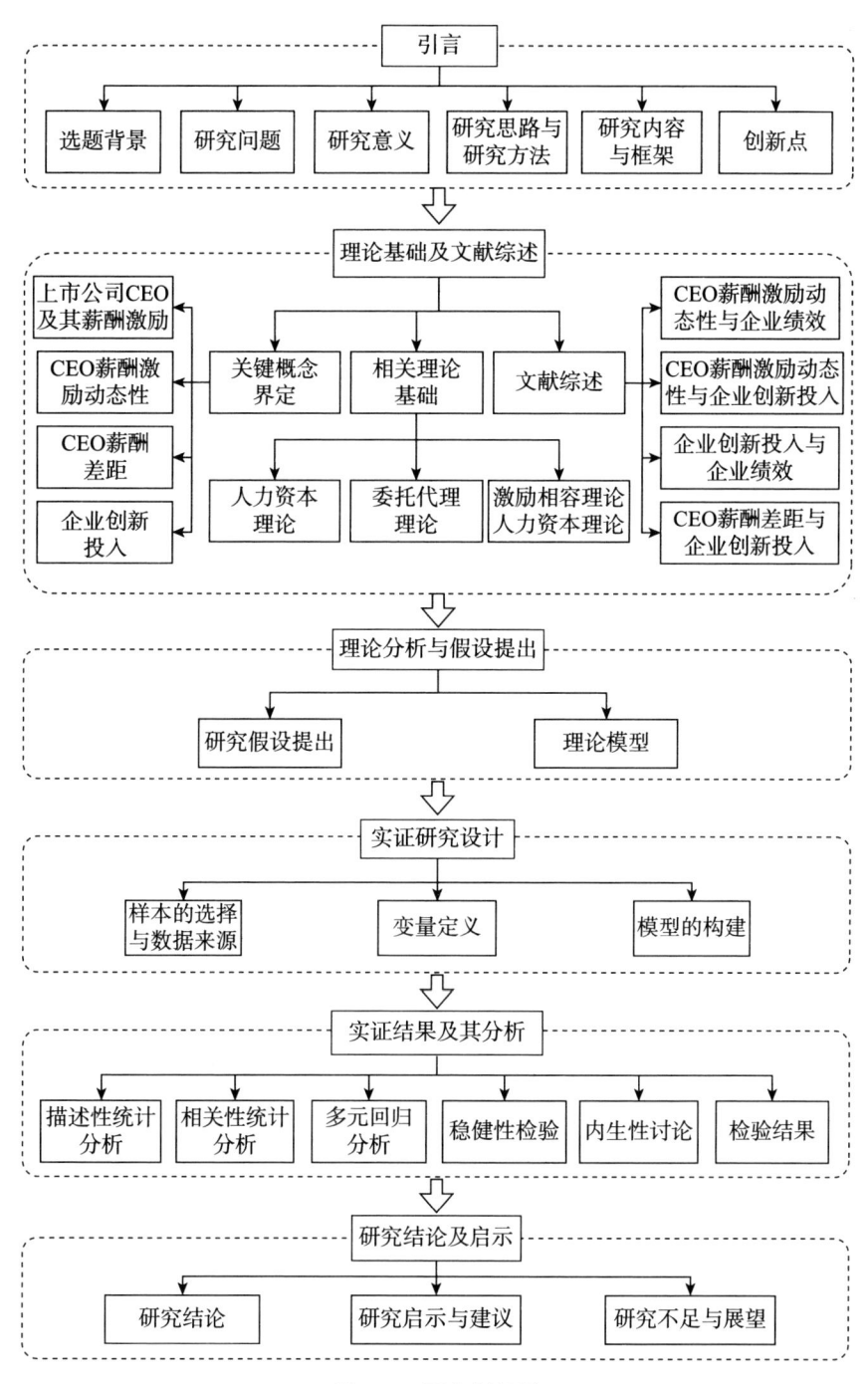

```
┌─────────────────────────────────────────────────────────────┐
│                          引言                                │
│  ┌──────┐ ┌──────┐ ┌──────┐ ┌────────┐ ┌────────┐ ┌──────┐  │
│  │选题背景│ │研究问题│ │研究意义│ │研究思路与│ │研究内容 │ │创新点│  │
│  │      │ │      │ │      │ │研究方法 │ │与框架  │ │      │  │
│  └──────┘ └──────┘ └──────┘ └────────┘ └────────┘ └──────┘  │
└─────────────────────────────────────────────────────────────┘
                              ⇩
┌─────────────────────────────────────────────────────────────┐
│                    理论基础及文献综述                          │
│  ┌──────────┐                              ┌──────────────┐ │
│  │上市公司CEO│                              │CEO薪酬激励动  │ │
│  │及其薪酬激励│                              │态性与企业绩效 │ │
│  └──────────┘  ┌──────┐ ┌──────┐ ┌──────┐  └──────────────┘ │
│  ┌──────────┐  │关键概念│ │相关理论│ │文献综述│  ┌──────────────┐ │
│  │CEO薪酬激励│  │界定   │ │基础   │ │      │  │CEO薪酬激励动  │ │
│  │动态性     │  └──────┘ └──────┘ └──────┘  │态性与企业创新投入│ │
│  └──────────┘                              └──────────────┘ │
│  ┌──────────┐                              ┌──────────────┐ │
│  │CEO薪酬差距│  ┌──────┐ ┌──────┐ ┌──────────┐ │企业创新投入与 │ │
│  └──────────┘  │人力资本│ │委托代理│ │激励相容理论│ │企业绩效     │ │
│  ┌──────────┐  │理论   │ │理论   │ │人力资本理论│ └──────────────┘ │
│  │企业创新投入│  └──────┘ └──────┘ └──────────┘ ┌──────────────┐ │
│  └──────────┘                              │CEO薪酬差距与  │ │
│                                            │企业创新投入   │ │
│                                            └──────────────┘ │
└─────────────────────────────────────────────────────────────┘
                              ⇩
┌─────────────────────────────────────────────────────────────┐
│                    理论分析与假设提出                          │
│           ┌──────────┐              ┌──────────┐             │
│           │研究假设提出│              │理论模型   │             │
│           └──────────┘              └──────────┘             │
└─────────────────────────────────────────────────────────────┘
                              ⇩
┌─────────────────────────────────────────────────────────────┐
│                      实证研究设计                             │
│    ┌──────────┐      ┌──────────┐      ┌──────────┐         │
│    │样本的选择 │      │变量定义   │      │模型的构建 │         │
│    │与数据来源 │      └──────────┘      └──────────┘         │
│    └──────────┘                                              │
└─────────────────────────────────────────────────────────────┘
                              ⇩
┌─────────────────────────────────────────────────────────────┐
│                    实证结果及其分析                            │
│ ┌──────┐ ┌──────┐ ┌──────┐ ┌──────┐ ┌──────┐ ┌──────┐        │
│ │描述性统│ │相关性统│ │多元回归│ │稳健性 │ │内生性 │ │检验结果│        │
│ │计分析 │ │计分析 │ │分析   │ │检验   │ │讨论   │ │      │        │
│ └──────┘ └──────┘ └──────┘ └──────┘ └──────┘ └──────┘        │
└─────────────────────────────────────────────────────────────┘
                              ⇩
┌─────────────────────────────────────────────────────────────┐
│                    研究结论及启示                              │
│     ┌──────┐      ┌────────────┐      ┌────────────┐        │
│     │研究结论│      │研究启示与建议│      │研究不足与展望│        │
│     └──────┘      └────────────┘      └────────────┘        │
└─────────────────────────────────────────────────────────────┘
```

图1-2 研究框架图

三、CEO 薪酬激励动态性与营销战略风格

本书基于融合委托代理理论、动态激励相容理论以及人力资本理论，综合运用了文献综述、理论推演和实证研究等方法，通过实证检验上市公司薪酬及财务报告数据，深入研究 CEO 薪酬激励动态性对企业营销战略风格的影响，并进一步探讨了企业营销战略风格对企业绩效的影响（见图 1-3）。

本书在综合国内外相关研究成果的基础上，深入探讨了高管薪酬激励的动态性与营销战略风格之间的关联，并分析了营销战略风格对企业绩效及企业发展的影响。

（一）文献分析法

本研究首先运用文献分析法，通过广泛阅读和分析现有文献，对高管薪酬激励动态性、营销战略风格以及企业绩效的学术研究进行了系统的梳理和总结。旨在掌握该领域内的理论进展和实证研究成果，为后续实证分析提供坚实的理论基础。通过文献综述，归纳了相关理论，并将其作为实证研究的理论支撑。

（二）实证研究法

在文献研究的基础上，提出了以下研究假设：首先，探讨高管薪酬激励动态性与企业营销战略风格之间的潜在联系；其次，分析营销战略风格对企业绩效的具体影响。为了验证这些假设，本书构建了实证回归模型，采用 Stata 数据分析软件，对高管薪酬激励动态性、营销战略风格与企业绩效之间的相关性进行了线性回归分析。通过这一分析过程，本书得出了关于薪酬激励动态性与营销战略风格相互作用及其对企业绩效影响的结论。

通过综合运用文献分析和实证研究方法，本书不仅为理解高管薪酬激励与营销战略之间的相互作用提供了新的视角，而且为企业管理实践和政策制定提供了基于数据的见解和建议。

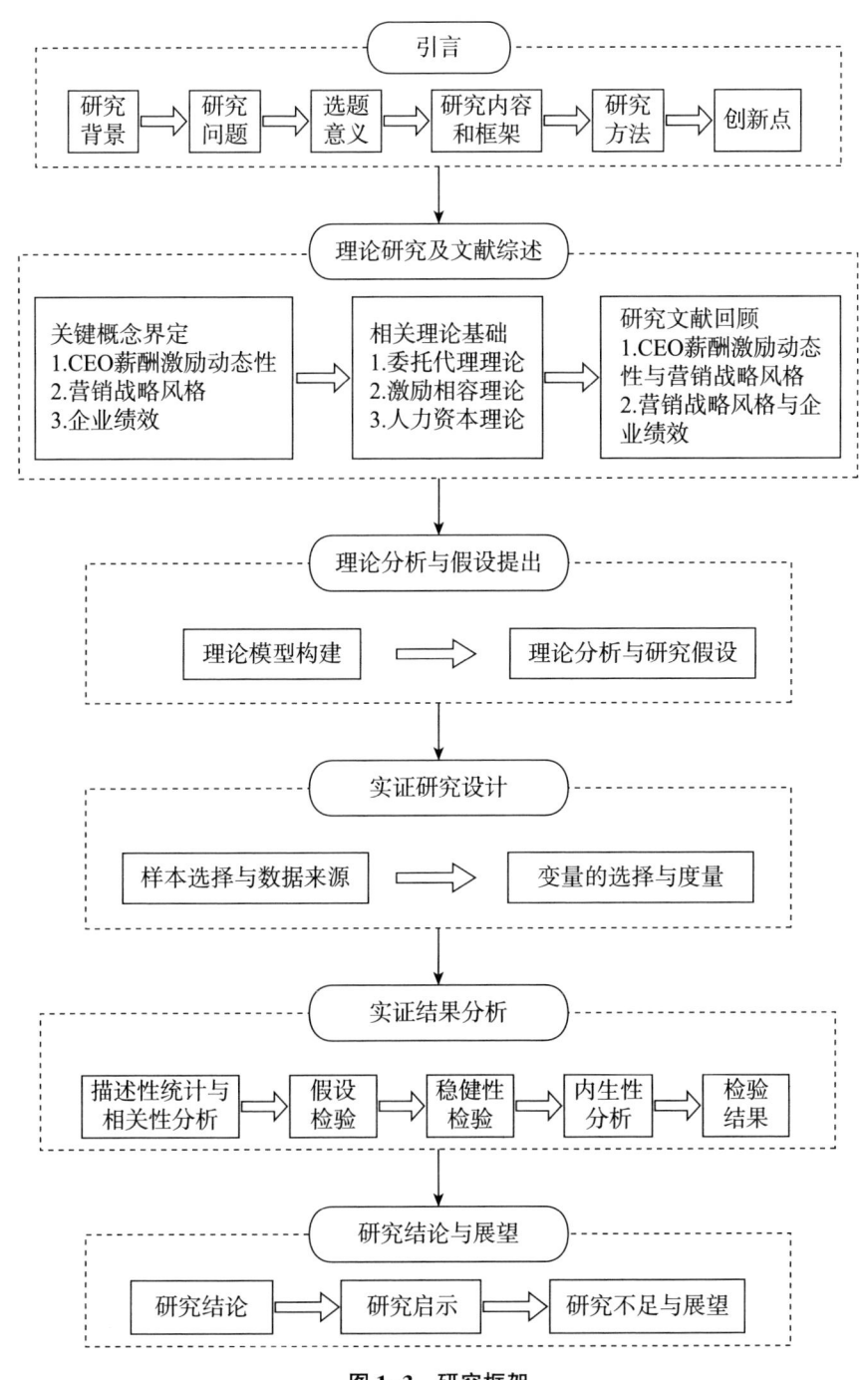

```
┌─────────────────────── 引言 ───────────────────────┐
│  研究背景 → 研究问题 → 选题意义 → 研究内容和框架 → 研究方法 → 创新点  │
└──────────────────────────────────────────────────┘
                          ↓
┌──────────────── 理论研究及文献综述 ────────────────┐
│  关键概念界定              相关理论基础          研究文献回顾       │
│  1.CEO薪酬激励动态性    →  1.委托代理理论     →  1.CEO薪酬激励动态性 │
│  2.营销战略风格           2.激励相容理论        与营销战略风格     │
│  3.企业绩效               3.人力资本理论        2.营销战略风格与企   │
│                                                业绩效             │
└──────────────────────────────────────────────────┘
                          ↓
┌──────────────── 理论分析与假设提出 ────────────────┐
│         理论模型构建  →  理论分析与研究假设                │
└──────────────────────────────────────────────────┘
                          ↓
┌──────────────────── 实证研究设计 ────────────────────┐
│         样本选择与数据来源  →  变量的选择与度量              │
└──────────────────────────────────────────────────┘
                          ↓
┌──────────────────── 实证结果分析 ────────────────────┐
│  描述性统计与 → 假设检验 → 稳健性 → 内生性 → 检验结果   │
│  相关性分析              检验      分析              │
└──────────────────────────────────────────────────┘
                          ↓
┌──────────────── 研究结论与展望 ────────────────┐
│      研究结论  →  研究启示  →  研究不足与展望         │
└──────────────────────────────────────────────┘
```

图 1-3 研究框架

第四节　研究特色与创新

一、高管股权激励动态性、研发创新与公司绩效

本研究立足于动态激励相容理论，通过广泛搜集和整理相关文献，深入探讨了股权激励动态性对企业绩效的影响机制。在此基础上，进一步分析了研发创新投入在其中的中介作用。本研究的创新之处主要体现在以下两个方面。

（一）股权激励动态性研究

当前学术界对股权激励的研究多聚焦于传统的静态激励方式。然而，在人力资本主导的经济发展新时代，与货币资本相比，人力资本展现出显著的动态性特征。这要求企业治理机制必须适应人力资本的动态性，并通过动态激励机制实现股东与高管之间的激励相容。本研究从人力资本动态性的角度出发，对股权激励的动态性进行了实证分析，探讨了其对企业绩效的影响，并分析了研发创新投入在其中的中介作用。这不仅为股权激励的后续研究提供了新的视角，而且为动态激励机制在资本配置中的作用提供了经验证据。

（二）企业短期绩效与长期绩效的区分

现有研究通常采用总资产收益率（ROA）或净资产收益率（ROE）等单一指标来衡量企业绩效，而忽略了股权激励作为一种长期激励手段，对其治理效果的分析应同时考虑企业的短期绩效和长期成长性绩效。鉴于研发创新投入的回报周期较长，传统的滞后效应处理方法难以充分反映研发创新的收益效果，也不足以体现股权激励的长期治理效应。因此，本研究将企业绩效明确区分为短期绩效和长期成长性绩效，并实证检验了股权激励动态性的实际治理效应，这为企业优化高管股权激励机制、有效应对人力资本动态性提供了理论依据。

二、高管薪酬激励动态性、研发创新与公司绩效

在现有文献中，众多学者在探讨高管薪酬激励对企业绩效的影响时，普遍采用绝对货币薪酬作为衡量激励程度的指标，而未能充分考虑从动态激励相容的角度评估激励机制的有效性和充分性。在人力资本逐渐成为企业核心资源的当下，深入探讨高管人力资本的动态性、激发关键人力资本的潜力，并实现高管与企业之间的动态激励相容，对于降低代理成本、提升公司治理能力及企业业绩具有重要意义。本研究的创新之处主要体现在以下两个方面。

（一）研究视角的创新

本书将聚焦于关键人力资本的显著动态性，探讨 CEO 薪酬激励的动态性如何影响企业绩效。与以往多从静态角度分析绝对货币薪酬对企业绩效影响的研究不同，本研究将基于管理学中的激励理论，考量薪酬激励制度的时变性和多样性，以适应企业创新过程中的动态需求，从而为评估 CEO 薪酬激励效果提供新的视角。

（二）研究内容的创新

本书将企业财务绩效和市场绩效均纳入企业绩效的评价体系中。通过在时间维度上区分企业绩效的短期效应与长期效应，全面地从动态激励相容的角度揭示了 CEO 薪酬激励动态性对企业短期绩效和长期绩效的不同影响。这不仅丰富了现有文献中对企业绩效评价的单一指标研究，而且为高管薪酬激励机制的设计提供了新的理论依据，对提升企业绩效具有重要的实践指导价值。

三、CEO 薪酬激励动态性与营销战略风格

人力资本在当代企业运营中已上升为最关键的战略资源，其固有的动态性要求企业治理制度和机制必须适应并反映这一特性。企业治理不仅要强调激励相容原则，更应关注动态激励相容的重要性。通过增强高管薪酬激励的动态性，可以提升薪酬契约的适应性和有效性，进而促进关键人力资本在收益权方面的动态激励相容，有效缓解委托人与代理人之间的利益冲突，即第

一类代理问题，降低高管机会主义行为的动机。

现有学术研究在探讨薪酬激励效应时，多基于委托代理理论和锦标赛理论，采用静态视角分析薪酬激励对公司治理的影响，未能充分考量人力资本的战略价值及其动态性特征。鉴于此，本研究从人力资本的动态性出发，创新性地探讨了高管薪酬激励动态性对公司营销战略风格的影响，并实证分析了薪酬激励动态性与营销战略风格之间的关系。本研究不仅为薪酬激励领域的学术探讨提供了新的理论视角，而且为后续相关研究开辟了新的路径。

通过本研究的深入分析，为企业如何设计适应人力资本动态性的薪酬激励机制提供了理论和实证支持，帮助企业更有效地激发高管及关键员工的潜力，推动企业战略的顺利实施和长期发展。

第二章　理论基础与研究文献回顾

第一节　概念界定

一、高级管理人员

在现代企业管理架构中，高管通常指那些处于企业决策层顶端的管理人员。他们根据职责范围和预算权限的划分，负责企业的战略规划与日常运营。具体而言，高管团队一般包括董事长、总经理、独立董事、各主要部门的总监以及其他根据公司章程规定参与企业战略决策的管理人员。从委托代理理论的视角来看，高管被视作企业所有者（Principal）的代理人（Agent），他们受托行使企业的经营权，并致力于维护企业的长期稳定发展。然而，对于"高管"这一概念的明确界定，国内外学术界和实务界尚未达成共识。鉴于此，本书在《中华人民共和国公司法》第 217 条第一项规定的基础上，结合研究的具体需求，将"企业的经理、副经理、财务总监、董事会秘书及公司章程规定的其他管理人员"定义为高级管理人员。

二、股权激励动态性

在现代企业治理体系中，由于信息不对称、契约不完备以及委托人对代理人行为的监督难度，可能导致代理人行为偏离委托人目标，从而产生"道德风险"（Moral Hazard），并可能对委托人的利益造成损害。为应对这一问题，委托人需构建一套有效的激励与约束机制，旨在通过利益共享与风险共担，实现代理人行为的效用最大化及委托人利益的最大化，进而达到控制权与收益权之间的最优匹配（葛军，2007）。高管股权激励机制便是为缓解委托代理问题而设计的长期激励手段。该机制通过赋予高管一定的公司股权，促使高管身份向股东转变，从而激发其采取符合公司利益的行为。这与"利益一致性假说"（Alignment of Interests Hypothesis）相契合，即通过使高管获得公司剩余索取权，实现高管与股东利益的一致化，并构建一种能够实现双方激励相容的最优激励契约（Jensen & Meckling，1976）。值得注意的是，企业购买的是高管的人力资本而非货币资本，因此可以通过向高管发放股票期权的形式，激励其采取积极的企业决策行为。股票期权的机制意味着高管必须在为公司做出实质性贡献后，才能实现期权的行权，从而体现了股权激励制度的动态激励特性。

在经济社会持续发展的背景下，人力资本已逐渐成为企业运营中的关键战略资源。人力资本的稀缺性和战略价值日益凸显，这要求企业不仅要重视对关键人力资本的招募与保留，更应注重挖掘其巨大的潜力。当前，中国经济社会及企业界面临的实际挑战在于，如何通过合理的制度安排与机制设计，提升人力资本的投资回报率，并将其知识与技能有效转化为企业的生产力（唐跃军、左晶晶，2020）。关键人力资本的能力和努力程度是动态变化的，受市场环境和企业内部状况的影响。鉴于人力资本的这种动态特性，传统的静态公司治理制度与机制设计需适应企业经营的实际动态变化，转变为动态化的制度安排。这包括采用动态配股、动态行权等手段，以实现动态激励相容，进而充分激发和利用人力资本的潜力（唐跃军、左晶晶，2022）。

基于前述分析，本研究提出股权激励的动态性设计是针对人力资本动态特性的响应，旨在构建一种新型激励机制。该机制依据高管的实际绩效表现和对企业的贡献进行股权的动态分配或利润的动态分配，更有效地调整高管与股东之间的利益关系，进而激发人力资本的内在动力，实现剩余收益权的动态激励相容。

三、CEO薪酬激励动态性

依据最优薪酬契约理论，构建旨在实现CEO利益与股东利益一致化的激励性薪酬契约，对于企业而言至关重要。此类薪酬契约不仅能够提供具有市场竞争力和吸引力的薪酬体系，而且有助于降低代理成本，有效解决CEO在管理过程中可能出现的逆向选择和道德风险问题，同时减少CEO的机会主义行为及其利用职权进行的"寻租"行为（刘慧龙，2017）。通过将薪酬与业绩紧密"绑定"，可以激励CEO在追求个人利益最大化的同时，积极提升公司的经营绩效，并作出有利于股东权益最大化的决策（Grossman et al.，1983）。CEO薪酬激励的动态性设计，通过将CEO的薪酬与其对企业业绩的贡献直接关联，有助于缓解第一类代理问题（CEO与股东之间的利益冲突），并实现激励与约束的动态相容。

CEO作为企业中的关键人力资本，其个人能力及对企业的投入程度可能会随着外部环境和内部条件的变化而发生波动（Baranchuk et al.，2014；CUSTÓDIO，2019；何爱等，2023）。鉴于企业关键人力资本的这种显著动态性，动态性薪酬激励制度通过将CEO的利益与其个人业绩和企业绩效挂钩，实现CEO利益与股东利益的紧密一致（洪康隆等，2023）。动态性的CEO薪酬激励机制强调在薪酬设计中充分考虑公司绩效与CEO个人绩效的变动情况，确保薪酬与业绩之间的一致性和灵活性。这种薪酬激励机制特别强调将CEO的薪酬与其对公司短期和长期绩效的贡献相结合，以此激励CEO为公司的长期发展做出持续的努力并取得显著成果（Mason et al.，2004）。

CEO薪酬激励的"动态性"概念指的是，在构建和实施CEO薪酬激励机制的过程中，需将公司的短期与长期绩效目标纳入考量，并据此调整薪酬结构，以真实反映这些目标的达成程度。该概念强调薪酬计划的灵活性、变动性以及适应性，目的在于更有效地激励和奖励CEO在不同时间段内的表现。

动态薪酬激励机制的设计体现了人力资本的动态特性，旨在适应外部环境的不断变化，并抑制CEO过分追求短期利益的行为。该机制旨在充分挖掘CEO的潜力，促使其对个人利益的追求与企业价值最大化的目标相一致（应瑛等，2003）。通过确保个人与集体价值函数的一致性，动态薪酬激励机制可以有效缓解第一类代理问题，即CEO与股东之间利益的不一致性，实现利益相关者之间的动态激励相容（Sloan，1993；Bryan et al.，2005；Shaw et al.，2010；吴育辉等，2010）。

四、CEO 薪酬差距

新经济增长理论，亦称内生增长理论（Endogenous Growth Theory），主张内生的技术进步是推动经济持续增长的核心动力。该理论认为，技术进步依赖于关键人力资本所具备的知识、技能和经验，以及能够促进和激发创新的市场制度和环境（Romer，1986；Lucas，1988；Howitt et al.，1998）。在上市企业中，CEO 作为关键人力资本的重要组成部分，其个体能力的差异性导致其边际产出存在相应的不同。这种能力差异引发的边际产出差异，导致 CEO 之间薪酬的相应差距（罗宏等，2016）。CEO 之间的薪酬差距可能引发对公平性的感知，从而影响个体的心理状态和行为模式（Gächter et al.，2002）。在感知到不公平的情况下，CEO 可能会调整自己的工作投入和努力程度，以寻求公平的待遇。此外，Fama（1980）的研究表明，薪酬差距本身对激励效果的影响可能大于薪酬的绝对数额，因为它反映了组织内部及组织与外部市场之间的激励结构和公平性问题。本书探讨企业内部 CEO 与非 CEO 高管团队之间的薪酬差距，以及企业外部 CEO 与其同行相同职位薪酬的差距。随着高管人才市场的信息化和透明化，CEO 能够更加清晰地了解并比较同行的薪酬状况，从而形成对公平性的认知。若 CEO 感知到自己受到不公平的待遇，可能会产生心理不安或消极情绪，并可能通过减少工作投入的方式来应对这种情绪。

在本书中，针对 CEO 内部薪酬差距的度量，本书采用了罗宏（2016）、陈震（2012）等学者提出的研究方法，即通过计算企业 CEO 薪酬的绝对值与其非 CEO 高管团队薪酬均值的自然对数的绝对差值来衡量。此外，对于 CEO 外部薪酬差距的度量，本书采纳了行业平均法，具体做法是将 CEO 薪酬与其所在行业的薪酬均值之比作为度量指标，其中行业薪酬均值定义为同年、同行业、同产权属性的高管薪酬的算术平均值。通过这些度量方法，对 CEO 薪酬差距进行客观且全面的分析。

五、企业创新投入

约瑟夫·熊彼特（Joseph Schumpeter）在其 1912 年的开创性工作中首次

系统阐述了创新理论。熊彼特将创新定义为生产要素和生产条件的重组,涉及新产品、新方法、新市场、新供应来源以及新组织形式的创造,旨在推动新产品和服务的生成或组织结构的优化(Schumpeter,1912)。创新不仅是经济发展的内生驱动力,而且为理解技术创新如何促进经济增长提供了理论框架。熊彼特进一步指出,企业家是创新过程的核心组织者和推动者,他们通过引入新技术或新产品,致力于提升企业的市场竞争力(Cassiman et al.,2006)。在企业层面,创新投入表现为企业家为实现技术或产品创新而进行的一系列经济活动。企业通过劳动力和资本的有效结合,将研发成果转化为具有市场导向性的新产品或服务,以适应企业在不同生命周期阶段的发展需求,并有效应对市场环境的变化。

企业及个人掌握的知识技术往往难以被直接量化评估,然而,可以通过一系列可量化的指标间接衡量企业的创新投入。这些指标包括企业年度研发(R&D)的财务支出、专利申请与授权的数量、专利的类型多样性以及研发投资的效率等。本书主要依据创新投入的相关指标来评估企业的创新活动。为了全面衡量企业在研发方面的投入力度,本书采用了研发投入的绝对指标与相对指标相结合的方法,旨在规避仅使用研发投入绝对值时可能出现的规模效应偏差,从而更准确地反映企业在研发方面的实际投入和努力。

第二节 理论基础

一、委托代理理论

委托代理问题的概念最早由 A. 伯利(Adolf A. Berle)和 C. 米恩斯(Gardiner C. Means)在其对现代公司股权结构的分析中提出。他们指出,在现代公司中,股权高度分散,导致所有权与经营权之间的严重分离。随后,M. C. 詹森(M. C. Jensen)和 W. H. 麦克林(W. H. Meckling)(1976)以及 F. 法马(Eugene F. Fama)和 M. C. 詹森(1983)等学者对这一问题进行了深入研究,从而逐步发展形成了西方经济学中的委托代理理论。与古典企业中所有权和经营权合一的情形不同，在现代企业治理结构中，所有股东共同拥有企业的所有权，而高级管理人员（高管）则是作为受股东委托的专业经营者。股东的利益与高管的行为效用之间存在不一致性，这种不一致性是委托代理问题中矛盾和冲突的根源。

委托代理理论基于三个核心假设：首先，代理人（企业的高管）拥有私人信息，其行为往往不易被委托人（股东）所观测；其次，委托人通常不直接参与企业的日常经营活动，从而导致两者之间存在显著的信息不对称；最后，代理人被视为完全的经济人，追求个人利益的最大化（Jensen & Meckling，1976）。在现实企业经营中，高管的行为并不总是与股东利益最大化的目标相一致。实际上，高管在很多情况下可能会采取与股东目标相悖的行为，以实现个人私利的最大化。委托代理理论的研究重点在于，当股东利益与高管的行为效用不一致时，如何设计合理的薪酬契约来纠正高管的自利行为，并激励其为股东利益做出积极的决策（Fama & Jensen，1983）。这种股东与高管之间的代理问题被称为"第一类代理问题"。作为委托人，股东期望企业资产能够增值并实现收益最大化，而作为代理人的高管则可能追求包括货币性和非货币性薪酬在内的高额奖励，从而产生利益冲突。信息不对称的存在进一步加剧了这种委托代理问题。由于股东一般不参与企业的日常经营，相较于掌握经营权和市场信息的高管，股东往往处于信息劣势地位。这使得股东难以准确判断企业的不佳表现是由于高管的能力不足，还是由于外部市场的复杂性和不确定性。相反，高管作为企业的实际经营者，能够更直接地获取市场信息和内部经营数据，从而做出更为精确的决策。然而，这也为高管的"道德风险"（Moral Hazard）和"逆向选择"（Adverse Selection）行为提供了机会。

随着对公司治理结构认识的不断深化，学术界逐渐意识到企业中普遍存在股权集中现象。大股东通过积极参与公司治理，对企业的运营和管理产生显著影响，这与A. 伯利（Adolf A. Berle）和C. 米恩斯（Gardiner C. Means）所描述的股权分散情形相悖。实际上，多数企业通过金字塔式股权结构、交叉持股以及双重股权结构等形式，被大股东所控制（La Porta et al.，1999）。在这种股权结构下，由于投票权与现金流权的分离，控股股东可能会产生利用其控制权损害公司利益及中小股东权益的动机,这种行为被称为"掏空"(Tunneling)。控股股东的"掏空"行为可能包括转移公司资产、通过关联交易向其他企业输送利益、利用内部信息进行股票交易以牟取私利,以及通过不当政策为自己获取过高的现金奖励等。这些行为不仅损害了公司的整体利益,也对中小股东的利益造成了负面影响,从而引发了控股股东与中小股东之间的利益冲突,即所谓的第二类代理问题。在中国等资本市场尚不完善的国家,上市公司普遍存在股权高度集中和大股东具有绝对控制权的现象。因此,在当前的市场环境下,如何有效监督管理和控制控股股东的"掏空"行为,以保护中小股东的合法权益,成为公司治理中亟待解决的问题。

委托代理理论(Principal-Agent Theory)深入探讨了由于信息不对称和契约不完备性所引发的委托人(股东)与代理人(高管)之间的利益冲突问题。该理论提出了通过实现"剩余所有权"(Residual Claimancy Rights)与"剩余控制权"(Residual Control Rights)之间的平衡,来优化公司治理结构的运行机制(Fama & Jensen,1983a,1983b)。在股权相对集中的企业中,传统的委托代理理论可能无法全面解释委托代理问题,因为除了股东与高管之间的代理关系外,还存在着大股东与小股东之间的代理问题。双重委托代理理论(Dual Agency Theory)进一步扩展了传统理论,考虑了大股东与小股东之间的代理问题,为股权集中型企业的公司治理提供了更为全面的分析框架(Dahya, J., et al., 2008)。鉴于股权集中是当前多数国家和地区上市公司治理的一个显著特征,双重委托代理理论逐渐成为企业治理研究的主流领域,为理解和解决股权集中背景下的公司治理问题提供了重要的理论支持。

股权激励机制,作为缓和委托代理问题的一种长期激励策略,通过内部资本的有效配置,赋予高管一定比例的公司股权。这种机制旨在促进高管与股东之间利益的一致性,实现双方对企业剩余收益的共享以及对企业风险的共担(Jensen & Murphy,1990)。

二、人力资本理论

"人力资本"这一概念的思想渊源可追溯至亚当·斯密(Adam Smith)在其著作《国富论》(The Wealth of Nations,初版1776年)中的观点,他在对资本进行分类时，将居民通过社会学习所获得的有用才能归为"固定资本"的范畴［Smith，（1776）1979］。20世纪，西奥多·舒尔茨（Theodore W. Schultz）在《人力资本投资》（*Investment in Human Capital*）的演讲中首次明确提出了人力资本的概念，并深入探讨了人力资本的本质、投资内容与途径以及其在经济增长中的作用（Schultz，1961）。在其后续的著作《人力资本投资：教育和研究的作用》（*Investments in Human Capital*）和《人力投资：人口质量经济学》（*Human Capital：Policy Issues and Research Opportunities*）中，舒尔茨系统地阐述了人力资本理论在新经济增长理论中的地位，并对人力资本的形成机制进行了更深层次的探讨（Schultz，1971；Schultz，1981）。舒尔茨认为，人力资本附着于个体，体现为个体所掌握的知识、技能和健康状况的集合，它是一种与物质资本相区别的资本形态，因其能够为个体带来未来的经济收益或满足而被视为一种资本。与舒尔茨同时代的经济学家加里·贝克尔（Gary S. Becker）也是人力资本理论的重要贡献者。贝克尔运用微观经济学的分析方法，对人类行为进行了深入分析，并创新性地考察了人力资本因素对经济发展的影响。他首次采用成本-收益分析方法构建了人力资本投资均衡模型，并强调了在职培训在人力资本形成中的重要作用（Becker，1964）。在这一时期，人力资本得到了广泛的分析与阐释，但对于人力资本如何促进经济增长的内在机制，学术界的理解仍然有待进一步明确。

20世纪80年代，新经济增长理论（Endogenous Growth Theory）作为经济学的一个重要分支开始兴起，其核心特征是将技术进步视为内生变量。罗默尔（Romer，1986，1990）在其经济增长模型中，将知识作为内生变量纳入生产函数，强调了知识积累和专业化人力资本在经济增长中的核心作用。罗默尔的模型揭示了技术进步是经济增长的关键驱动力，并指出技术进步很大程度上是市场激励下有意识投资的结果。此外，罗默尔还提出知识商品具有无限的增长潜力，而且知识的溢出效应能够带来长期的收益递增。卢卡斯（Lucas，1988）在前人研究的基础上，进一步发展了人力资本积累与溢出模型。卢卡斯认为，人力资本不仅具有内部效应，为个人带来直接收益，而且具有外部效应，能够提升整个社会的生产率。这种内外部效应的结合，使得人力资本成为推动经济增长的关键因素。罗默尔和卢卡斯的理论强调了人力资本在现代经济发展中的核心地位,并为人力资本作为现代企业核心竞争力的理论基础提供了坚实的支持。

人力资本理论随着知识经济时代的发展而不断深化,其个体私有性特征在企业权力结构的演变中变得更加显著。为了有效激发并利用人力资本的正向溢出效应,对人力资本所有者进行适当的激励变得至关重要。通过内部资本的积极配置,赋予高管一定比例的公司股权,不仅肯定了人力资本在现代企业中的重要价值,而且有助于推动企业收益的最大化(Jensen & Meckling, 1976)。人力资本理论的发展促进了对现代企业治理结构的深入思考,特别是在知识经济背景下,对于动态股权和薪酬激励机制如何影响企业绩效的探讨提供了理论基础。这些理论探讨对于理解和设计有效的企业激励机制具有重要的实践意义,尤其是在考虑如何通过激励高管来提升企业绩效和竞争力方面。

三、激励相容理论

激励相容性(Incentive Compatibility)的概念由里奥尼德·赫维茨(Leonid Hurwicz)基于理性经济行为人的假设提出。赫维茨认为,在社会经济活动中,理性个体均追求个人利益的最大化,在缺乏约束和监管的条件下,个体行为将完全以自利为导向(Hurwicz,1973)。他提出,若存在一种精巧的制度设计,能够在促使个体追求个人利益最大化的同时,也推动组织目标的实现,则称这样的制度安排为"激励相容"。管理学和经济学的实践表明,企业若能成功实施激励相容机制,便能有效减轻由信息不对称引发的委托人与代理人之间的利益冲突,促使双方利益趋于一致。实现个人与组织间利益协同的关键在于满足两个核心条件:参与约束(Participation Constraint)和激励相容约束(Incentive Compatibility Constraint)。参与约束确保代理人在执行契约时获得的收益至少不低于其保留效用(Reservation Utility),即代理人从契约中获得的效用应不低于其不参与契约时的效用。而激励相容约束则要求代理人在契约下执行的行动不仅能够为其自身带来更高的收益,同时也能够实现委托人目标的达成和效用的最大化。唯有同时满足参与约束和激励相容约束的机制,才能真正调和委托人与代理人之间的利益矛盾。

激励相容性的核心理念在于实现互利共赢的治理结构。在资本市场的运作中，理性经济行为体以自利为行为选择的主导原则，依据个人利益最大化的心理进行决策（Hurwicz，1973）。激励相容机制的设计旨在通过特定的激励安排，确保个体在追求个人利益的同时，也能促进组织目标的实现，从而达成个人与组织利益的一致性。激励相容理论为委托代理问题提供了一种有效的理论框架和制度安排。该理论通过激励与约束相结合的手段，促使拥有信息优势的代理人遵循存在信息劣势的委托人的期望，采取符合双方利益的行动。在现代企业的运营与管理实践中，为实现激励相容，关键在于构建合理的激励制度，确保委托人和代理人的目标函数达到一致，从而有效减少代理成本并提升企业绩效。本书基于激励相容理论，探讨股权激励动态性对企业绩效的影响，该理论为本研究提供了坚实的理论基础。

第三节　研究文献回顾

一、高管股权激励动态性、研发创新与公司绩效

（一）股权激励动态性与企业绩效

股权激励机制，作为调节高管与股东利益关系的一种长期激励策略，已被学术界证实可以有效缓解委托代理理论所揭示的潜在利益冲突（Jensen & Meckling，1976）。研究表明，股权激励不仅补充了传统的货币薪酬激励，而且在长期激励高管方面发挥了更为显著的作用（Murphy，2013）。在学术探讨中，关于高管持股比例与企业绩效之间关联的研究，主要形成了三种观点。

"利益一致性假说"（Alignment of Interests Hypothesis）提出，当管理层获得企业的剩余索取权时，高管与股东间的利益将趋于一致，从而有助于提升企业价值。这一假说认为，无论激励形式是股票期权还是直接的股票所有权，高管持股水平的提升均能显著发挥激励作用，促进企业价值增长（Jensen & Meckling，1976）。J.勒纳（Lerner J）的研究表明，股权激励可以有效抑制高

管的短视行为，并通过持续的研发活动促进企业的创新绩效。安娜（Anna El-sil）在2013年的研究中，通过分析瑞典上市企业CEO的个人财富数据，指出适度的股权激励能够激发企业未来绩效的增长。陈（Chen L）在2019年的研究中强调，在高新技术企业中，发挥股权激励在驱动人才科技创新中的关键作用，是推动企业绩效增长的重要机制。国内学者普遍认同，对高管实施股权激励能够促进企业经营业绩的提升。陈笑雪在2009年的研究中，基于2005年前中国上市企业的数据，发现即便高管持股比例较低，股权激励依然具有一定的激励效果，特别有助于企业成长性指标的提升。陈文强和贾生华在2015年的研究中，通过检验2006—2013年中国A股上市企业的面板数据，揭示了股权激励在控制第一类代理成本并提升企业绩效方面的显著作用。刘春济和陈金采娜在2019年的研究中，结合高管特征理论和激励创新理论，探讨了高新技术企业中高管股权激励、研发支出与企业绩效之间的关系，结果表明高管股权激励对企业绩效具有直接和间接的影响。王春雷和黄庆成在2020年的研究中指出，股权激励能够降低代理成本，提升企业业绩，特别是在民营企业中，股权激励的效用更为显著。

尽管普遍认为股权激励能够协调高管与股东利益，提升企业绩效，但亦有研究提出了不同见解。洛德勒（Loderer）和马丁（Martin）（1997）在其对企业高管经济利益影响的研究中发现，增加高管持股比例对企业业绩并无显著影响。S.法马（Fama S）和D.詹森（Jensen D）（1983）提出了"经营者防御假说"（Managerial Entrenchment Hypothesis），认为高管持股比例过高可能会增强管理者的市场地位，导致其采取符合个人利益而非股东利益的经营决策，从而可能损害企业价值。苏冬蔚和林大庞（2010）从盈余管理的角度出发，研究了股权激励的治理效应。他们指出，在股改过程中，由于股权激励定位不准确或行权条件设置不当等原因，股权激励可能产生负面的治理效应。吴文华和姚丽华（2014）聚焦于新兴产业中企业核心员工的股权激励治理效应，发现由于激励力度不足，核心员工的股权激励难以激发预期的业绩提升效果。马（Ma）和赛德尔（Seidl）（2018）的研究指出，当股权激励不足时，可能增加高管的离职率，破坏团队稳定性，进而对企业业绩产生不利影响。尹美群等（2018）在探讨2009—2015年沪深A股上市企业中创新投入与企业绩效的内生关系时，引入高管薪酬激励和股权激励作为调节变量。研究结果显示，高管薪酬激励能够正向调节创新投入与企业绩效的关系，特别是在技术密集型企业中这一效应更为显著；而股权激励在全样本中并未表现出显著的调节作用。

除了前述的"利益一致性假说"和"经营者防御假说"，学术界亦有观点认为股权激励与企业绩效之间的关系并非单调线性，而是存在非线性的动态关联。这种观点认为，随着高管持股比例的变动，利益趋同效应与经营者防御效应相互作用，影响着高管的行为和决策。J.J. 麦康奈尔（McConnell J J）和 H. 塞尔夫（Servaes H）（1990）在其研究中发现，高管持股比例与企业的托宾 Q 值（Tobin's Q）之间呈现曲线关系，并通过分段线性回归分析确定了这一倒 U 形曲线的拐点位于高管持股比例的 40%至 50%之间。这一发现表明，当高管持股比例超过某一阈值后，其对企业价值的正面影响可能会逆转，导致企业绩效下降。陈修德等（2015）在对中国沪深两市上市公司数据的分析中，也得出了类似的结论。他们证实了高管持股比例与企业的研发（R&D）投资之间存在倒 U 形函数关系，指出高管持股的最优结构对维持研发创新效率至关重要，而持股比例的过度集中或分散均可能导致效率下降。

从企业成长性的视角分析，股权激励不仅有助于协调高管与股东之间的利益关系，而且能够在一定程度上减少企业对高管现金薪酬的支出，从而活化企业的现金流。此外，高管持股的实践能够促使高管更加关注企业的成长性发展。企业鼓励高管持股的行为向市场传递了企业经营状况良好的积极信号，从而暗示了高管持股与企业成长性之间可能存在的正向关联（Leland & Pyle, 1977）。陈晓红等（2007）通过实证研究揭示了高管持股比例与企业成长性之间的正向关系，表明当高管持股达到一定水平后，持股比例的增加与企业成长性的提升显著相关。相较于传统的薪酬激励，股权激励在促进医药企业长期绩效方面更为有效（谢修齐，2019）。吴继忠（2012）在对获得私募基金（Private Equity, PE）支持的企业进行研究时发现，在上市初期的一至两年内，高管持股的方差与企业成长性呈正相关，这与锦标赛理论（Tournament Theory）中的激励效应相一致。

（二）股权激励动态性与研发创新投入

股权激励机制，作为协调股东与高管利益关系、引导高管决策行为的关键工具，被广泛认为能够有效促进企业创新动力的激发。研发创新投资，与一般性投资活动相比，具有信息不对称性高、风险性高、不确定性大以及回报周期长等特点，这些因素可能抑制高管进行研发创新的动机，加剧高管与股东之间的代理问题，进而可能影响高管在创新决策中的公正性。为了解决第一类代理问题并激发企业的研发创新活动，设计包含长期股权激励的合理激励契约在企业治理中变得至关重要。关于高管股权激励与研发创新投入之间的关系，国际和国内学者的研究成果呈现出不同的观点。一些研究认为股权激励能够显著提高高管的研发投入意愿，而另一些研究则表明这种关系可能受到特定条件的限制或存在非线性特征。

在探讨高管股权激励的治理效应时，E. P. 拉齐尔（Lazear E P）（2003）提出股权激励可以在一定程度上缓解由于股东与高管之间信息不对称所导致的监管难题，并有助于高管筛选和执行收益较高的投资项目。莫克尔（Morck R）等在2005年同样强调了股权激励的利益趋同效应，认为这能够有效激发高管对研发创新的投资热情。肖虹和曲晓辉（2012）从企业与投资者互动的视角分析了企业投资行为的迎合性，指出高管不会仅为了最大化个人股权利益而迎合外部投资者的短期研发投资需求。王燕妮（2011）在对2007年至2009年529家制造业企业数据的分析中，验证了高管股权激励与研发投入之间存在正向关系，并发现这一关系在国有企业和技术密集型企业中更为显著。陆国庆（2019）通过比较实施与未实施股权激励的企业，发现股权激励能够显著提升企业的创新投入水平。朱锦烨（2020）通过实证研究确认了创新在股权激励与企业绩效之间的积极传导作用，并指出这一作用在成熟行业中尤为明显。吴燕天（2021）的研究也表明，在科技型企业中，创新投入在股权激励对企业绩效的正面影响中起到了中介作用，股权激励能够促进员工积极参与长期研发投资战略，推动企业绩效的长期增长。李丽和傅飞强（2014）基于长期股权激励案例分析认为，与企业业绩指标紧密相关的现金支付型虚拟股权、超额利润分享等长期激励计划能更有效地提升企业与高管利益的一致性，更有利于企业战略目标的实现。陈文强（2016）在研究股权激励的动态激励效应时发现，持续滚动实施的股权激励能够带来更好的企业业绩，并具有更持久的业绩增长。李春玲（2019）在比较苏泊尔公司四套股权激励制度时发现，合理的股权激励机制调整有助于改善企业业绩和提升研发能力，及时根据企业的关键内生指标调整股权激励的对象和范围，可以促进个人与企业利益的最大化协同。

尽管股权激励被广泛认为可以激发企业创新活力并促进高管与股东利益的一致性，但也有一些研究表明股权激励可能对企业绩效产生负面影响。R. K. 阿加沃尔（Aggarwal R. K）和 A. A. 萨姆威克（Samwick A. A）在2006年的研究中发现，股权激励可能诱发高管追求个人利益最大化的行为，这可能导致资源的浪费和企业创新能力的降低。格雷厄姆（Graham J R）在2005年通过访谈调查指出，高管为了迅速实现行权业绩目标，可能会减少对研发（R&D）的投入，转而关注短期业绩，这种短视行为可能抑制企业的长期创新潜力。吴文华和姚丽华（2014）在分析中国战略性新兴产业时提出，高管股权激励的不足可能无法有效激发创新绩效。王亚等（2021）在研究非国有制造业企业时发现，高管股权激励与企业创新之间存在显著的负相关关系，这种关系可能由高管的短视行为所引起。

在对我国高新技术企业的高管股权激励与研发投入关系的研究中，徐宁等（2013）提出了高管持股比例与研发投入强度之间存在倒U形关系的观点。他们认为，当高管持股达到某个临界点时，可能会对企业的研发活动产生抑制作用。陈文强（2016）在分析股权激励的长期治理效应时，也指出股权激励对企业长期绩效的影响呈现倒U形曲线，暗示单期的股权激励可能不会对企业的长期绩效产生积极影响。刘婷婷等（2018）在对制造业企业数据进行分析时，得出了与前述研究相反的结论。他们发现，在高管持股水平较低时，股权激励对企业创新投入具有显著的正向激励效应。然而，随着高管持股比例的增加，所谓的"壕沟效应"（Entrenchment Effect）可能会削弱这种激励效应，进而抑制企业的创新投入。

在对股权激励契约结构要素的深入分析中，部分学者的研究提供了对高管行为影响的洞见。B. H. 刘（Liu B H）在2019年的研究中，以2006年至

2014 年中国上市企业为样本，发现股权激励的力度和期限是促进企业积极从事研发创新活动的关键因素，而过于严格的行权条件则可能抑制企业的创新决策。这表明，股权激励的设计需要平衡激励的强度和灵活性，以激发高管的创新动力。李青东（2017）进一步指出，股权激励的行权期限设置应合理，以避免高管因对未来不确定性的厌恶而削弱激励效果。他提出，较长的行权期限可能增加高管对不可预见风险的厌恶，从而降低股权激励对研发创新的促进作用。

（三）研发创新投入与企业绩效

创新是企业持续成长的核心动力，也是企业获得并维持竞争优势的关键策略。在全球化市场竞争日益加剧的当下，企业增加对研发创新的投入显得尤为关键。这不仅有助于提升高附加值产品的生产，促进现有技术或产品的创新升级，而且通过优化资源配置，能够为企业带来持续显著的经济效益。近年来，学术界对研发创新与企业绩效关系的研究取得了丰硕成果。大部分研究认为研发创新与企业绩效之间存在正相关关系，即研发创新的增加能够促进企业绩效的提升。然而，也有部分学者对此持有不同看法，认为二者之间的关系可能并非线性，或者在特定条件下可能不成立。

研发创新被广泛认为是提高企业营收和改善业绩表现的关键因素。Z. 格里利兹（Griliches Z）于 1986 年在对制造业创新研发活动的开创性研究中指出，研发投入能够显著提升生产效率，并为企业带来超额利润。K. H. 庄（Chung K H）等学者在 2003 年通过对千余家企业的分析，发现高管持股比例在创新投入与企业绩效之间起到了正向的调节作用。L. 布兰（Bulan L）等学者在 2011 年的研究中也强调了创新投资在股权激励对企业绩效正向影响中的作用。P. M. 李（Lee P M）2013 年在探讨独立董事与企业治理的关系时发现，创新投入能够吸引外部投资，机构投资者会根据企业的研发创新投入来评估其发展潜力，表明创新投入在机构投资者参与度与企业绩效之间具有中介作用。杜勇等（2014）的实证研究进一步证实，研发投入与企业的营利水平和获利能力之间存在显著的正向关系。王一鸣（2017）也提出，积极的研发战略是推动企业绩效增长和市值提升的重要驱动力。孙自愿等（2019）的研究探讨了研发资金投入与企业绩效之间的动态关系，发现有效的内部控制能够加强二者之间的正向联系。张定完等（2021）指出，通过扩大研发投资规模，企业能够不断开发新技术，获取新资源，从而提升企业绩效水平。

尽管研发创新被普遍视为提升企业绩效的关键因素，但研发投入本身所固有的特性，如高风险性、收益的长期滞后性以及高度不确定性，均可能对企业的投资决策产生影响。Z. 格里利兹（Griliches Z）在1994年的研究指出，虽然研发创新与企业绩效之间存在一定的联系，但这种联系并不总是显著的。董静和苟燕楠（2010）通过对机械设备业与生物制药业的对比分析，强调了研发活动投资回报周期的长期性。他们指出，研究成果转化为实际生产力的过程可能非常漫长，尽管研发资金的投入能够显著提高企业的盈利能力和资本利用率，但其对企业业绩的正面影响往往存在时间上的滞后。周艳和曾静（2011）的研究也确认了研发投入与企业绩效之间的滞后关系，并进一步指出，企业在研发创新上的资金和人力资源投入对企业绩效的影响存在不同的滞后模式。

（四）股权激励与风险承担水平

企业风险承担水平反映了企业在面对结果不确定的投融资决策时的风险偏好及承受能力（李文贵等，2012），体现了企业在战略投资中为追求高额利润而愿意承担的代价。一般而言，风险性较高的项目具有更高回报的潜力，从而可能提升企业绩效，这导致股东倾向于较高的风险偏好。然而，当高管的薪酬主要为稳定的货币收入时，他们可能会倾向于避免高风险投资，因为这类项目的成功与否不会直接影响他们所获得的薪酬。相反，股权激励的实施使得高管有机会与股东共同分享高风险项目可能带来的收益，这有利于激励高管投资于风险性较高的项目，进而可能提高企业的风险承担水平（Sanders & Hambrick, 2007）。C. R. 科尔（Cole C R）等学者在2011年的研究也指出，尽管高管在面对有限资本回报时对高风险项目持谨慎态度，但当他们被授予一定的剩余收益权时，即通过股权激励与企业风险承担水平呈正相关。换言之，以股票形式提供给高管的报酬能够提升企业的风险承担水平。

基于利益趋同效应，股权激励机制使高管获得了"股东"身份，从而在一定程度上实现了高管与股东利益的一致性，并优化了高管的风险承担能力。这种利益的一致性通过促进高管参与高风险投资项目，为企业带来了附加价值。王秀芬和徐小鹏（2017）通过实证研究验证了高管股权激励通过提升企业风险承担水平，进而促进企业绩效的中介效应。叶红雨和闻新于（2018）在分析2012年至2016年创业板上市企业的面板数据时，不仅确认了风险承担水平在管理层股权激励与企业绩效之间的中介作用，还指出管理层股权激励对企业绩效的正面影响部分是通过提高企业的风险承担水平实现的。此外，他们还发现风险承担水平对高管激励机制具有反向作用力。徐经长等（2017）在研究如何选择有效的股权激励方式时发现，高管的风险态度对企业股权激励策略的选择具有显著影响。他们指出，当高管更倾向于风险规避时，企业更可能采取风险较大的股票期权激励方式，这可能与企业长期价值的提升相关联。

尽管普遍观点认为股权激励能够提升企业的风险承担水平，但也有学者提出了不同的看法。R. M. 威斯曼（Wiseman R M）和 L. R. 戈麦斯-梅吉亚（Gomez-Mejia L R）在1998年基于行为代理理论提出，高管可能将股权激励视为个人私有财富的一部分。在不同的市场环境下，高管对风险的态度可能发生变化，如果高管因承担高风险而遭受个人利益损失，那他们在未来决策中可能表现出更高的风险厌恶倾向。李小荣（2014）在研究中进一步指出，高管持股比例与企业风险承担水平之间的关系呈现出显著的倒U形特征，这意味着在高管持股比例达到某个临界点后，持股比例的增加反而会降低企业的风险承担水平。此外，李小荣还发现，在市场竞争较为激烈的行业中，这种倒U形关系表现得更为明显。

（五）股权激励与委托代理问题

学术界普遍认同，股权激励机制是缓和委托代理问题的有效工具。通过构建合理的激励机制，可以促进股东与高管之间的利益一致性，从而降低由委托人与代理人之间利益冲突所产生的第一类代理成本。此外，股权激励还有助于缓解由于大股东与小股东之间利益不一致而产生的第二类代理问题。

第一类代理问题主要涉及高管与股东之间的利益冲突，这一冲突通常由信息不对称等因素引起。股权激励机制通过使高管获得股东身份，参与企业管理决策和利润分红，从而有助于实现高管与股东利益的一致性。这种内部资本的积极配置不仅可以促进双方利益的协同，而且可以激励高管按照股东的利益进行理性分析和科学决策（Jensen & Meckling，1976）。代理问题的缓解有助于降低企业的代理成本，并保障企业的收益（徐宁和任天龙，2014），这些因素共同作用于企业的良性发展，并促进企业绩效的增长（陈文强等，2015）。通过减少信息不对称和利益冲突，股权激励可以作为一种有效的机制来提高企业的决策质量和运营效率，从而为企业带来长期的竞争优势。

第二类代理问题主要聚焦于控股股东可能进行的"侵占"行为，这种行为可能会损害中小股东的利益并降低企业价值。在高管持股比例较高的情况下，高管的利益与企业绩效的关联更为紧密，因此高管更有动机坚持符合公司长期利益的决策，并可能拒绝与控股股东合谋进行损害公司价值的行为（Wang & Xiao，2011）。丑建忠等（2008）的研究也支持了这一观点，证实股权激励对大股东的"掏空"行为具有一定程度的抑制效果。此外，徐宁和任天龙（2014）发现，随着股权激励强度的增加，高管对于控股股东提出的非正确决策，如"侵占"行为的抵触心理也随之增强。

代理问题的缓解旨在降低代理成本，确保高管按照股东利益进行科学的企业管理与经营，从而促进企业价值的增长。徐宁和任天龙（2014）提出，股权激励作为解决委托代理问题的一种手段，可以通过减少代理成本来促进企业绩效的稳定提升。然而，陈文强和贾生华（2015）指出，第二类代理问题——即大股东与小股东之间的利益冲突——并不能通过股权激励得到有效治理，而且在股权激励与企业绩效之间的关系中，第二类代理问题并不发挥中介作用。周建和袁德利（2013）在探讨企业治理机制对企业绩效影响的研究中，考虑了两类代理成本，并发现它们在不同的企业治理机制与企业绩效之间起到了中介作用。万里霜（2021）以2016年至2018年中国A股上市企业为样本，通过实证分析证实了股权激励能够通过抑制两类代理成本来激发企业的积极业绩。

尽管一些学者提出第二类代理成本未必能在股权激励与企业绩效之间发挥中介作用，但股权激励及其动态性能够体现高管追求个人利益的心理。作为中小股东的一部分，高管有动机减少与控股股东的合谋行为，以维护企业的稳定绩效及个人利益。这种行为可能有效减轻第二类代理问题，从而有助于提升企业绩效（章迪诚、严由亮，2017）。

二、高管薪酬激励动态性、研发创新与公司绩效

（一）CEO薪酬激励动态性与企业绩效

委托代理理论为研究CEO薪酬激励有效性提供了基础理论支撑，其中心议题是CEO薪酬与企业绩效之间的关联。CEO薪酬激励的动态性被构建为一种激励机制，目的在于将CEO的行为与公司的绩效紧密相连。在这一理论框架下，高度动态的薪酬激励可能促使CEO采取风险较高但潜在回报也较高的战略决策，以此提升公司绩效（Jensen et al.，1976）。委托代理理论强调，CEO的薪酬激励应与股东的目标一致，而现代财务理论指出股东的目标是最大化股东价值，而非单纯追求公司利润或销售收入的增加。M. C. 詹森（Jensen，M C）和K. J. 墨菲（Murphy K J）在1990年通过对1964年至1981年美国73家大型公司的CEO薪酬与绩效数据的分析，考察了不同薪酬构成维度（包括薪酬、期权、持股和解雇）与企业价值的关系。他们发现，现金薪酬（工资和奖金）和总薪酬对企业价值的弹性接近于0.1，表明其相关性较弱。相对而言，股票所有权对CEO的激励作用更为显著，对于每1000美元的股东财富增加，CEO的财富会增加3.25美元。尽管股票所有权提供的激励可能比薪酬更强，但实际上大多数CEO持有的公司股票比例相对较小。A. T. 考夫兰（Coughlan A T）和R. M. 施密特（Schmidt R M）1985年在对1978年至1982年149家公司的研究中，发现CEO的现金薪酬与公司市值存在正向关联。他们的研究首次采用了《福布斯》杂志公开披露的CEO薪酬数据，这在当时是利用公开数据来分析企业高层管理者激励机制的先驱性尝试。他们提供的证据表明，当公司绩效不佳时，CEO更有可能被替换。J. M. 阿布德（Abowd J M）1990年在研究中使用市场收益率和总资产收益率作为公司绩效的指标，发现CEO薪酬与市场收益率呈显著正相关，而与总资产收益率的相关性较弱。S. 罗斯（Rosen S）在1992年的研究中则表明，CEO薪酬对上市公司股

票表现的影响相对有限。具体来说，当公司股票收益率上升10%到20%时，CEO薪酬的变动仅为1%，显示CEO薪酬对企业股票收益的弹性在0.1至0.2之间，这表明CEO薪酬对企业绩效的激励效应并不是特别显著。

　　与之前提到的研究相反，J.布莱恩（Brian J）等学者在1998年通过对美国百家商业公司15年数据的实证分析，探讨了CEO薪酬与企业绩效之间的关系。他们使用弹性系数以及市场价值每变化1000美元对CEO报酬的影响来衡量二者的关联度，研究结果显示CEO薪酬与企业绩效存在较强的正相关性。J.G.霍布里奇（Haubrich J G）1994年指出，即便管理者的薪酬绩效敏感度不高，M.C.詹森（Jensen, M C）和K.J.墨菲（Murphy K J）1990年的估计结果仍与代理理论的预测相符。代理理论认为，由于管理者的风险厌恶倾向，他们可能偏好采取较为保守的策略。尽管如此，股东收益的小幅波动仍能引起管理者薪酬的明显变动，这表明即便薪酬激励的强度有限，也存在有效的激励机制。管理者的风险厌恶程度以及他们愿意承担的风险等因素，不仅影响薪酬业绩敏感度，而且可能加剧管理者与股东之间的潜在利益冲突。哈勒（Hall）在1998年以美国上市公众公司为研究对象，发现不同时间段的样本均支持高管激励与公司业绩提升之间的正相关关系。M.福斯（Firth M）2006年在研究1998年至2000年中国上市公司时发现，CEO的薪酬水平显著上升且具有较大的变动性。在国家控股或私人控股的企业中，CEO薪酬与会计业绩（销售回报率）和股票回报呈正相关。M.福斯（Firth M）2006年还强调了设计有效的薪酬激励机制的重要性，认为通过薪酬激励措施来激励管理者增加企业利润和提升企业价值是企业成功的关键因素之一。其他学者的研究也得出相似结论，即企业绩效的提升往往伴随着公司高管薪酬的增加（Leone et al., 2006; Canarella et al., 2008; Jackson et al., 2008; Chakraborty et al., 2009）。

　　然而，部分研究指出，薪酬激励的过度动态性可能驱使CEO过分关注短期绩效，而忽略了公司的长期发展和可持续性。当企业绩效的会计度量成为决定管理者年终奖金的依据时，可能会激发管理者进行盈余管理的行为，即仅当绩效超出某一阈值时，才发放奖金以增加管理者的薪酬（Healy, 1985）。这种现象可能导致CEO采取短期主义战略，从而损害长期价值的创造（Bebchuk et al. , 2003）。

在探讨 CEO 薪酬激励动态性与企业绩效之间关系的研究领域，学术界尚未达成共识。一部分学者认为两者之间并无显著关联，而另一部分研究，基于最优薪酬契约理论，指出 CEO 薪酬激励动态性与企业绩效存在显著的正相关关系。国内外在这一领域的研究差异主要表现在业绩指标的选择和薪酬结构的设计上。国外的研究倾向于采用股市指标来衡量企业的长期绩效，而国内的研究则更多地侧重于短期会计指标。薪酬业绩敏感性（Pay-Performance Sensitivity）被认为是一种减少代理成本并激励 CEO 的有效机制，但对于风险规避型 CEO 的激励效果，学术界存在争议。G. 曼索（Manso G）2011 年提出，一个有效的薪酬契约应当平衡对失败的容忍度与对长期激励的考量，同时需要综合考虑公司绩效和 CEO 个人绩效的变动情况，以确保薪酬与业绩之间的一致性和灵活性。综合反映薪酬契约有效性的 CEO 薪酬激励动态性，作为研究企业绩效影响因素的一个重要维度，具有极高的研究价值。

（二）CEO 薪酬激励动态性与企业创新投入

在企业层面，创新理论强调企业家作为创新的核心主体。A. 伯利（Adolf A. Berle）和 C. 米恩斯（Gardiner C. Means）在 1932 年通过对 200 家非金融上市公司的研究，开创性地揭示了现代公司中所有权与经营权分离的现象，其中高管扮演着企业家的角色，负责公司的经营活动。M.C. 詹森（M. C. Jensen）和 W. H. 麦克林（W. H. Meckling）在 1976 年进一步发展了这一观点，指出股东与管理层之间的委托代理关系及其产生的代理成本是现代公司治理的核心问题。具体来说，基于经济人假设，委托人（股东）与代理人（经理人）的目标可能存在不一致性：股东追求的是公司利润的最大化，而经理人则更关注个人在付出努力后所获得的报酬和绩效，两者均旨在实现自身利益的最大化。这种目标的不一致性可能导致双方行为的冲突。此外，信息不对称问题加剧了委托代理问题。由于委托人无法全面客观地了解代理人的行为和能力，经理人的努力程度和真实才能的不可证实性可能导致机会主义和道德风险行为的发生。为了解决这一"代理问题"，设计有效的激励机制成为关键。激励合同作为一种治理工具，旨在通过弥补契约的不完备性来调节委托人和代理人之间的利益关系，从而减少代理成本并提高公司治理效率。

货币薪酬激励机制作为对高管而言最基础的激励方式，其对企业技术创新的影响一直是学术界和实务界探讨的焦点。然而，关于货币薪酬激励对企业技术创新作用的研究至今尚未形成一致性结论。本研究认为，企业创新作为一种特殊的投资活动，具有收益滞后性、信息不对称性、高风险性和高不确定性等特征，这些特征往往受到创新决策者——高管的决策约束、风险承受能力和信息资源的影响。

从委托代理理论的视角来看，技术创新带来的技术革新和产业进步可能得到那些关注企业长期利益相关者的支持，而那些更关注短期利益的相关者则可能因担心短期内成本的增加和业绩的下降而对企业创新持反对态度（于雪航等，2020）。G.曼索（Manso G）2011年提出，为了激励高管进行创新，最优的激励方案应当在所有者和管理层之间的契约中包含对创新活动初期失败的容忍（甚至奖励），以及对长期创新活动成功的奖励。委托代理理论强调，企业应针对"代理问题"设计激励机制，即将激励合同作为治理工具来补充企业契约的不完备性。有效的薪酬契约能够使高管基于业绩获得相应的薪酬，这反映了股东对高管业绩的认可和奖励。合理的薪酬契约设计有助于使公司高管与其他利益相关者的目标一致化，从而缓解代理问题，并激发管理层推动企业创新的动力。唐清泉等（2009）在研究中将2002年至2006年披露研发支出的436家中国上市公司作为样本，发现薪酬激励与企业研发（R&D）投入之间存在正相关关系，这为薪酬激励促进企业技术创新提供了实证支持。

在对高管进行激励的实践中，一种被广泛认可且高效的策略是将高管的个人业绩与公司的绩效或市场价值挂钩（Jensen et al.，1976；Jensen et al.，1990）。依据最优薪酬契约理论，设计出能够促使高管利益与股东利益一致化的激励性薪酬契约，对于企业而言至关重要。这不仅有助于企业提出具有竞争力和吸引力的薪酬方案，而且能够有效降低代理成本，解决高管在管理过程中可能产生的逆向选择和道德风险问题，减少高管的机会主义行为以及利用职权进行私人利益"寻租"的现象。

通过将薪酬与业绩"捆绑"，可以激发高管在追求个人利益最大化的同时，提升公司绩效，并作出有利于股东权益最大化的决策。作为解决股东与高管之间代理问题的主要机制，高管薪酬契约的有效性主要表现在高管薪酬对公司业绩的敏感性上（李昊洋等，2017）。在中国上市公司的背景下，业绩敏感的薪酬契约已被证明能够有效激励企业的创新活动。为了进一步提升薪酬制度的激励效果，建议实现薪酬组合形式的多样化和比例的合理化，从而推动企业创新效率的提升（方军雄等，2016）。

尽管薪酬契约旨在将高管的个人业绩与公司绩效挂钩，以实现股东与高管利益的一致化，但在实际操作中，薪酬契约往往因多种因素的干扰而偏离理想状态。其中，治理机制的不健全是导致高管道德风险的主要干扰源，尤其是管理层权力的集中可能削弱公司治理的有效性，进而使薪酬机制成为代理问题的新源头（卢锐，2008）。在企业业绩向好时，高管可能利用其影响力，通过薪酬委员会制定有利于自身的薪酬计划，夸大个人对业绩的贡献，从而获得超出实际应得的薪酬。相反，在企业业绩不佳时，高管可能通过影响薪酬委员会的操作，夸大市场外部环境因素的作用，使得其薪酬降幅小于企业业绩的下降幅度。这种现象导致了高管薪酬与企业业绩变动幅度之间的不对称性，即所谓的薪酬黏性现象。方军雄（2009）指出，薪酬黏性现象在中国上市公司中同样普遍存在，并将其视为管理者权力与委托代理问题的具体体现。薪酬黏性反映了薪酬制定者在奖励与惩罚上的不对称性，即倾向于"奖优不惩劣"（雷宇等，2017）。这种薪酬契约安排能够在一定程度上减少管理层因风险规避而产生的过分保守投资行为。步丹璐等（2013）的研究发现，薪酬黏性能够激发高管的冒险精神，进而促进企业增加新的投资。徐悦等（2018）进一步提出，薪酬黏性在一定程度上是薪酬制定者对管理层失败的容忍，适当地包容或奖励管理层的冒险行为，有助于提升企业的创新投资水平和效率。从薪酬契约理论的角度来看，薪酬业绩敏感性与薪酬黏性共同体现了薪酬契约的质量。薪酬业绩敏感性反映了薪酬契约的完全充分性，而薪酬黏性则体现了薪酬契约的不完全充分性。这种动态性的表现揭示了薪酬契约在实际操作中的复杂性和多维性。

当前学术界关于 CEO 薪酬激励的动态性与其对企业创新投入影响的研究相对有限。本研究在综合分析现有文献的基础上，特别关注到薪酬粘性和薪酬业绩敏感性这两个指标，它们共同体现了薪酬激励的动态变化特征。这种动态性在 CEO 的决策过程中扮演着重要角色，尤其是在推动企业创新活动方面（余明桂等，2013）。一方面，薪酬激励的动态性可能对企业创新产生积极影响。动态的薪酬激励机制能够激励 CEO 采取更具创新性的战略，从而增强公司的市场竞争力（Bloom et al.，2012）。另一方面，也有研究指出，过度动态的薪酬激励可能导致 CEO 过分关注短期绩效指标，从而避免承担与创新活动相关的风险，这可能对企业的创新投入产生负面效应（Zhang，2004）。委托代理理论强调，为了解决由于目标不一致和信息不对称所引起的代理问题，需要设计合理的激励合同作为治理机制。有效的薪酬激励机制能够促使 CEO 的利益与股东利益保持一致，进而激发企业的创新活动。因此，考虑到创新活动固有的风险性质以及 CEO 个人的风险偏好，从薪酬激励的动态性角度出发，深入探讨其对企业创新投入的影响具有重要意义。这有助于确保 CEO 在追求个人利益的同时，更加关注企业的长期发展和创新能力的提升。

综上所述，本书旨在从动态性的视角出发，系统地研究 CEO 薪酬激励的动态性如何影响企业创新投入，以期为企业提供更为科学合理的薪酬激励设计建议，促进企业的持续创新和发展。

（三）企业创新投入与企业绩效

在探讨研发与企业绩效关系的研究中，学术界得出的结论存在显著差异。国外对这一相关性的研究起步较早，而且多采用分行业研究方法，多数实证研究结果表明企业的研发（R&D）投入与企业绩效之间存在正向关联。经济学家 W. M. 科恩（Cohen W M）等人（1989）认为，企业的研发活动会产生新信息，其能够增强企业学习和利用的能力，从而提升企业的创新能力和财务绩效。Z. 格里利兹（Griliches Z）1987 年基于 1957 年至 1977 年约 1000 个美国制造业企业的数据分析，通过运用柯布-道格拉斯（C-D）生产函数，发现创新投入能显著提高生产力并带来较高的收益率。E. 斯塔姆（Stam E）等人 2009 年的研究则从研发投入的经济回报的跨期和累积效应出发，通过对荷兰 647 家公司的样本进行回归分析，发现创新投入对初创企业业绩的快速增长起到了重要作用。B. 列弗（Lev B）等人在 1996 年针对美国财务会计准则的研究指出，当年研发支出与下一年度的经营收入存在正相关关系，而且这种关系具有滞后性，并因行业而异。周亚虹等人（2007）利用浙江省桐乡市21家民营企业的面板数据进行分析，发现创新投入对企业业绩具有积极影响，而且这种影响在R&D投入后的第三个季度达到最大值。梁莱歆等人（2010）基于企业生命周期理论，指出创新投入对企业业绩及其发展具有重要推动作用，特别是对处于成长期和成熟期的企业，R&D投入对企业绩效的影响存在一年滞后期。A. J. 阿方索（Afonso A J）2016年提出的理论知识驱动的横向研发内生增长模型解释了研发强度与企业财务绩效增长及公司规模增长之间的关系，认为提高研发强度长期来看能够促进企业人力资本的积累、财务绩效的提升，并有助于公司规模的扩大。

然而，也有研究提出了不同的观点，发现R&D投入与公司产出绩效之间的关系并不总是显著正相关。李晓钟等人（2019）、潘雄锋等人（2019，2020）的研究指出，从研发经费结构维度来看，研究阶段的经费支出对企业绩效的促进作用相对更大。但刘帷韬等人（2020）发现，由于企业内部治理机制和外部市场环境的影响，研发投入可能无法促进企业绩效的提升。孙维峰（2012）提出，与非国有企业相比，国有企业的研发投入效率较低，转变为研发成果的动力不足。何涌（2019）则认为研发投入的促进作用存在滞后性。

此外，一些学者发现了企业绩效与创新投入之间的双向反馈调节作用。L. 亚诺索瓦（Janos'ova' L）和M. 吉拉塞克（Jira'sek M）（2017）的研究发现，当企业当期的绩效未达到往期或同行水平时，管理者会有提高企业研发投入的驱动力。W. R. 巴伯（Baber W R）和S. N. 加纳基拉曼（Janakiraman S N）（1996）则指出，当研发投入削减了当期的企业绩效或存在影响企业绩效的可能性时，管理者可能会出于其短视行为，通过削减研发投入以提高企业绩效。尹美群等人（2018）的研究进一步表明，前期创新投入会促进企业绩效的提升，但良好的公司绩效又可能削弱企业在未来进行创新的动力，只有当公司绩效不佳时，企业才会增加研发投入以期获得更具竞争性的市场前景，显示了企业创新投入与公司绩效之间存在相互影响的内生性关系。

综上所述，尽管普遍认为企业的创新投入强度会影响企业绩效，但学术界对此并没有形成统一的意见。企业创新投入活动不仅受到公司绩效的影响，而且两者之间存在复杂的动态关系。一方面，良好的企业绩效可能促使 CEO 出于维持现有短期绩效表现的考虑，放弃风险较大但未来收益更高的研发项目投入，转向收益更为稳定但非创新性的投资；另一方面，不佳的企业绩效可能提升 CEO 进行企业研发投入的动机，以期未来获得更具有竞争性的市场前景。这些发现表明，企业创新投入与公司绩效之间的关系是多维度和动态的，需要进一步的研究来深入理解其内在机制。

（四）CEO 薪酬差距与企业创新投入

公司创新的实施显著依赖于其实际经营者是否具备推动创新战略的主动性，其中 CEO 在激发公司创新活力方面扮演着核心角色（Belloc，2012）。薪酬制度作为一项关键的激励工具，能够显著塑造 CEO 的心理认知和决策行为。薪酬差距，无论是在企业外部的同行业同层级之间还是在企业内部的垂直或水平层面，均对高管的社会心理和认知产生深远的影响（牛建波等，2019）。

学术界对 CEO 薪酬差距与企业创新关系的研究主要基于锦标赛理论和行为理论（杨伽伦等，2020）。锦标赛理论从激励和竞争的角度出发，认为较大的薪酬差距构成一种激励机制，激发管理者展现更高的创新性和生产力，以期获得更高层级的管理职位和相应的薪酬提升。这种竞争性的激励环境被认为可以促进创新和效率，因为它鼓励管理者寻求新的、创新性的解决方案以提高企业绩效，并在竞争中脱颖而出。然而，这种以竞争为驱动的激励策略也可能带来不利影响，包括过度竞争和短期主义行为，这些行为可能对企业的长期创新能力产生负面影响。

与此相对，行为理论着重从公平感的角度分析薪酬差距对企业创新的影响，关注公平分配对经济后果的影响。这一理论视角认为，当薪酬差距被视为公正时，可以增强员工的满意度和忠诚度，从而可能促进创新活动。反之，如果薪酬差距被感知为不公正，可能引发员工的不满和动力下降，对企业的创新活动产生不利影响。因此，为了全面理解 CEO 薪酬差距与企业创新之间的关系，必须综合考虑激励机制和公平感知等多个维度。这一关系是复杂而且多维的，需要细致地分析和考量。

在探讨CEO薪酬差距与企业创新投入之间的关系时，学术界的意见并不一致。基于锦标赛理论，一些研究提出了薪酬差距对企业创新的积极作用。牛建波等（2019）采用心理学视角分析了薪酬差距与创新之间的关系，并发现高管薪酬差距能够提升企业创新效率。侯静茹等（2017）和朱芳芳等（2018）的研究也指出，企业内部高管薪酬差距的扩大可以激励CEO更加重视创新活动，从而增加企业对创新的投入。此外，李彦龙（2020）和冯乾彬等（2023）提出，企业创新水平的提升可能会通过降低高管的平均薪酬水平而提高员工的平均薪酬水平，进而有助于缩小企业内部高管团队之间的薪酬差距。范宋伟（2022）的研究则表明，高管薪酬差距对企业研发创新的影响是通过股权集中度这一中介路径实现的。顾海峰等（2021）发现，董事联结程度正向调节了高管薪酬差距与企业创新投资水平之间的正向关系。

然而，与上述观点相对立的是，基于社会比较理论的研究指出薪酬差距扩大可能对企业创新投入产生负面影响。P. A. 西格尔（Siegel P A）（2005）和X. 钟（Zhong X）（2021）认为，企业内部CEO与非CEO高管团队之间的薪酬差距过大可能会破坏团队的公平感，降低高管团队内部合作的积极性。G. 阿胡加（Ahuja G）在2008年指出，由于创新活动的高风险性，代理人在信息不对称的情况下可能会做出不利于股东长远利益的研发投入决策。朱琪等（2019）的实证研究也发现，提高企业内部水平薪酬差距不利于企业创新投入的增加。孔东民等（2017）的研究同样表明，在薪酬差距水平较大的情况下，继续扩大薪酬差距会对企业创新产生负向影响。此外，赵君等（2023）结合社会比较理论和锦标赛理论以及高层梯队理论，探讨了CEO和非CEO高管团队薪酬差距的调节作用，发现纵向薪酬差距正向调节了高管团队职业背景异质性对突破性创新的影响。

关于企业外部薪酬差距，黎文靖等（2014）的研究表明，只有当CEO薪酬水平高于行业均值时，外部薪酬差距才会对非国有企业的CEO存在激励效应。胡夏婕（2022）发现，在高新技术企业中，CEO外部薪酬差距对企业创新的促进作用比对非高新企业的正向促进作用更显著。刘雯赫等（2020）和彭镇等（2020）的研究均发现，当CEO薪酬水平高于行业均值时，薪酬差距的扩大可以激励 CEO 开展更多的 R&D 活动，与创新效率显著正相关。冯展斌等（2020）的研究也指出，企业外部薪酬差距会提高企业的创新投入，增强企业创新效率，但产品市场竞争可能会削弱这一正相关关系。栾甫贵等（2020）基于锦标赛理论和社会比较理论的研究则发现，当企业 CEO 薪酬高于行业薪酬均值时，外部薪酬差距能够激励 CEO 努力工作，显著提升企业创新投入和绩效；反之，当 CEO 薪酬低于行业均值时，可能会加剧 CEO 的不公平感，并降低其风险承担能力，从而抑制企业创新投入和创新质量。

综上所述，CEO 薪酬差距与企业创新投入之间的关系是复杂而且多维的，既受内部治理结构的影响，也受外部市场条件的影响。未来的研究需要进一步分析薪酬结构对企业创新的真实影响，以提供更为深入的见解。

三、CEO 薪酬激励动态性、营销战略风格与公司绩效

（一）CEO 薪酬激励动态性与营销战略风格

公司治理的核心研究议题之一是代理问题及其对公司决策行为的影响。特别是在企业的营销战略决策领域，代理问题可能成为导致非效率营销投资的一个关键因素。为了解决由代理冲突引发的非效率投资问题，股东需要构建有效的治理机制。M. C. 詹森（M. C. Jensen）在 1976 年提出，一个设计精良的薪酬契约能够显著地对齐管理者的行为与股东的目标，从而降低代理成本，并减少管理者的机会主义行为。在薪酬激励的研究领域，以往的研究主要集中在探讨薪酬激励与企业绩效之间的关系（李增泉，2000；魏刚，2000）、薪酬激励对企业绩效的影响（黎文靖等，2014）、企业内部控制的有效性（逯东等，2014）、企业创新投入（朱琪等，2019；赵奇锋等，2019）、创新产出（牛建波等，2019；张蕊等，2020）、资源配置效率（尹夏楠等，2021）、债务收益率（Huang et al., 2019）以及全要素生产率（盛明泉等，2019）等经济后果。

为了充分发挥薪酬契约的效能并最大限度地降低代理成本，企业的薪酬激励机制需从静态向动态转变。这一转变的原因在于，作为企业关键人力资本的高管，其人力资本存量、能力及努力程度均呈现出显著的动态变化特性

(唐跃军等，2020；Tang et al.，2022）。为了最大化人力资本的潜力，并将人力资本所有者的知识和技能转化为企业的内生增长动力，企业的高管薪酬激励机制也应具备动态性，以推动人力资本收益权方面的动态激励相容。一般而言，企业薪酬激励制度的设计应确保既有激励也有约束，通过与代理人共享剩余索取权（收益权），使代理人的目标与委托人的目标保持一致。研究表明，与企业绩效挂钩的薪酬契约能够将高管的多元化目标与企业的统一目标相融合，有效缓解第一类代理问题（Jensen et al.，1990）。郑森圭等（2021）基于委托代理理论，提出了多阶段动态基础薪酬模型，该模型通过将员工的基础薪酬与上一期企业绩效挂钩，解决了基础薪酬激励作用不足的问题。朱仁宏等（2018）在对创业团队契约治理的研究中发现，如果创业团队的收益权配置能够同时考虑长短期激励，将有利于团队成员发挥各自专长，为企业绩效作出贡献。李丽等（2014）通过案例分析，研究了以现金支付为主的虚拟股票期权、利润分享计划等基于公司业绩指标的长期激励计划模式，认为这些模式能够实现个人利益与公司利益的高度一致，更有利于公司战略目标的实现。此外，年薪制在一定程度上体现了责任、风险和利益的统一，能够促进经营者和所有者目标的一致性，是一种有效的激励相容机制设计（许宏，2012；郭元晞，1995）。高管年薪制能够显著提升企业绩效，并影响由高管主导的企业战略行为（李燕萍等，2008）。与未实行年薪制的企业相比，实行年薪制的企业在绩效上表现得更为优秀（谌新民等，2003）。姚凯（2008）基于企业家工作性质，设计了延期支付年薪制，通过延长企业家风险性报酬的发放时间跨度，将其收入与企业的长期发展挂钩，以期约束企业家为追求短期利益而牺牲企业长期发展的行为。

当前学术界关于 CEO 薪酬激励的动态性及其对营销战略风格影响的研究相对匮乏。然而，CEO 薪酬激励的动态变化对企业战略决策，包括营销战略风格的选择，具有潜在的重要影响。薪酬激励的动态性可能促使营销战略风格变得更加稳健，因为动态激励相容的高管更可能基于市场形势审慎决策，避免采取过于激进的营销战略。这种稳健的决策方式有助于企业在不断变化的市场环境中保持战略的连贯性和适应性。也有研究提出不同见解，指出高度动态的薪酬激励可能导致 CEO 过分关注短期绩效指标，从而可能倾向于采取更加激进的营销战略,以迅速提升公司短期内的财务表现。这种短期导向的决策可能与企业的长期发展目标相悖。委托代理理论强调,通过设计合理的薪酬激励机制,可以促使 CEO 的利益与股东利益保持一致,从而有效缓解代理问题。基于此,从动态性的视角审视 CEO 薪酬激励对营销战略风格的影响,对于理解和优化企业战略决策过程具有重要意义。本书旨在填补现有文献的空白,通过动态性的视角探究 CEO 薪酬激励的动态性如何塑造企业的营销战略风格。研究将分析薪酬激励的动态变化如何影响 CEO 的战略决策偏好,以及这种影响如何反映在企业营销战略风格的选择上。通过这一研究,可以为企业提供关于如何通过薪酬激励机制增强 CEO 与企业长期发展目标一致性的见解。

(二) 营销战略风格与公司绩效

在学术领域,对营销战略风格取向的研究往往通过分析销售费用的支出来开展,重点探讨了营销战略风格的影响因素及其对企业绩效的影响。然而,关于营销费用如何具体作用于公司绩效,学术界意见纷呈。一方面,有研究指出,营销费用尤其是广告支出,能够显著提升企业绩效(周罗琳,2018;Markovitch et al.,2020;黄琦星等,2018)。广告通过增强顾客的长期和短期记忆,对企业产品收益产生长期效应(Frieder et al.,2005;Joshi et al.,2010;Rao et al.,2004)。在经济衰退期间,广告支出的增加带来的竞争优势尤为明显(Jindal et al.,2015;Ozturan et al.,2014)。

另一方面,也有研究提出了不同甚至相反的结论。M.P. 康查尔(Conchar M P)等人通过分析大量文献发现,约四分之一的研究未发现广告投入与企业价值之间的明显关联。K.D. 弗兰肯伯格(Frankenberger K D)等人在 2003 年指出,销售费用显著提升企业绩效的前提是营销战略的有效执行,而广告媒体选择失误或产品核心价值传递错误都可能导致高额营销投入效果降低。此外,赵保国等人(2016)的研究表明,营销投入与企业业绩之间可能存在非线性关系,即存在一个营销投入的最优值,超过该值的投入可能不会增加企业价值,反而带来资金压力,影响企业长期发展。他们通过对工业企业数据的分析得出,企业经营绩效并非随着广告费用投入的增加而线性增长,而是呈现出阶段性特征。当企业广告投入超过某一最佳区间后，进一步增加广告费用投入将对企业绩效产生不利影响。

将广告支出和其他营销投入视为企业建立品牌无形资产、塑造客户偏好及提升企业绩效的投资手段（Srivastava et al.，1998），它们的增加可能对企业绩效产生积极影响。然而，营销活动对品牌资产和业绩的正面效应往往依赖于营销投入的持续性和长期性。M. C. 基姆（Kim M C）等人在2011年的研究中指出，过于激进的营销战略难以实现品牌资产的持续构建，从而对企业绩效的促进作用有限。

从成本的角度考虑，将营销费用视作企业的一项成本支出（Deleersnyder et al.，2009），过度的营销费用支出可能会对公司业绩产生负面影响。这是因为不节制的营销开支可能导致资源的不必要占用和企业现金流的紧张。郝云宏等人（2012）在研究房地产行业的案例中发现，营销投入应当维持在一个合理的水平，避免过于激进的战略，以免损害企业的长期发展。Wang等人（2021）的实证研究也表明，企业采取激进的营销战略风格可能会对企业绩效产生负面效应。

此外，实务界的证据也支持这一观点。例如，秦池酒作为连续两届央视广告"标王"，其巨额的广告投入虽然短期内显著提升了营业收入，但最终导致企业能力与市场需求不匹配，后续发展困难重重，企业绩效在一系列负面事件后遭受重创。

第三章 高管股权激励动态性、研发创新与公司绩效

第一节 理论分析与研究假设发展

一、股权激励动态性对企业绩效的影响

两权分离，即所有权与经营权分离，被认为是企业运营中制约企业绩效增长和阻碍企业发展的关键性问题。基于利益一致性假说，学术界普遍认为股权激励在缓解委托人（股东）与代理人（高管）之间的利益冲突方面发挥了积极作用，有效地促进了双方目标利益的一致性，并激励高管采取有利于企业长期发展的决策行为。与货币性薪酬激励相比，股权激励因其长期稳定性而被视为更优的激励机制，有助于企业吸引和留住人才。然而，随着人力资本的动态性日益增强，企业必须高度重视关键人力资本的动态特性，并在制度安排和机制设计上做出相应的、积极的应对措施。尽管股权激励在理论上能够实现股东与高管之间的利益协同，但在当前中国市场中，股权激励的实际效果并不尽如人意。例如，苏冬蔚和林大庞（2010）指出，股权激励计划可能存在行权业绩指标设置过低、高管伺机套现甚至损害企业业绩等问题。这些问题可能源于股权激励计划设计不合理、缺乏动态性或资本动态配置不当。此外，在考察公司治理特征及高管股权激励时，研究还发现不同企业应采用不同的股权激励机制，不能一概而论。企业需要在深入分析其研发创新所有权特征、治理特征、激励偏好等的基础上，设计出适宜的股权激励机制，

以实现激励效果的最大化。

静态股权激励机制虽然能够在一定程度上激发高管的积极决策行为，但鉴于关键人力资本的动态特性，以及人力资本的存量、能力与努力程度在不同情境下的变化，企业有必要对其激励机制作出转型，以实现动态激励相容。动态性激励机制更有效地促进股东与高管利益的一致性，并有效缓解委托代理理论中所指的第一类代理问题。案例分析表明，与现金支付相关的虚拟股权、超额利润分享等长期激励计划，与企业业绩指标紧密相关，能够更大程度地提升企业与高管之间的利益一致性，从而更有利于企业战略目标的实现（李丽、傅飞强，2014）。此外，关于股权激励的动态激励效应的研究亦发现，通过持续的滚动方式实施股权激励，可以带来更好的企业业绩表现，而且业绩增长的持续性也更为长久（陈文强，2016）。李春玲在对苏泊尔公司四套股权激励制度的比较分析中指出，合理的激励机制调整有助于改善企业的业绩表现。她强调，根据企业的关键内生指标适时调整股权激励的授予对象和范围，可以促进个人利益与企业利益的协同最大化（李春玲、张雅星，2019）。

股权激励，作为一种旨在实现长期激励的治理工具，其对企业绩效的影响随时间维度而变化。具体而言，股权激励与企业的短期绩效之间的相关性并不显著，然而，它对企业长期绩效的增长具有积极的促进作用（谢修齐，2019）。在当前中国市场实践中，股权激励的行权条件往往与短期业绩指标紧密相连，这可能导致高管为实现个人利益的增长而倾向于采取能够快速提升短期业绩的决策，而忽视了对企业长期发展同样重要的战略性投资和创新活动。

因此，为了更有效地利用股权激励作为提升企业长期绩效的手段，企业需要重新审视和设计其股权激励计划，确保激励机制与企业的长期发展目标相一致。这可能涉及调整行权条件，使之更加关注长期业绩指标，如持续的创新能力、品牌建设、客户满意度等，而非仅仅关注短期财务指标。通过这样的机制设计，可以激励高管不仅追求短期业绩的提升，同时也注重企业的长期健康发展。因此，可以有如下假设。

H1：股权激励动态性与企业绩效呈正相关关系。

二、股权激励动态性与研发创新投入

在企业经营过程中,高管负责制定和执行战略决策,而股东则持有企业的剩余收益权。由于委托代理关系的本质,高管与股东之间存在信息不对称和目标不一致的问题。股东作为企业所有者,期望企业能够实现长期稳定的发展;相对而言,高管则可能更专注于实现短期的业绩考核指标。

特别是在研发创新领域,由于其项目通常具有较长的周期、较高的风险性、较大的不确定性以及较长的投资回报期等特点,这可能与高管的个人利益不相符。例如,与短期会计业绩紧密相关的薪酬激励机制可能导致高管采取短视行为,为了达到短期会计目标而减少对研发(R&D)的创新投入或放弃那些具有长期良好前景但回报周期较长的项目投资(Gibbons and Murphy,1990;Chen,2004)。

为了解决这一问题,企业必须承担一定的委托成本,以抑制高管的自利行为和短视行为,并努力提升高管的创新意识。这可能涉及设计更为合理的激励机制,如股权激励或长期绩效奖励,以更好地将高管的个人利益与企业的长期发展目标统一起来。通过这样的机制设计,可以激励高管在追求个人利益的同时,也关注并推动企业的长期创新和可持续发展。

长期股权激励作为一种旨在实现股东与高管利益长期协同的激励契约,被广泛视为解决委托代理问题的有效机制,特别适用于代理成本较为显著的企业(Kang et al.,2006)。现有的研究已经表明,在企业创新绩效方面,股权激励具有积极的治理效应,与企业创新绩效之间存在正向的相关性(Lerner and Wulf,2007;吕长江,2011;王燕妮,2011)。相较于货币性薪酬激励,股权激励更深层次地满足了高管对于精神和身份认可的需求,促使高管不再仅仅关注企业的短期绩效,而是更加注重企业的长期发展和业绩持续增长(徐斌,2019)。任海云(2011)提出,高管股权激励是缓解第一类代理问题的有效手段,有助于确保研发(R&D)投入并最大化股东利益。刘宝华和王雷(2018)通过分析中国上市公司2006年至2014年的股权激励计划,发现绩效薪酬制度与企业创新之间的关系受到行权条件的影响,其中,设计合理的业绩型股权激励结构能够有效激发企业的创新活力。

尽管长期股权激励被认为是一种有效的工具，用以解决委托代理问题并促进企业创新，但一些研究却揭示了其潜在的局限性。格雷厄姆（2005）通过访谈调查发现，高管可能为了迅速实现行权业绩目标，而倾向于减少对研发（R&D）的投入。吴文华和姚丽华（2014）也指出，在战略性新兴产业中，高管股权激励的不足未能有效激发创新绩效的提升。此外，股权激励的期限若设置过长，或行权条件过于严苛，都可能削弱激励机制的预期效果。在人力资本动态性日益显著的市场环境中，设计合适的股权激励机制显得尤为重要。周建波和孙菊生（2003）强调，企业应根据其所有权特征、治理结构和激励模式等因素，定制化设计股权激励计划，以进一步降低委托代理成本，并激励高管增加对创新研发的投入。因此，可以有如下假设。

H2：股权激励动态性与研发创新投入呈正相关关系。

三、研发创新投入与企业绩效

创新是企业持续成长的核心动力，也是企业获得并维持竞争优势的关键策略。企业的研发创新投入对于增加高附加值产品的产出、推动现有技术或产品的创新改进、优化资源配置以及提升经济效益均具有重要作用。广泛的学术研究表明，研发创新活动能够显著提高企业的营收水平，并改善企业的财务业绩。

杜勇等（2014）的研究表明，研发投入的强度与企业未来营收水平的提升之间存在正向关系。特别是在制造业领域，Z. 格里利兹（Griliches Z）于1994年发现增加研发投入能显著提高生产效率，并为企业带来超额利润。尽管研发活动的投资回报周期可能较长，研发成果向生产力的转化过程可能复杂且耗时，但董静等（2010）指出，研发资金投入对企业业绩的积极影响虽然具有滞后性，但仍然能够显著提升企业的盈利能力和资金使用效率。孙自愿等（2019）在研究研发资金投入与企业业绩之间的动态关系时，也支持了这一观点，并进一步指出有效的内部控制能够加强研发投入与企业业绩之间的正向关联。

此外，王一鸣和杨梅（2017）的研究发现，积极的研发战略不仅能够促进企业绩效的增长，还能提升企业的市值。这些研究结果强调了研发创新在推动企业长期成功中的重要性，并为管理层如何通过研发投入来提高企业绩效提供了实证支持。因此，可以有如下假设。

H3：研发创新投入与企业绩效呈正相关关系。

四、研发创新投入在股权激励动态性与企业绩效关系中的中介作用

广泛的学术研究已经证实了高管股权激励与企业绩效及研发创新投入之间存在显著的相关性。K. H. 庄（Chung K H）2003年在探讨企业治理结构时发现，在拥有健全激励机制的企业中，增加研发创新的投入能有效促进企业收益的增长。此外，P. M. 李（Lee P M）2013年的研究指出，创新投入不仅能够直接增加企业的收益，还能够吸引机构投资者的关注，因为机构投资者往往会通过企业的研发创新投入来评估其发展潜力。这意味着创新投入在机构投资者与企业绩效之间起到了中介作用。在对中国高新技术上市企业的研究中，刘春济和陈金采娜（2019）也证实了高管股权激励对企业绩效的直接影响，并且发现高管股权激励能够通过影响企业的研发（R&D）支出间接地影响企业的绩效表现。这些研究结果强调了高管股权激励在促进企业创新和提升企业绩效中的重要作用。

创新是企业持续成长的关键驱动力，研发创新的投入对于优化企业资源配置和提升经济效益至关重要。股东作为企业所有者，期望通过不断的创新活动实现企业收益的最大化。然而，高管作为企业内部创新活动的关键决策者和执行者，可能因个人私利而倾向于避免技术创新所带来的风险，从而采取消极行为。为了解决股东与高管之间在研发创新战略实施上的委托代理矛盾，可以设计合适的股权激励机制。通过实施动态配股、动态分红等具有动态特性的激励措施，可以降低高管的自利行为，促进高管利益与股东目标的一致性。这样的激励机制能够有效引导高管积极投身于风险性较高但具有中长期收益潜力的研发创新活动。

股权激励作为一种有效的激励工具，能够激发高管对研发创新的投资热情，从而影响企业的研发投资收益率和财务绩效。通过将高管的个人利益与企业的长期发展目标紧密结合，股权激励有助于缓解委托代理问题，促进企业创新，提升企业的市场竞争力和财务表现。

高管作为企业研发创新的关键决策者，在研发创新投入环节扮演着至关重要的角色。股权激励作为一种有效的激励机制，能够激励高管投身于研发活动，并密切关注企业创新研发的进展。此外，研发创新的投入对企业财务绩效的提升具有显著影响。通过增加研发创新投入，企业能够开发新产品、提升产品质量，从而增强企业的整体竞争力，并推动企业价值的增长。研发创新投入作为中介变量，对股权激励的动态性与企业绩效之间关系的影响作用不容忽视。企业通过积极地研发创新投资，实现关键技术的自主可控，并持续获得市场竞争优势，这不仅是提升企业业绩表现的重要途径，也是确保股权激励机制得以持续实施的技术基础。因此，可以有如下假设。

H4：研发创新投入在股权激励动态性与企业绩效的关系中发挥中介作用。

五、企业风险承担水平在股权激励动态性与企业绩效关系中的调节作用

企业在战略投资决策中的风险承担水平是衡量其为追求超额利润而愿意接受的成本和风险程度的关键指标。增强风险承担水平，并通过审慎选择具有较高风险和潜在高回报的项目，对于企业维持竞争优势和推动绩效持续稳定增长具有显著影响。根据委托代理理论，股东通常展现出相较高管更高的风险承受倾向，而高管由于受限于有限的资本回报，往往对高风险投资项目持谨慎态度（Cole et al., 2011）。当高管被授予一定比例的企业剩余索取权时，其个人利益与股东利益趋于一致，这有助于通过企业价值的长期增长实现高管个人利益的增值。C. S. 阿姆斯特朗（Armstrong C S）2012 年的研究进一步证实，高管在获得股权激励后，会减少其风险规避行为，并根据股票收益的波动性适当提升企业的风险承担水平。此外，高风险性投资项目能够为企业提供更多的竞争机会，并可能带来更高的收益，从而增强企业的整体价值（王秀芬、徐小鹏，2017）。基于这些理论推论，本研究认为，企业应具备较高的风险承担水平，以支持其通过多样化的投资活动获取高额利润。同时，企业亦需通过有效的动态激励机制，协调高管与企业的利益关系，以此不断提升企业对风险承担的适应性和能力。因此，可以有如下假设。

H5：企业风险承担水平会强化股权激励动态性与企业绩效之间的关系。

六、代理问题在股权激励动态性与企业绩效关系中的调节作用

股权激励作为一种激励机制,对企业绩效的影响是一个多维度且复杂的动态过程。企业主要通过缓解高管与股东之间的利益冲突、降低代理成本,促使高管更加专注于企业的长期发展,从而推动企业绩效的增长。徐宁和任天龙(2014)在其研究中提出,股权激励在抑制第一类代理成本方面具有显著效果,并通过这一机制间接促进企业绩效的提升。他们的研究结果支持了第一类代理成本在股权激励与企业绩效增长之间存在中介作用的观点。尽管高管的人力资本具有动态性,可能影响其在不同时间点的决策行为,但高管与股东之间的利益矛盾始终属于第一类代理问题。如果未能从动态的视角出发,有效地解决这一矛盾,高管可能会采取对企业利益不利的行动。因此,企业需要采取有效的策略,以动态地协调高管与股东之间的利益关系,确保高管的行为与企业的长期发展目标保持一致,进而实现企业绩效的持续增长。因此,可以有如下假设。

H6a:第一类代理问题会强化股权激励动态性与企业绩效之间的关系。

第二类代理问题主要关注控股股东与中小股东之间的利益冲突,这一问题在表面上看似乎与高管的关联性不大。陈文强和贾生华(2015)在其研究中指出,第二类代理问题在股权激励与企业绩效之间的关系中并不起作用。然而,另一些学者则持有不同观点,他们认为股权激励能够显著减少高管的自利行为,促使高管从中小股东的利益出发,拒绝并抑制控股股东可能的侵占或掏空行为,从而缓解第二类代理问题,对企业绩效产生积极影响(章迪诚、严由亮,2017)。从持股比例的角度来看,高管持有的股份比例通常较低,与中小股东的持股份额相近。因此,控股股东对企业的侵害行为同样可能损害高管的利益。相应地,高管也可能出于维护个人私利的考虑,采取自利行为,尽管这些行为可能对企业的整体利益产生不利影响。在这种情况下,股权激励作为一种激励机制,其设计和实施需要综合考虑高管与中小股东利益的一致性,以及如何通过激励机制有效地遏制控股股东的不当行为,以促进企业绩效的全面提升。因此,可以有如下假设。

H6b:第二类代理问题会强化股权激励动态性与企业绩效之间的关系。

第二节　理论模型

本研究从人力资本的动态性视角出发，深入探讨了股权激励的动态治理效能及其对企业绩效的影响机制。研究进一步融合技术创新理论，将企业的研发创新投入视作中介变量，用以剖析股权激励动态性与企业绩效之间的相互作用路径。具体而言，本研究旨在解析股权激励的动态性如何作用于企业的研发创新投入决策，并探讨这种投入如何进一步转化为企业的业绩表现。此外，本研究还考察了企业的风险承担水平以及代理问题在股权激励动态性与企业绩效关系中的调节效应，以期为企业提供更为精准的激励机制设计和绩效提升策略。

概念模型图见图3-1所示。

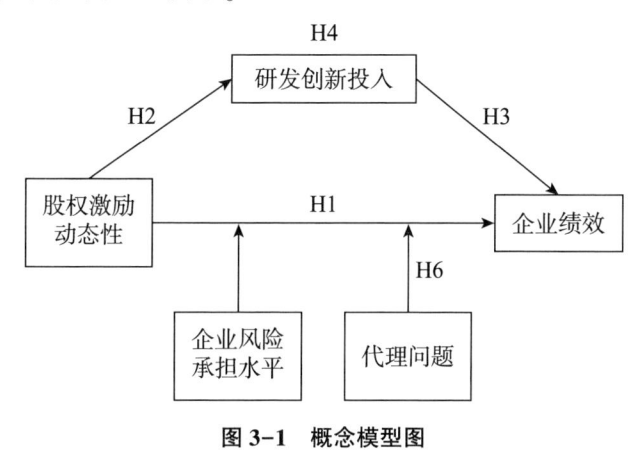

图3-1　概念模型图

第三节 研究设计

一、数据来源与样本选择

本研究的数据基础来源于国泰安金融数据库（CSMAR），涵盖了管理层治理、研发投入、盈利能力等多个维度的数据。研究选取了 2010 年至 2022 年所有在 A 股上市交易的公司作为初始研究样本。为了确保研究的准确性和可靠性，本研究在样本筛选过程中排除了金融保险行业、特别处理（ST）类公司以及存在数据缺失的企业。经过严格的筛选，最终确定了 15368 条有效数据作为分析样本。此外，鉴于异常值和极端值可能对统计检验结果造成显著影响，本研究在估计模型时对所有连续性变量进行了 1% 水平的缩尾处理，以降低这些潜在干扰因素的影响。通过这种数据处理方法，本研究旨在提供一个更为稳健的实证分析框架，从而确保研究结果的有效性和可信度。

本研究使用的基础数据处理软件为 Excel，变量的计算、统计、回归分析均由 Stata 17.0 软件完成。

二、变量定义与测量

（一）自变量——股权激励动态性

本研究旨在深入探究股权激励动态性对企业研发创新投入的影响效果。在评估股权激励的实际效用时，研究通常涉及高管持股份额、持股比例、现金股利等多个指标。为了更准确地捕捉股权激励在适应内外部环境变化及人力资本动态特性方面的情况，本研究采纳了方军雄（2016）提出的薪酬业绩敏感性的时间序列模型。具体而言，本研究通过计算高管持股比例的 3 年滚动波动率，来量化高管持股比例在股票期权行权过程中所表现出的动态变化。此外，鉴于不同行业特性可能对数据结果的准确性造成影响，本研究在处理波动率数据时，采取了剔除当年度行业中位数的策略，以增强研究结果的行业普适性和可靠性。通过这种方法，本研究力图提供一个更为精确的分析框架，以揭示股权激励动态性与研发创新投入之间的内在联系。

（二）因变量——企业绩效

本研究的因变量设定为企业绩效，遵循学术界普遍采用的方法，本研究选取了财务指标总资产收益率（ROA）和净资产收益率（ROE）作为衡量企业绩效的主要指标。ROA 和 ROE 均直接反映了企业在一定时期内利用其资产产生收益的能力，是评估企业资产投资转化效率的关键财务比率。此外，鉴于股权激励的激励效应往往具有长期性和潜在的滞后效应，本研究进一步引入了托宾的 Q 理论（Tobin's Q theory），以托宾 Q 值（TQ）作为衡量企业长期发展潜力和市场竞争力的补充指标。托宾 Q 值通过比较企业的市场价值与其资产的重置成本，能够反映企业的激励机制和研发创新投入是否有效地提升了企业的市场竞争力，并最终增加了企业的总体价值。

（三）中介变量——研发创新投入

本研究中，中介变量被设定为企业的研发创新投入，该概念涵盖了企业为推动研发创新活动而进行的所有相关支出。依据《企业会计准则》的相关规范，本研究通过分析企业财务报表中"研发投入"科目披露的数据来量化企业的研发创新投入。研发（R&D）投入的相对规模是衡量企业在开发新技术和新产品方面的投入，以及其持续创新能力的关键财务指标（刘运国、刘雯，2007）。因此，本研究采用研发投入金额与营业收入之比来表征企业研发创新投入的强度（叶陈刚等，2015）。

（四）调节变量——企业风险承担水平

学术界在衡量企业风险承担水平时，通常采用两种主要方法：首先，将企业的风险行为进行具体化细分，例如，将研发支出视为反映企业风险行为的关键变量；其次，通过企业的业绩波动性来量化风险，常用的量化指标包括股票收益波动率或总资产收益率（ROA）的变动标准差。为了准确测量企业的风险承担水平，本研究采纳了 Faccio et al.（2011）的研究方法，选择使用样本企业最近 3 年内 ROA 的变动标准差作为风险承担水平的度量指标。这种方法能够客观反映企业在一定时期内财务业绩的波动程度，从而为评估企业风险承担水平提供了一个稳健的量化手段。

（五）调节变量——代理问题

第一类代理问题主要涉及高管与股东之间的潜在利益冲突。本研究借鉴徐宁和任天龙（2014）的研究方法，采用总资产周转率作为衡量第一类代理问题的工具。总资产周转率能够反映高管对股东资产运用的效率，即在股东的监督和激励机制下，高管是否能够做出恰当的战略决策，确保企业资金的有效利用，并以此提升企业的盈利能力。

第二类代理问题则源于股东间的矛盾，特别是当股权结构集中时，控股股东可能会为了个人控制权的私利而占用公司资金，损害外部中小股东的利益。本研究参照王鹏和周黎安（2006）的研究，采用控股股东的两权分离度（即控制权与现金流权之间的差异）作为第二类代理问题的度量指标。该指标能够揭示控股股东与中小股东之间的潜在利益冲突，以及控股股东可能采取的机会主义行为。

（六）控制变量

在实证研究中，控制变量的设定旨在排除企业治理结构中其他特征及财务指标对因变量可能产生的干扰效应，确保研究结果的准确性和可靠性。基于相关文献和先前研究的理论基础，本研究选取了一系列对企业绩效有显著影响的关键因素，并将其作为控制变量纳入模型中。需要指出的是，在度量股权激励动态性的过程中，由于已经考虑并计算了年份和行业因素，因此，在控制变量的设置中不再包含年份和行业变量，以避免多重共线性问题，确保模型的稳健性。

公司治理变量：实际控制人类型（State）反映企业重大决策和经营战略的制定最终由谁控制；董事会规模（Board）和两职兼任（Dual）度量管理者权力，反映管理者对企业研发创新决策的影响；独董比例（Indboard）反映独立董事对企业研发决策和绩效的影响。

企业财务特征变量：资产规模（Size）、企业上市年限（Age）、资产负债率（Lev）。

主要变量的定义和度量如表3-1所示。

表 3-1 主要变量的定义与度量

	定义	变量	度量
因变量	企业绩效 CP	TQ	企业托宾 Q 值
		ROA	企业总资产收益率
		ROE	企业净资产收益率
自变量	股权激励动态性 EID	Ehr_sd	高管持股比例 3 年滚动波动率（标准差）
		Ehr_Ind	高管持股比例 3 年滚动波动率-行业中位数
中介变量	研发创新投入 INP	R&D	研发投入金额/营业收入
调节变量	企业风险承担水平	Risk	ROA 的变动标准差
	代理问题	Type1	1/总资产周转率
		Type2	两权分离度
控制变量	公司规模	Size	公司资产总额的自然对数值
	实际控制人类型	State	哑变量，1 表示上市企业实控人为民营控股，0 表示其他
	公司上市年限	Age	报告期与公司上市年份之差的自然数值
	资产负债率	Lev	负债总额与资产总额的比值
	董事会规模	Board	董事会总人数的自然对数值
	独董比例	Indboard	独立董事人数与董事会总人数的比值
	两职兼任情况	Dual	若董事长与总经理由一人兼任取值为 1，否则取值为 0

三、研究模型构建

（一）股权激励动态性与企业绩效

根据本研究的假设，Model 1 用来检验股权激励动态性对企业绩效的影响。鉴于股权激励对企业绩效的影响具有一定的滞后性，本阶段使用滞后两期的绩效数据进行回归检验。其中 $EID_{i,t}$ 是股权激励波动率（分别为 $Ehr\_sd_{i,t}$、$Ehr\_Ind_{i,t}$），用来检验其与企业绩效 $CP_{i,t+2}$（分别为 $ROA_{i,t+2}$、$ROE_{i,t+2}$、$TQ_{i,t+2}$）的关系。

Model 1：$CP_{i,t+2} = \beta_0 + \beta_1 \times EID_{i,t} + \beta_2 \times control\_variables_{i,t} + \varepsilon_{i,t}$ (1)

（二）股权激励动态性与研发创新投入

根据本研究的假设，Model 2 用来检验股权激励动态性与企业研发创新投入之间的关系，同样考虑到股权激励治理效应的滞后性，本阶段使用滞后两期的研发创新投入进行回归检验。

$$\text{Model 2：} INP_{i,t+2} = \alpha_0 + \alpha_1 \times EID_{i,t} + \alpha_2 \times control\_variables_{i,t} + \varepsilon_{i,t} \quad (2)$$

（三）研发创新投入与企业绩效

根据本研究的假设，Model 3 用来检验研发创新投入对企业绩效的影响。

$$\text{Model 3：} CP_{i,t+2} = \theta_0 + \theta_1 \times INP_{i,t+2} + \theta_2 \times control\_variables_{i,t} + \varepsilon_{i,t} \quad (3)$$

（四）研发创新投入的中介作用

根据本研究的假设，Model 4 用来检验研发创新投入在股权激励动态性与企业绩效之间的中介效应。同样考虑到股权激励实施效应的滞后性，本研究使用滞后期的研发创新投入数据进行中介检验。这里借鉴温忠麟等（2014）的三步法，以直接效应 Model 1 为基础构建模型。

$$\text{Model 4：} CP_{i,t+2} = \gamma_0 + \gamma_1 \times EID_{i,t} + \gamma_2 \times INP_{i,t+2} + \gamma_3 \times control\_variables_{i,t} + \varepsilon_{i,t} \quad (4)$$

（五）企业风险承担水平的调节作用

根据本研究的假设，Model 5 用来验证企业风险承担水平是否会对股权激励动态性与企业绩效之间的关系产生调节作用。

$$\text{Model 5：} CP_{i,t+2} = \lambda_0 + \lambda_1 \times EID_{i,t} + \lambda_2 \times Risk_{i,t} + \lambda_3 \times control\_variables_{i,t} + \varepsilon_{i,t}$$

$$CP_{i,t+2} = \lambda_0 + \lambda_1 \times EID_{i,t} + \lambda_2 \times Risk_{i,t} + \lambda_3 \times EID_{i,t} \times Risk_{i,t} + \lambda_4 \times control\_variables_{i,t} + \varepsilon_{i,t} \quad (5)$$

（六）代理问题的调节作用

根据本研究的假设，Model 6 用来验证代理问题是否会对股权激励动态性与企业绩效之间的关系产生调节作用。

$$\text{Model 6：} CP_{i,t+2} = \lambda_0 + \lambda_1 \times EID_{i,t} + \lambda_2 \times Type_{i,t} + \lambda_3 \times control\_variables_{i,t} + \varepsilon_{i,t}$$

$$CP_{i,t+2} = \lambda_0 + \lambda_1 \times EID_{i,t} + \lambda_2 \times Type_{i,t} + \lambda_3 \times EID_{i,t} \times Type_{i,t} + \lambda_4 \times control\_variables_{i,t} + \varepsilon_{i,t} \quad (6)$$

第四节 实证结果及其分析

一、描述性统计

本研究在实证分析的初步阶段,将对所涉及的关键变量数据进行系统的整理与归纳。具体而言,研究将对企业的股权激励动态性、研发创新投入以及企业绩效的相关数据进行细致的梳理,旨在构建对这些核心变量基本情况的初步理解(见表3-2)。

表3-2 描述性统计分析

Variable	N	Mean	p50	SD	Min	Max
Ehr_sd	15368	1.711	0.012	3.988	0	25.83
Ehr_Ind	15368	1.590	0	3.958	−0.908	25.67
ROA_2	15368	−0.003	−0.003	0.064	−0.290	0.183
ROE_2	15368	−0.021	−0.008	0.183	−0.900	0.597
TQ_2	15368	2.002	1.585	1.283	0.854	8.871
R&D	15368	0.039	0.031	0.044	0	0.231
Lev	15368	0.422	0.415	0.208	0.052	0.924
Size	15368	22.25	22.07	1.336	19.63	26.16
Indboard	15368	3.202	3	0.597	0	8
Age	15368	8.888	7	7.054	−1	29
Board	15368	8.673	9	1.711	0	18
Dual	15368	0.285	0	0.451	0	1
State	15368	0.593	1	0.491	0	1
Roa_sd	15368	0.027	0.015	0.072	0	4.359
Type1	15368	2.713	1.832	16.70	0.088	1538
Type2	15368	0.016	0.008	0.027	0	0.542

从表 3-2 可见，企业研发创新投入方面平均强度为 3.9%，这一数值已经超越了国际上公认的创新型国家设定的标准底线。然而，要达到高水平的研发投入，当前的平均强度仍有进一步增长的潜力。这表明尽管企业在研发创新方面已有一定的投入，但为了实现更加显著的创新成效和国际竞争力，仍需持续加大研发资源的投入力度。在高管股权激励动态性的维度上，观察到该指标的数值范围在 0 到 25.83 之间波动，显示出不同企业间高管持股比例调整的动态性存在显著差异。特别是，最小值为 0 的情况指出，部分企业在 3 年的考察期间内并未对高管持股比例进行任何调整，这可能反映了这些企业在人力资本激励机制上的静态或保守策略。然而，从平均值 1.711 来看，样本企业在人力资本动态调整方面的表现并不十分活跃，这可能暗示着企业在适应内外部环境变化、优化激励机制以激发高管创新动力方面还有改进的空间。

二、相关性分析

在统计分析中，相关性分析是一种评估两个变量之间是否存在某种统计关联以及该关联程度的方法。表 3-3 展示了研究中涉及各变量的 Pearson 相关系数，该系数是衡量两个定距变量集合是否线性相关的统计工具。Pearson 相关系数的取值范围从 -1 到 1，其中，接近 1 或 -1 的值表明两个变量之间存在强相关性，正值表示正相关，负值表示负相关；而接近 0 的值则表明变量之间的相关性较弱。

根据表 3-3 的相关系数结果，股权激励动态性与总资产收益率（ROA）和托宾 Q 值（TQ）之间的正向相关性显著，这为假设 H1 提供了初步的经验支持。此外，研发创新投入与股权激励动态性、托宾 Q 值之间也呈现出显著的正相关关系，而与净资产收益率（ROE）之间的关系则是显著负相关。这些结果表明，股权激励的动态性可能通过促进企业的研发创新活动，进而影响企业的市场价值和绩效表现。

然而，研发创新投入与净资产收益率之间的负相关性需要进一步分析，以厘清其背后的经济逻辑和潜在机制。因此，为了深入理解这些变量之间的确切关系，后续的多元回归分析是必要的。通过这种方法，可以控制其他变量的影响，更准确地评估各变量之间的因果关系和影响强度。与此同时，为判断各变量之间是否存在多重共线性问题，本研究还进行了 VIF 检验。方差膨胀系数（VIF）是用于度量多元线性回归模型中复共线性严重程度的指标，VIF 越大，说明复共线性越严重。本研究主要变量的 VIF 值均分布在 [1，3] 区间内，远小于 10，表明本研究所选变量之间不存在多重共线性问题。

三、回归分析与假设检验

（一）股权激励动态性与企业绩效

在探讨企业如何通过动态调整高管股权激励以应对关键人力资本的动态性，并促进企业绩效提升的问题时，本研究从第一类代理问题和动态激励相容理论的角度出发，采用 Model 1 进行实证检验。鉴于股权激励对企业绩效的影响可能存在一定的时间滞后效应，本研究选取了滞后两期的企业财务绩效数据进行回归分析，以期捕捉股权激励动态调整的长期效应。通过这种研究设计，本研究旨在揭示高管股权激励的动态调整是否能够有效地与企业绩效的提升相协同，以及这种动态调整在解决第一类代理问题中的作用。此外，通过考虑激励机制的滞后效应，研究能够更准确地评估股权激励对企业绩效的潜在影响，为企业提供关于如何设计和实施有效激励机制的宝贵见解。

为了验证股权激励动态性与企业绩效的关系，本研究建立如下回归模型（见表3-4）。

Model 1： $CP_{i,t+2}=\beta_0+\beta_1 \times EID_{i,t}+\beta_2 \times control\_variables_{i,t}+\varepsilon_{i,t}$

表3-4 展示了股权激励动态性与企业绩效之间回归分析的结果。研究发现，高管股权激励动态性（EID）与滞后两期的总资产收益率（ROA）在5%和10%的显著性水平上呈现负相关，同样，EID 与滞后两期的净资产收益率（ROE）也在10%的显著性水平上呈现负相关。这一结果与本研究提出的假设 H1 的预期方向不符，表明当上市公司对高管实施的股权激励动态性增强时，其短期内的财务业绩表现并未达到预期效果。然而，与短期绩效结果形成鲜明对比的是，EID 与滞后两期的托宾 Q 值（TQ）在5%和10%的显著性水平上呈现正相关。这一发现与假设 H1 相一致，表明高管股权激励的动态性与企

表 3-3 相关性分析

	Ehr_sd	Ehr_Ind	ROA2	ROE2	TQ2	R&D	Roa_sd	Type1	Type2	Lev	Size	Indboard	Age	Board	Dual	State
Ehr_sd	1															
Ehr_Ind	0.998***	1														
ROA2	0.005	0.006	1													
ROE2	-0.015*	-0.019*	0.727***	1												
TQ2	0.097***	0.087***	0.218***	0.075***	1											
R&D	0.138***	0.115***	-0.008	-0.037***	0.271***	1										
Roa_sd	0.033***	0.030***	-0.046***	-0.046***	0.099***	0.031***	1									
Type1	-0.005	-0.004	-0.015	-0.001	0.002	0.002	0.017**	1								
Type2	-0.024**	-0.025**	-0.067***	-0.005	-0.006	-0.091***	0.048***	0.006	1							
Lev	-0.180***	-0.170***	-0.183***	-0.027**	-0.317***	-0.372***	-0.010	0.011	0.209***	1						
Size	-0.211***	-0.204***	-0.033***	0.085***	-0.375***	-0.290***	-0.093***	-0.015*	0.097***	0.568***	1					
Indboard	-0.108***	-0.103***	-0.019**	0.003	-0.125***	-0.101***	-0.055***	-0.006	0.023**	0.186***	0.333***	1				
Age	-0.295***	-0.290***	-0.073***	0.044***	-0.166***	-0.283***	0.007	0.030***	0.135***	0.410***	0.455***	0.142***	1			
Board	-0.118***	-0.112***	-0.013	-0.009	-0.140***	-0.122***	-0.060***	-0.005	-0.003	0.166***	0.275***	0.747***	0.138***	1		
Dual	0.120***	0.115***	0.019**	-0.010	0.097***	0.162***	0.019**	-0.010	-0.026**	-0.159***	-0.194***	-0.112***	-0.237***	-0.166***	1	
State	0.299***	0.292***	0.031***	-0.003	0.135***	0.223***	0.048***	-0.003	-0.029***	-0.303***	-0.383***	-0.267***	-0.467***	-0.255***	0.273***	1

续表

第三章 高管股权激励动态性、研发创新与公司绩效

	Ehr_sd	Ehr_Ind	ROA2	ROE2	TQ2	R&D	Roa_sd	Type1	Type2	Lev	Size	Indboard	Age	Board	Dual	State
Ehr_sd	1															
Ehr_Ind	0.998***	1														
ROA2	0.005	0.006	1													
ROE2	-0.015*	-0.019*	0.727***	1												
TQ2	0.097***	0.087***	0.218***	0.075***	1											
R&D	0.138***	0.115***	-0.008	-0.037***	0.271***	1										
Roa_sd	0.033***	0.030***	-0.046***	-0.046***	0.099***	0.031***	1									
Type1	-0.005	-0.004	-0.015*	-0.001	0.002	0.002	0.017**	1								
Type2	-0.024***	-0.025***	-0.067***	-0.005	-0.006	-0.091***	0.048***	0.006	1							
Lev	-0.180***	-0.170***	-0.183***	-0.027***	-0.317***	-0.372***	-0.010	0.011	0.209***	1						
Size	-0.211***	-0.204***	-0.033***	0.085***	-0.375***	-0.290***	-0.093***	-0.015*	0.097***	0.568***	1					
Indboard	-0.108***	-0.103***	-0.019**	0.003	-0.125***	-0.101***	-0.055***	-0.006	0.023***	0.186***	0.333***	1				
Age	-0.295***	-0.290***	-0.073***	0.044***	-0.166***	-0.283***	0.007	0.030***	0.135***	0.410***	0.455***	0.142***	1			
Board	-0.118***	-0.112***	-0.013	-0.009	-0.140***	-0.122***	-0.060***	-0.005	-0.003	0.166***	0.275***	0.747***	0.138***	1		
Dual	0.120***	0.115***	0.019**	-0.010	0.097***	0.162***	0.019**	-0.010	-0.026***	-0.159***	-0.194***	-0.112***	-0.237***	-0.166***	1	
State	0.299***	0.292***	0.031***	-0.003	0.135***	0.223***	0.048***	-0.003	-0.029***	-0.303***	-0.383***	-0.267***	-0.467***	-0.255***	0.273***	1

注：***、**、*分别代表1%、5%、10%的显著性水平。

表3-4 股权激励动态性对企业绩效的影响

VARIABLES	t1 ROA$_2$	t2 ROA$_2$	t3 ROE$_2$	t4 ROE$_2$	t5 TQ$_2$	t6 TQ$_2$
Ehr_sd	-0.028** (-2.16)		-0.058* (-1.75)		0.061** (2.57)	
Ehr_Ind		-0.024* (-1.80)		-0.065* (-1.95)		0.041* (1.73)
Lev	-7.214*** (-26.09)	-7.209*** (-26.08)	-8.532*** (-11.40)	-8.526*** (-11.40)	-5.576*** (-10.47)	-5.588*** (-10.49)
Size	0.530*** (11.63)	0.531*** (11.64)	1.394*** (11.05)	1.393*** (11.05)	-3.778*** (-42.93)	-3.781*** (-42.96)
Indboard	-0.146 (-1.16)	-0.147 (-1.17)	0.269 (0.79)	0.269 (0.79)	1.311*** (5.39)	1.313*** (5.40)
Age	-0.042*** (-5.15)	-0.042*** (-5.09)	-0.014 (-0.63)	-0.015 (-0.66)	0.140*** (9.00)	0.138*** (8.85)
Board	0.024 (0.56)	0.025 (0.57)	-0.148 (-1.27)	-0.148 (-1.28)	-0.587*** (-7.06)	-0.589*** (-7.09)
Dual	-0.063 (-0.56)	-0.064 (-0.57)	-0.223 (-0.74)	-0.223 (-0.74)	0.770*** (3.56)	0.774*** (3.58)
State	-0.165 (-1.39)	-0.172 (-1.45)	0.013 (0.04)	0.021 (0.07)	-0.361 (-1.60)	-0.330 (-1.46)
Constant	-8.353*** (-8.75)	-8.379*** (-8.78)	-29.359*** (-11.26)	-29.347*** (-11.26)	106.369*** (57.76)	106.487*** (57.83)
Observations	17 269	17 269	19 037	19 037	18 681	18 681
R-squared	0.046	0.046	0.085	0.085	0.159	0.159
adj_R2	0.045	0.045	0.084	0.084	0.159	0.159
F	91.89	91.72	93.30	93.34	392.9	392.5

注：***、**、*分别代表1%、5%、10%的显著性水平。

业长期成长性和市场竞争力的增强存在正向关联。换句话说，尽管股权激励的动态调整在短期内可能未能显著提升企业的财务绩效，但其对于促进企业长期价值增长的积极作用不容忽视。

高管作为企业决策的核心行为主体，其工作热情与战略理念对公司运营效率产生显著影响。现有研究表明,企业对高管股权激励机制的动态调整并未能有效缓解高管与股东之间的委托代理问题。尽管从长期视角出发,当前的激励动态调整机制在一定程度上促进了企业的成长潜力,但其对短期财务绩效的潜在负面影响仍不容忽视。这种负面影响可能源于高管对于个人短期薪酬奖励保障的不确定性,进而激发高管为追求个人私利而采取投机行为,最终对企业短期绩效造成不利影响。这一现象反映出在设计高管股权激励机制时,需要平衡短期与长期激励目标,确保高管的行为与企业的长期发展目标一致。同时,也提示企业管理者在实施股权激励政策时,应充分考虑到高管的风险偏好和激励相容性,避免因激励机制设计不当而引发的非预期行为。

(二) 股权激励动态性对研发创新投入的影响

企业在实施股权激励计划时,其动态调整策略是否能够显著提升高管的创新动力,并进一步促进企业研发创新投入的增长,是一个值得深入探讨的问题。本研究依据 Model 2,旨在探究高管股权激励动态性与企业研发创新投入之间的相关性。鉴于股权激励对研发活动的影响可能存在一定的时间滞后效应,本研究特别选取了滞后两期的研发创新数据进行回归分析,以期捕捉股权激励动态调整对企业研发创新投入的长期效应。

为了验证股权激励动态性对研发创新投入的影响,本研究建立如下回归模型(见表 3-5)。

$$\text{Model 2:} \quad INP_{i,t+2} = \alpha_0 + \alpha_1 \times EID_{i,t} + \alpha_2 \times control\_variables_{i,t} + \varepsilon_{i,t}$$

表 3-5 股权激励动态性对研发创新投入的影响

VARIABLES	t1 R&D$_2$	t2 R&D$_2$
Ehr_sd	-0.016** (-2.10)	
Ehr_Ind		-0.032*** (-4.25)
Lev	-4.892*** (-27.80)	-4.895*** (-27.83)

续表

	t1	t2
Size	-0.080*** (-2.82)	-0.081*** (-2.85)
Indboard	0.309*** (4.11)	0.311*** (4.14)
Age	-0.101*** (-20.45)	-0.103*** (-20.86)
Board	-0.119*** (-4.64)	-0.121*** (-4.72)
Dual	0.495*** (7.42)	0.497*** (7.45)
State	0.051 (0.73)	0.072 (1.01)
Constant	9.247*** (16.01)	9.316*** (16.14)
Observations	19 022	19 022
R-squared	0.156	0.157
adj_R2	0.156	0.156
F	319.5	320.9

注：***、**、*分别代表1%、5%、10%的显著性水平。

根据表3-5所展示的回归分析结果，高管股权激励动态性（EID）与企业研发创新投入在5%的显著性水平上呈现负相关，这一发现与本研究提出的假设H2的预期方向相悖。具体而言，股权激励的动态调整似乎并未如预期那样激励高管增加对研发创新的投入，反而导致了高管在研发创新投资决策上的保守态度。

研发创新投资活动固有的高风险性、高昂的前期成本以及收益的不确定性特质，易于激发高管的风险规避倾向，导致其倾向于采取保守策略，减少对企业研发创新的投入。从股权激励动态性设置的合理性角度分析，一个有效的激励机制本应能够抑制高管的保守行为，鼓励其基于企业的长期发展视角积极推进研发创新投入。然而，实证分析中观察到的高管股权激励动态性与研发创新投入之间的负向关系，可能指向两种潜在的解释。

首先，尽管高管股权激励机制在一定程度上缓解委托代理问题，促使股东与高管的利益趋于一致，且动态性的激励机制设计本应激励高管采取积极行为，但高管依然选择减少研发创新投入，这可能是由于高管对研发项目的评估结果不佳，认为项目风险过高、预期收益有限或与企业战略发展方向不符。在这种情况下，高管可能认为增加研发创新投入并不会实质性地改善企业的经营状况，因此倾向于采取不作为的研发创新投资策略。

其次，即便研发项目对企业的发展有益，风险可控且预期收益良好，与企业未来发展战略相契合，股权激励的动态性设计可能仍不合理。例如，许多企业的股权激励行权条件过于侧重短期业绩指标（吴育辉、吴世农，2010），导致高管过分关注短期业绩表现（Graham，2005）。此外，高管可能仅基于短期绩效来评估研发项目的可行性，认为企业难以迅速实现既定目标，从而采取短视行为，减少对研发创新的投入（Baber，1991）。在未能准确判断研发投入可行性的情况下，高管可能出于自利心理，避免风险，做出减少研发创新投入的决策。

（三）研发创新投入对企业绩效的影响

在对股权激励动态性与研发创新投入的关系进行深入分析之后，本研究进一步探讨了导致动态股权激励抑制研发创新投入行为的潜在原因。为了全面理解研发创新投入对企业绩效的影响，从而评估其对企业是否具有积极作用，本研究将通过考察动态股权激励背景下研发创新投入对企业绩效的作用机制来进行辨析。

为了检验研发创新投入对企业绩效的影响，本研究建立如下回归模型（见表3-6）。

Model 3：$CP_{i,t+2} = \theta_0 + \theta_1 \times INP_{i,t+2} + \theta_2 \times control\_variables_{i,t} + \varepsilon_{i,t}$

表3-6 研发创新投入对企业绩效的影响

VARIABLES	t1	t2	t3
	ROA_2	ROE_2	TQ_2

续表

	t1	t2	t3
$R\&D_2$	-0.207*** (-16.51)	-0.463*** (-13.41)	0.211*** (8.88)
Lev	-5.306*** (-18.04)	-5.264*** (-6.40)	0.842 (1.49)
Size	0.400*** (8.88)	1.581*** (12.56)	-3.964*** (-45.73)
Indboard	-0.088 (-0.71)	0.144 (0.41)	1.267*** (5.27)
Age	-0.058*** (-7.09)	0.038* (1.69)	0.154*** (10.07)
Board	0.001 (0.02)	-0.340*** (-2.85)	-0.585*** (-7.13)
Dual	-0.097 (-0.86)	0.005 (0.02)	0.410* (1.92)
State	-0.313*** (-2.70)	0.630** (1.96)	-0.592*** (-2.68)
Constant	-7.553*** (-7.99)	-36.217*** (-13.71)	103.629*** (56.96)
Observations	17 328	19 068	18 715
R-squared	0.083	0.038	0.188
adj_R2	0.082	0.038	0.188
F	173.4	84.5	481.9

注：***、**、*分别代表1%、5%、10%的显著性水平。

根据表3-6所展示的统计结果，我们可以观察到研发创新投入与企业的短期绩效在1%的显著性水平上呈现负相关，而与长期绩效同样在1%的显著性水平上表现出正相关。这一发现并不完全符合假设H3的预期，指出研发创新投入虽然可能不利于企业短期绩效的改善，但对企业的持续性发展和长期绩效具有积极的促进作用。

结合Model 2的实证分析结果，可以合理推断，动态性较强的股权激励对研发创新投入的抑制作用可能并非源自研发创新投入本身的问题，而是由于股权激励机制设计上的不合理。这种不合理可能表现在激励机制过于关注短期业绩指标，而未能充分考虑研发创新活动的长期价值和风险特性，导致高管在面对研发创新投资决策时采取保守态度。

（四）研发创新投入对股权激励动态性与企业绩效关系的中介作用

为进一步检验企业研发创新投入在股权激励动态性对企业绩效的影响路径中存在的中介效应，本研究构建了下述中介效用模型。

$$CP_{i,t+2} = \beta_0 + \beta_1 \times EID_{i,t} + \beta_2 \times control\_variables_{i,t} + \varepsilon_{i,t}$$

$$INP_{i,t+2} = \alpha_0 + \alpha_1 \times EID_{i,t} + \alpha_2 \times control\_variables_{i,t} + \varepsilon_{i,t}$$

$$CP_{i,t+2} = \gamma_0 + \gamma_1 \times EID_{i,t} + \gamma_2 \times INP_{i,t+2} + \gamma_3 \times control\_variables_{i,t} + \varepsilon_{i,t}$$

本研究采用了温忠麟（2014）提出的中介效应检验方法，构建了相应的统计模型，旨在准确评估研发创新投入在股权激励动态性与企业绩效之间的中介作用。该方法的设计有效降低了第一类错误（错误地拒绝了真实的零假设）和第二类错误（未能拒绝错误的零假设）的发生率，提高了中介效应检验的准确性。依据温忠麟（2014）的检验流程，本研究对研发创新投入的中介效应进行了细致的实证分析。分析结果分别展示在表3-7和表3-8中，为理解股权激励动态性如何通过研发创新投入影响企业绩效提供了经验证据。

根据表3-7的数据，我们可以观察到，在t1、t4、t7列中，高管股权激励动态性（EID）与企业短期绩效之间存在负相关关系，表明当股权激励的动态性增强时，企业的短期绩效表现呈现下降趋势。在t2、t5、t8列中，股权激励动态性对企业研发创新投入的回归系数同样为负，这意味着股权激励的动态性增加伴随着企业研发创新投入强度的减弱。此外，在t3、t6、t9列中，研发创新投入与企业短期绩效之间也表现出显著的负相关性，即企业增加的研发创新投入似乎并未带来预期的短期绩效提升。依据中介效应理论，当中介变量被纳入模型后，如果原先的自变量（股权激励动态性）与因变量（企业短期绩效）之间的显著性不复存在，这表明中介变量（研发创新投入）可能在二者之间起到了完全中介的作用。在本研究中，随着研发创新投入作为中介变量的加入，股权激励动态性与企业短期绩效之间的显著性消失，这支持了研发创新投入在股权激励动态性与企业短期绩效之间充当了完全中介的角色。

表 3-7 研发创新投入在股权激励动态性与企业短期绩效之间的中介作用

VARIABLES	t1 ROA$_2$	t2 R&D$_2$	t3 ROA$_2$	t4 ROA$_2$	t5 R&D$_2$	t6 ROA$_2$	t7 ROE$_2$	t8 R&D$_2$	t9 ROE$_2$	t10 ROE$_2$	t11 R&D$_2$	t12 ROE$_2$
R&D$_2$			-0.091*** (-4.49)			-0.088*** (-4.44)			-0.183*** (-3.54)			-0.185*** (-3.55)
Ehr_sd	-0.066*** (-2.92)	-0.051*** (-4.79)	-0.047** (-2.07)					-0.043*** (-4.01)	-0.097* (-1.85)			
Ehr_Ind				-0.062*** (-2.75)	-0.064*** (-6.02)	-0.054** (-2.44)	-0.101* (-1.93)			-0.120** (-2.30)	-0.057*** (-5.34)	-0.114** (-2.16)
Lev	-7.896*** (-15.11)	-4.089*** (-15.43)	-8.086*** (-15.36)	-7.889*** (-15.10)	-4.076*** (-15.39)	-4.969*** (-9.04)	-14.337*** (-10.95)	-3.973*** (-13.93)	-9.595*** (-6.77)	-14.313*** (-10.93)	-3.956*** (-14.86)	-15.178*** (-11.34)
Size	0.556*** (6.60)	-0.084* (-1.91)	0.362*** (4.28)	0.557*** (6.62)	-0.086* (-1.96)	0.044 (0.52)	1.413*** (6.61)	-0.179*** (-3.97)	0.718*** (3.25)	1.409*** (6.60)	-0.182*** (-4.18)	1.348*** (6.25)
Indboard	0.281 (1.18)	0.321*** (2.63)	0.251 (1.07)	0.279 (1.18)	0.322*** (2.63)	0.349 (1.51)	1.258** (2.09)	0.299** (2.43)	1.409** (2.33)	1.259** (2.09)	0.300** (2.44)	1.308** (2.15)
Age	-0.097*** (-7.16)	-0.093*** (-13.16)	-0.074*** (-5.33)	-0.097*** (-7.13)	-0.094*** (-13.37)	-0.063*** (-4.65)	-0.120*** (-3.50)	-0.077*** (-11.02)	-0.108*** (-3.14)	-0.121*** (-3.55)	-0.078*** (-11.24)	-0.136*** (-3.91)
Board	-0.068 (-0.87)	-0.098** (-2.44)	-0.011 (-0.15)	-0.067 (-0.87)	-0.098** (-2.46)	-0.059 (-0.78)	-0.324* (-1.65)	-0.063 (-1.58)	-0.364* (-1.85)	-0.325* (-1.65)	-0.065 (-1.61)	-0.329* (-1.66)
Dual	-0.101 (-0.51)	0.417*** (4.17)	-0.083 (-0.42)	-0.103 (-0.52)	0.419*** (4.20)	-0.154 (-0.80)	-0.180 (-0.37)	0.394*** (3.91)	-0.319 (-0.65)	-0.177 (-0.36)	0.394*** (3.92)	-0.175 (-0.35)

续表

	t1	t2	t3	t4	t5	t6	t7	t8	t9	t10	t11	t12
State	-1.091***	0.098	-0.615***	-1.097***	0.113	-0.681***	-2.174***	0.312***	-2.253***	-2.151***	0.331***	-2.263***
	(-5.15)	(0.90)	(-2.89)	(-5.18)	(1.04)	(-3.26)	(-4.10)	(2.88)	(-4.24)	(-4.06)	(3.06)	(-4.23)
Constant	-8.099***	8.761***	-6.617***	-8.157***	8.824***	-1.158	-18.452***	9.081***	-9.395**	-18.370***	9.158***	-19.674***
	(-4.61)	(9.68)	(-3.78)	(-4.64)	(9.77)	(-0.66)	(-4.13)	(9.78)	(-2.05)	(-4.11)	(10.08)	(-4.35)
Observations	7 277	9 071	7 257	7 277	9 071	7 257	9 070	9 089	9 061	9 070	9 091	9 063
R-squared	0.044	0.109	0.066	0.044	0.110	0.100	0.038	0.096	0.034	0.038	0.097	0.020
adj_R2	0.043	0.108	0.064	0.043	0.109	0.098	0.036	0.095	0.0324	0.037	0.096	0.0189
F	37.15	111.0	46.29	37.03	112.5	67.03	27.34	96.04	28.58	27.47	108.3	18.47

注：***、**、*分别代表1%、5%、10%的显著性水平。

表 3-8 研发创新投入在股权激励动态性与企业长期绩效之间的中介作用

VARIABLES	t1 TQ_2	t2 $R\&D_2$	t3 TQ_2	t4 TQ_2	t5 $R\&D_2$	t6 TQ_2
$R\&D_2$			0.350*** (14.96)			0.340*** (14.64)
Ehr_sd	0.072*** (2.98)	-0.016** (-2.12)	0.077*** (3.24)			
Ehr_Ind				0.041* (1.70)	-0.021*** (-2.82)	0.048** (2.02)
Lev	-5.473*** (-9.56)	-4.878*** (-27.78)	-3.750*** (-6.46)	-5.486*** (-9.60)	-4.882*** (-27.66)	-3.812*** (-6.57)
Size	-3.833*** (-41.52)	-0.080*** (-2.82)	-3.806*** (-41.46)	-3.789*** (-41.74)	-0.165*** (-5.88)	-3.734*** (-41.32)
Indboard	1.270*** (5.23)	0.301*** (4.02)	1.169*** (4.83)	1.290*** (5.31)	0.292*** (3.87)	1.195*** (4.94)
Age	0.152*** (9.49)	-0.101*** (-20.49)	0.187*** (11.64)	0.140*** (8.99)	-0.085*** (-17.48)	0.169*** (10.80)
Board	-0.566*** (-6.79)	-0.117*** (-4.54)	-0.527*** (-6.35)	-0.588*** (-7.09)	-0.086*** (-3.34)	-0.561*** (-6.78)
Dual	0.741*** (3.43)	0.489*** (7.35)	0.572*** (2.65)	0.740*** (3.43)	0.495*** (7.41)	0.574*** (2.67)
State	-0.253 (-1.10)	0.045 (0.64)	-0.274 (-1.20)	-0.335 (-1.48)	0.261*** (3.73)	-0.429* (-1.91)
Constant	106.673*** (56.86)	9.240*** (16.03)	103.470*** (55.08)	106.640*** (56.94)	9.450*** (16.31)	103.460*** (55.15)
Observations	18 688	19 091	18 676	18 739	19 144	18 727
R-squared	0.159	0.155	0.169	0.159	0.143	0.168
adj_R2	0.159	0.155	0.169	0.158	0.142	0.168
F	321.7	319.3	316.9	352.8	318.0	343.7

注:***、**、*分别代表1%、5%、10%的显著性水平。

根据表3-8所展示的数据,我们可以得出以下结论:在t1、t4列中,高管股权激励动态性(EID)与企业长期成长性绩效呈现出正向关系,这表明当股权激励的动态性增强时，企业的长期成长性绩效也随之提升。然而，在 t2、t5 列中，股权激励动态性对企业研发创新投入的影响却是负面的，意味着更高的股权激励动态性似乎降低了企业进行研发创新投入的意愿。此外，在 t3、t6 列中，研发创新投入与企业长期成长性绩效之间存在显著的正相关性，这表明企业增加的研发创新投入有助于其长期成长性绩效的改善。

基于这些发现，本研究认为研发创新投入在股权激励动态性与企业长期绩效之间扮演了显著的部分中介角色。换句话说，尽管股权激励动态性直接正向影响企业的长期绩效，但这一影响部分通过促进企业的研发创新投入而实现，从而揭示了股权激励动态性与企业长期绩效之间更为复杂的相互作用机制。

根据本研究的实证分析结果，并结合先前的理论探讨，我们可以确认研发创新投入在股权激励动态性与企业绩效之间起到了中介作用。尽管高管有动机通过减少企业的研发创新投入来减轻股权激励动态性对短期绩效的潜在负面影响，但长期维持这种风险规避的态度并不利于企业的持续发展和竞争力提升。研发创新投入通常涉及较长的投资回报周期。在研发的初期阶段，企业需要进行大量的资金投入，而在研发成果尚未商业化并批量进入市场之前，企业无法获得明显的市场竞争优势，也不会立即反映为短期绩效的提升。因此，短期内，研发创新投入可能不会直接促进企业价值的增长。然而，从企业长期成长性的视角来看，研发创新投入通过其对企业竞争力的提升，对企业长期绩效产生了间接影响。股权激励动态性的合理设计，通过确保高管的长期利益，激励高管进行长远考虑，从而更愿意投资于研发创新项目。这样的投资不仅能够为企业带来长期的竞争优势，而且也是企业持续成长和价值创造的重要动力。

（五）企业风险承担水平的调节作用假设检验

企业风险承担水平的高低是影响企业战略决策和绩效表现的关键因素。为了探究企业风险承担水平是否调节了股权激励动态性与企业绩效之间的关系，本研究基于 Model 5 回归模型引入调节变量和交乘项，构建回归模型如下（见表 3-9）。

表 3-9 企业风险承担水平在股权激励动态性与企业绩效之间的调节作用

VARIABLES	t1 ROA2	t2 ROA2	t3 ROA2	t4 ROA2	t5 ROE2	t6 ROE2	t7 ROE2	t8 ROE2	t9 TQ2	t10 TQ2	t11 TQ2	t12 TQ2
Ehr_sd	-0.000* (-1.89)	-0.000* (-1.88)			0.000 (0.56)	0.000 (0.57)			-0.013** (-2.11)	-0.009 (-1.45)		
Ehr_Ind			-0.000 (-1.56)	-0.000 (-1.55)			0.000 (0.05)	0.000 (0.05)			-0.019*** (-3.07)	-0.016** (-2.43)
Roa_sd	-0.001 (-0.19)	0.003 (0.99)	-0.001 (-0.19)	0.003 (1.01)	-0.015* (-1.93)	-0.020** (-2.23)	-0.015* (-1.93)	-0.019** (-2.07)	0.843*** (12.41)	0.615*** (7.46)	0.843*** (12.42)	0.634*** (7.88)
Ehr_sd * Roa_sd		0.003** (2.17)		0.003** (2.29)						-0.197*** (-4.85)		
Ehr_Ind * Roa_sd						-0.004 (-1.10)		-0.003 (-0.79)				-0.197*** (-4.83)
Lev	-0.041*** (-14.08)	-0.041*** (-14.06)	-0.041*** (-14.06)	-0.041*** (-14.05)	-0.106*** (-13.75)	-0.106*** (-13.73)	-0.106*** (-13.76)	-0.106*** (-13.74)	-0.705*** (-9.85)	-0.718*** (-10.04)	-0.705*** (-9.86)	-0.717*** (-10.04)
Size	0.002*** (4.23)	0.002*** (4.21)	0.002*** (4.24)	0.002*** (4.22)	0.020*** (15.60)	0.020*** (15.60)	0.020*** (15.58)	0.020*** (15.58)	-0.366*** (-34.94)	-0.364*** (-34.83)	-0.366*** (-34.97)	-0.365*** (-34.86)
Indboard	-0.000 (-0.34)	-0.000 (-0.34)	-0.000 (-0.35)	-0.000 (-0.35)	0.000 (0.04)	0.000 (0.04)	0.000 (0.05)	0.000 (0.05)	0.149*** (5.30)	0.149*** (5.31)	0.148*** (5.29)	0.148*** (5.30)
Age	-0.000*** (-3.52)	-0.000*** (-3.56)	-0.000*** (-3.47)	-0.000*** (-3.51)	0.001*** (3.42)	0.001*** (3.44)	0.001*** (3.34)	0.001*** (3.35)	0.004** (2.15)	0.004** (2.33)	0.004* (1.96)	0.004** (2.13)

续表

	t1	t2	t3	t4	t5	t6	t7	t8	t9	t10	t11	t12
Board	-0.000 (-0.18)	-0.000 (-0.17)	-0.000 (-0.16)	-0.000 (-0.16)	-0.003*** (-2.67)	-0.003*** (-2.67)	-0.003*** (-2.69)	-0.003*** (-2.69)	-0.041*** (-4.02)	-0.041*** (-4.03)	-0.041*** (-4.03)	-0.041*** (-4.05)
Dual	-0.002 (-1.56)	-0.002 (-1.56)	-0.002 (-1.57)	-0.002 (-1.57)	0.002 (0.55)	0.002 (0.54)	0.002 (0.56)	0.002 (0.56)	0.065* (1.85)	0.064* (1.83)	0.066* (1.89)	0.065* (1.87)
State	-0.002 (-1.38)	-0.002 (-1.36)	-0.002 (-1.44)	-0.002 (-1.42)	0.008** (2.57)	0.008** (2.57)	0.009*** (2.65)	0.009*** (2.65)	-0.009 (-0.23)	-0.012 (-0.31)	-0.005 (-0.13)	-0.008 (-0.21)
Constant	-0.032*** (-3.37)	-0.032*** (-3.37)	-0.032*** (-3.39)	-0.032*** (-3.39)	-0.400*** (-15.00)	-0.400*** (-14.99)	-0.399*** (-14.97)	-0.399*** (-14.96)	10.329*** (47.26)	10.307*** (47.22)	10.339*** (47.33)	10.318*** (47.29)
Observations	17 320	17 320	17 320	17 320	19 036	19 036	19 036	19 036	18 285	18 285	18 285	18 285
R-squared	0.092	0.093	0.092	0.093	0.019	0.019	0.019	0.019	0.235	0.237	0.235	0.237
adj_R2	0.091	0.092	0.091	0.092	0.014	0.014	0.014	0.014	0.233	0.236	0.234	0.236
F	159.89	146.99	159.78	146.93	31.08	31.08	31.08	31.08	211.21	197.3	211.75	197.8

注：***、**、*分别代表1%、5%、10%的显著性水平。

Model 5：$CP_{i,t+2} = \lambda_0 + \lambda_1 \times EID_{i,t} + \lambda_2 \times Risk_{i,t} + \lambda_3 \times control\_variables_{i,t} + \varepsilon_{i,t}$

$CP_{i,t+2} = \lambda_0 + \lambda_1 \times EID_{i,t} + \lambda_2 \times Risk_{i,t} + \lambda_3 \times EID_{i,t} \times Risk_{i,t} + \lambda_4 \times control\_variables_{i,t} + \varepsilon_{i,t}$

根据表3-9所展示的数据，我们可以观察到，在引入股权激励动态性与企业风险承担水平的交乘项后，回归模型的 R^2 值有所增加，这一变化表明企业风险承担水平在股权激励动态性与企业绩效的关系中起到了一定的调节作用。

具体而言，股权激励动态性与风险承担水平的交乘项（Ehr_sd * Roa_sd）对企业短期绩效指标——总资产收益率（ROA）的影响在5%的显著性水平上呈现负相关，而与净资产收益率（ROE）之间则没有显著关联。这一结果与研究假设H5的预期不完全一致。然而，交乘项（Ehr_sd * Roa_sd 和 Ehr_Ind * Roa_sd）对企业长期发展性绩效指标——托宾Q值（TQ）的影响在1%的显著性水平上呈现正相关，这完全支持了研究假设H5。

结合本研究的实证分析结果以及先前的理论探讨，我们可以确认企业风险承担水平在股权激励动态性与企业绩效之间起到了显著的调节作用。具体来说，较高的企业风险承担水平能够显著削弱股权激励动态性与短期绩效之间的负相关性，同时增强股权激励动态性与长期成长性绩效之间的正相关性。

企业风险承担水平的提升反映了企业对风险及不确定性更高的容忍度，这通常与企业在研发（R&D）上的投入增加和创新活动的积极推进有关。这种积极的风险承担行为不仅能够为企业带来更强的竞争优势、提高资本配置的效率，而且根据余明桂等（2013）的研究，还能够显著提升企业的市场价值，包括托宾Q值（TQ）的提升。企业市场价值的增加不仅促进了长期成长性绩效的增长，而且在一定程度上也正面影响了企业的短期绩效。

因此，企业风险承担水平的调节作用表明，当企业愿意并能够承担更高水平的风险时，股权激励动态性对短期绩效的潜在负面影响被减弱，同时其对长期绩效的正面影响得到加强。这些发现为企业在设计和实施股权激励计划时提供了重要的启示，强调了在激励机制设计中考虑企业风险承担水平的重要性，以及如何通过合理的风险管理来优化激励效果，促进企业的短期和长期发展。

(六) 代理问题的调节作用假设检验

代理问题能否影响股权激励动态性与企业绩效二者间的关系，为了检验代理问题在股权激励动态性与企业绩效之间的调节作用，本研究基于 Model 6 回归模型引入调节变量和交乘项，构建回归模型如下（见表 3-10 和表 3-11）。

$$Model\ 6: CP_{i,t+2} = \lambda_0 + \lambda_1 \times EID_{i,t} + \lambda_2 \times Type_{i,t} + \lambda_3 \times control\_variables_{i,t} + \varepsilon_{i,t}$$

$$CP_{i,t+2} = \lambda_0 + \lambda_1 \times EID_{i,t} + \lambda_2 \times Type_{i,t} + \lambda_3 \times EID_{i,t} \times Type_{i,t} + \lambda_4 \times control\_variables_{i,t} + \varepsilon_{i,t}$$

根据表中数据所示，当我们在回归模型中纳入股权激励动态性与两类代理问题的交乘项后，与企业短期绩效相关的方程模型的 R^2 值出现增长，这一变化揭示了两类代理问题在股权激励动态性与企业短期绩效关系中的潜在调节作用。从表 3-10 可见，股权激励动态性与第一类代理问题的交乘项（Ehr_sd * Type1 和 Ehr_Ind * Type1）与企业短期绩效指标——总资产收益率（ROA）和净资产收益率（ROE）均在 1% 的显著性水平上呈现负相关，这一发现与研究假设 H6a 的预期完全一致。然而，同一交乘项与企业长期发展性绩效指标——托宾 Q 值（TQ）之间并无显著关联，这与研究假设 H6a 的预期不符。进一步地，从表 3-11 可见，股权激励动态性与第二类代理问题的交乘项（Ehr_sd * Type2 和 Ehr_Ind * Type2）与企业短期绩效指标 ROA 在 5% 的显著性水平上呈现正相关，这一结果支持了本研究的研究假设 H6b。然而，该交乘项与企业长期发展性绩效指标 TQ 之间的关联并不显著，这与研究假设 H6b 的预期相悖。

结合本研究的实证分析结果和相关理论分析，我们可以确认两类代理问题在股权激励动态性与企业短期绩效之间的调节效应。特别是，当代理问题较为显著时，股权激励动态性与企业短期绩效之间的负相关关系变得更加显著，而这种代理问题并不影响股权激励动态性与企业长期成长性之间的关系。在第一类代理问题的情境下，即委托人（股东）与代理人（高管）之间的利益冲突加剧时，高管可能会采取有损企业价值的行为以维护个人私利，这可能导致企业短期绩效的下降。而第二类代理问题，涉及控股股东与中小股东

表3-10 第一类代理问题在股权激励动态性与企业绩效之间的调节作用

VARIABLES	t1 ROA2	t2 ROA2	t3 ROA2	t4 ROA2	t5 ROE2	t6 ROE2	t7 ROE2	t8 ROE2	t9 TQ2	t10 TQ2	t11 TQ2	t12 TQ2
Ehr_sd	-0.000** (-2.02)	-0.000** (-2.53)			0.000 (0.72)	-0.000 (-0.27)			0.008*** (3.42)	0.008*** (3.30)		
Ehr_Ind			-0.000* (-1.68)	-0.000** (-2.17)			0.000 (0.14)	-0.000 (-0.28)			0.006** (2.48)	0.006** (2.37)
Type1	0.000 (0.63)	-0.000*** (-2.68)	0.000 (0.63)	-0.000** (-2.39)	0.000 (1.54)	-0.000 (-1.49)	0.000 (1.53)	-0.000 (-1.31)	-0.000 (-0.11)	-0.000 (-0.55)	-0.000 (-0.12)	-0.000 (-0.51)
Ehr_sd * Type1		-0.000*** (-4.28)				-0.000*** (-3.00)				-0.000 (-0.60)		
Ehr_Ind * Type1				-0.000*** (-4.05)				-0.000*** (-2.86)				-0.000 (-0.55)
Lev	-0.042*** (-13.34)	-0.042*** (-13.36)	-0.042*** (-13.32)	-0.042*** (-13.33)	-0.052*** (-5.87)	-0.052*** (-5.88)	-0.052*** (-5.88)	-0.052*** (-5.88)	-0.849*** (-14.29)	-0.849*** (-14.29)	-0.851*** (-14.32)	-0.851*** (-14.32)
Size	0.002*** (4.74)	0.002*** (4.77)	0.002*** (4.75)	0.002*** (4.78)	0.016*** (11.54)	0.016*** (11.56)	0.016*** (11.52)	0.016*** (11.53)	-0.294*** (-30.96)	-0.294*** (-30.95)	-0.295*** (-30.98)	-0.295*** (-30.98)
Indboard	-0.001 (-0.59)	-0.001 (-0.61)	-0.001 (-0.60)	-0.001 (-0.62)	0.001 (0.30)	0.001 (0.29)	0.001 (0.31)	0.001 (0.29)	0.105*** (4.34)	0.105*** (4.34)	0.105*** (4.36)	0.105*** (4.35)
Age	-0.000*** (-3.03)	-0.000*** (-3.02)	-0.000*** (-2.98)	-0.000*** (-2.97)	0.001*** (4.01)	0.001*** (4.03)	0.001*** (3.92)	0.001*** (3.95)	0.006*** (3.48)	0.006*** (3.48)	0.005*** (3.33)	0.005*** (3.34)

续表

	t1	t2	t3	t4	t5	t6	t7	t8	t9	t10	t11	t12
Board	-0.000 (-0.08)	-0.000 (-0.08)	-0.000 (-0.07)	-0.000 (-0.07)	-0.004*** (-2.84)	-0.004*** (-2.84)	-0.004*** (-2.86)	-0.004*** (-2.86)	-0.057*** (-6.93)	-0.057*** (-6.93)	-0.058*** (-6.97)	-0.058*** (-6.97)
Dual	-0.002 (-1.37)	-0.002 (-1.38)	-0.002 (-1.37)	-0.002 (-1.39)	-0.000 (-0.09)	-0.000 (-0.09)	-0.000 (-0.08)	-0.000 (-0.09)	0.066*** (3.07)	0.066*** (3.07)	0.067*** (3.09)	0.067*** (3.09)
State	-0.002* (-1.89)	-0.002* (-1.87)	-0.002* (-1.96)	-0.002* (-1.93)	0.010*** (2.88)	0.010*** (2.90)	0.010*** (2.97)	0.010*** (2.99)	-0.064*** (-2.79)	-0.064*** (-2.79)	-0.060*** (-2.64)	-0.060*** (-2.63)
Constant	-0.042*** (-4.03)	-0.041*** (-4.01)	-0.042*** (-4.05)	-0.042*** (-4.04)	-0.364*** (-12.46)	-0.363*** (-12.45)	-0.362*** (-12.42)	-0.362*** (-12.41)	9.032*** (46.15)	9.032*** (46.15)	9.045*** (46.22)	9.046*** (46.22)
Observations	15 768	15 768	15 768	15 768	17 236	17 236	17 236	17 236	16 931	16 931	16 931	16 931
R-squared	0.102	0.103	0.102	0.103	0.036	0.037	0.036	0.037	0.154	0.154	0.153	0.153
adj_R2	0.101	0.102	0.101	0.102	0.035	0.036	0.035	0.036	0.153	0.153	0.153	0.153
F	278.6	278.6	278.6	278.6	278.6	278.6	278.6	278.6	278.6	278.6	278.6	278.6

注：***、**、*分别代表1%、5%、10%的显著性水平。

表3-11 第二类代理问题在股权激励动态性与企业绩效之间的调节作用

	t1	t2	t3	t4	t5	t6	t7	t8	t9	t10	t11	t12
VARIABLES	ROA2	ROA2	ROA2	ROA2	ROE2	ROE2	ROE2	ROE2	TQ2	TQ2	TQ2	TQ2
Ehr_sd	-0.000 (-1.03)	0.000 (0.36)			0.000 (0.99)	0.001 (1.48)		0.008*** (3.25)	0.010*** (3.23)			

续表

	t1	t2	t3	t4	t5	t6	t7	t8	t9	t10	t11	t12
Ehr_Ind			-0.000 (-0.73)	0.000 (0.69)							0.006** (2.38)	0.007** (2.31)
Type2	0.000*** (4.53)	0.000*** (4.95)	0.000*** (4.59)	0.000*** (5.07)	0.000 (0.98)	0.000 (1.33)	0.000 (0.86)	0.000 (1.18)	0.006*** (4.74)	0.006*** (4.79)	0.005*** (4.55)	0.006*** (4.50)
Ehr_sd * Type2		0.000** (2.00)										
Ehr_Ind * Type2				0.000** (2.15)		0.000 (1.16)	0.000 (0.39)	0.000 (1.06)		0.000 (1.04)		0.000 (0.68)
Lev	-0.038*** (-12.59)	-0.038*** (-12.60)	-0.038*** (-12.58)	-0.038*** (-12.60)	-0.034*** (-4.11)	-0.034*** (-4.11)	-0.034*** (-4.12)	-0.034*** (-4.13)	-0.509*** (-8.66)	-0.510*** (-8.67)	-0.511*** (-8.69)	-0.511*** (-8.69)
Size	0.001*** (3.03)	0.001*** (3.01)	0.001*** (3.03)	0.001*** (3.02)	0.013*** (10.11)	0.013*** (10.10)	0.013*** (10.10)	0.013*** (10.09)	-0.377*** (-40.46)	-0.378*** (-40.47)	-0.378*** (-40.47)	-0.378*** (-40.48)
Indboard	0.000 (0.10)	0.000 (0.09)	0.000 (0.10)	0.000 (0.09)	0.001 (0.30)	0.001 (0.29)	0.001 (0.30)	0.001 (0.29)	0.160*** (6.40)	0.160*** (6.39)	0.160*** (6.40)	0.160*** (6.39)
Age	-0.000*** (-3.72)	-0.000*** (-3.62)	-0.000*** (-3.68)	-0.000*** (-3.57)	0.001*** (4.84)	0.001*** (4.89)	0.001*** (4.75)	0.001*** (4.80)	0.014*** (8.41)	0.014*** (8.46)	0.013*** (8.28)	0.013*** (8.31)
Board	-0.000 (-1.02)	-0.000 (-1.00)	-0.000 (-1.02)	-0.000 (-1.00)	-0.004*** (-3.64)	-0.004*** (-3.63)	-0.004*** (-3.66)	-0.004*** (-3.65)	-0.067*** (-7.84)	-0.067*** (-7.83)	-0.067*** (-7.86)	-0.067*** (-7.85)

续表

	t1	t2	t3	t4	t5	t6	t7	t8	t9	t10	t11	t12
Dual	-0.001 (-0.97)	-0.001 (-0.96)	-0.001 (-0.98)	-0.001 (-0.96)	0.001 (0.21)	0.001 (0.23)	0.001 (0.21)	0.001 (0.23)	0.074*** (3.32)	0.075*** (3.33)	0.074*** (3.32)	0.075*** (3.34)
State	-0.003** (-2.13)	-0.003** (-2.10)	-0.003** (-2.19)	-0.003** (-2.16)	0.011*** (3.10)	0.011*** (3.11)	0.011*** (3.22)	0.011*** (3.23)	-0.014 (-0.58)	-0.014 (-0.57)	-0.010 (-0.40)	-0.009 (-0.39)
Constant	-0.021** (-2.14)	-0.021** (-2.17)	-0.021** (-2.16)	-0.022** (-2.19)	-0.293*** (-10.69)	-0.293*** (-10.70)	-0.292*** (-10.65)	-0.292*** (-10.67)	10.542*** (54.35)	10.539*** (54.33)	10.553*** (54.41)	10.552*** (54.40)
Observations	16 345	16 345	16 345	16 345	17 985	17 985	17 985	17 985	17 665	17 665	17 665	17 665
R-squared	0.090	0.091	0.090	0.091	0.030	0.030	0.030	0.030	0.154	0.155	0.154	0.154
adj_R2	0.089	0.090	0.089	0.090	0.029	0.030	0.029	0.030	0.154	0.154	0.154	0.154
F	292.8	292.8	292.8	292.8	292.8	292.8	292.8	292.8	292.8	292.8	292.8	292.8

注：***、**、*分别代表1%、5%、10%的显著性水平。

之间的矛盾，控股股东可能为了获取控制权私有收益而采取一系列自利行为，如盗窃企业资源、操控资产转移定价、侵占企业发展机会等（王鹏、周黎安，2006）。控股股东的控制权与现金流权的分离程度越高，其侵占企业资产的成本越低，从而更容易导致企业价值的减少。因此，两类代理问题的加剧显著地强化了股权激励动态性与企业短期绩效之间的负向作用。这些发现提示企业管理者在设计和实施股权激励机制时，需要充分考虑代理问题的存在及其对企业绩效可能产生的影响，以确保激励机制能够有效地促进企业的长期稳定发展，同时避免由于代理问题导致的短期绩效损失。

四、稳健性测试

为了进一步检验高管股权激励动态性对企业绩效的影响，本研究拟通过改变观测变量、改变时间窗口以检验实证结果的稳健性。

（一）改变观测变量

为了验证不同财务指标下回归结果的稳健性，本研究计划采用替换因变量的方法进行再次回归检验。具体而言，本研究将从会计学的角度出发，采用净利润与股东权益平均余额的比值（股东权益平均余额定义为股东权益期末余额与期初余额的平均值）重新计算净资产收益率（ROE），并对该指标进行行业均值调整，然后使用滞后两期的变量数据（ROE 均$_2$）进行分析。此外，为了衡量企业的长期绩效，本研究选取营业收入增长率（OIR）作为另一指标，同样地，对该指标进行行业均值调整，并采用滞后两期的数据进行实证检验（见表3-12和表3-13）。

表3-12 稳健性检验（改变观测变量）

VARIABLES	t1	t2	t3	t13	t14	t15
	ROE 均$_2$	R&D$_2$	ROE 均$_2$	ROE 均$_2$	R&D$_2$	ROE 均$_2$
R&D$_2$			-0.003*** (-6.22)			-0.003*** (-6.23)
Ehr_sd	-0.001* (-1.70)	-0.015** (-2.04)	-0.001 (-1.57)			

续表

	t1	t2	t3	t13	t14	t15
Ehr_Ind				-0.001**	-0.031***	-0.001
				(-2.18)	(-4.20)	(-1.58)
Lev	-0.058**	-4.936***	-0.063***	-0.045**	-4.938***	-0.063***
	(-2.37)	(-30.63)	(-2.95)	(-2.47)	(-30.65)	(-2.95)
Size	0.017***	-0.069**	0.017***	0.012***	-0.069**	0.017***
	(4.53)	(-2.51)	(6.85)	(4.89)	(-2.54)	(6.85)
Indboard	-0.003	0.304***	-0.002	-0.002	0.306***	-0.002
	(-0.43)	(4.05)	(-0.30)	(-0.28)	(4.07)	(-0.30)
Age	-0.002***	-0.101***	-0.002***	-0.001***	-0.103***	-0.002***
	(-3.46)	(-20.49)	(-2.75)	(-2.77)	(-20.90)	(-2.75)
Board	0.002	-0.120***	0.002	0.002	-0.122***	0.002
	(0.68)	(-4.69)	(0.86)	(0.80)	(-4.77)	(0.87)
Dual	0.000	0.495***	0.004	0.004	0.496***	0.004
	(0.06)	(7.44)	(0.65)	(0.64)	(7.47)	(0.64)
State	0.004	0.055	0.001	0.002	0.075	0.001
	(0.60)	(0.78)	(0.14)	(0.35)	(1.07)	(0.14)
Constant	-0.437***	9.046***	-0.383***	-0.329***	9.115***	-0.383***
	(-6.23)	(16.11)	(-7.06)	(-6.28)	(16.24)	(-7.07)
Observations	15 389	19 114	14 329	14 262	19 114	14 329
R-squared	0.013	0.155	0.009	0.013	0.156	0.009
adj_R2	0.012	0.155	0.009	0.012	0.155	0.009
F	15.27	389.8	20.02	11.07	391.6	20.06

注：***、**、*分别代表1%、5%、10%的显著性水平。

表3-13 稳健性检验（改变观测变量）

	t1	t2	t3	t4	t5	t6
VARIABLES	OIR_2	$R\&D_2$	OIR_2	OIR_2	$R\&D_2$	OIR_2
$R\&D_2$			0.839***			0.860***
			(3.42)			(3.00)

续表

	t1	t2	t3	t4	t5	t6
Ehr_sd	0.403* (1.66)	-0.017** (-2.38)	0.408* (1.67)			
Ehr_Ind				0.393*** (2.70)	-0.023*** (-2.74)	0.413*** (2.75)
Lev	-16.887*** (-2.89)	-2.737*** (-16.16)	-14.689** (-2.50)	-15.490 (-1.53)	-2.656*** (-15.58)	-13.222 (-1.33)
Size	2.665*** (2.96)	-0.136*** (-5.10)	2.862*** (3.17)	1.677 (1.06)	-0.368*** (-14.06)	1.996 (1.23)
Indboard	-3.208 (-1.29)	0.295*** (4.04)	-3.459 (-1.39)	-2.986 (-0.99)	0.256*** (3.63)	-3.210 (-1.06)
Age	0.304* (1.91)	-0.101*** (-21.22)	0.374** (2.33)	0.290** (2.22)	-0.080*** (-17.10)	0.359** (2.45)
Board	0.021 (0.02)	-0.121*** (-4.85)	0.098 (0.12)	0.007 (0.01)	-0.113*** (-4.59)	0.106 (0.12)
Dual	1.087 (0.49)	0.368*** (5.70)	0.776 (0.35)	0.757 (0.41)	0.345*** (5.03)	0.462 (0.26)
State	4.146* (1.79)	-0.081 (-1.19)	4.056* (1.75)	4.130* (1.77)	0.166** (2.39)	3.985* (1.74)
Constant	-44.663** (-2.37)	8.006*** (14.62)	-51.723*** (-2.73)	-68.591** (-2.11)	7.476*** (13.94)	-75.084** (-2.22)
Observations	19 045	19 096	19 039	18 987	18 991	18 982
R-squared	0.002	0.205	0.002	0.002	0.204	0.003
adj_R2	0.001	0.205	0.002	0.002	0.203	0.002
F	3.335	492.6	4.096	1.249	287.5	1.149

注：***、**、*分别代表1%、5%、10%的显著性水平。

从表3-12和表3-13可见，在对因变量进行替换后，股权激励动态性（EID）与企业短期绩效及长期绩效之间的关系与前述研究结果保持一致。此外，研发创新投入在股权激励动态性与企业绩效之间的中介效应在替换变量后依然存在，这进一步验证了中介效应的稳健性。

这一发现表明，无论采用何种财务指标来衡量企业的绩效，股权激励动态性对企业绩效的影响模式均具有一定的稳定性。同时，研发创新投入作为中介变量，其在股权激励动态性影响企业绩效过程中的作用并未因变量替换而改变，这为股权激励与企业绩效关系的理论模型提供了额外的实证支持。

（二）改变时间窗口

2016年，中国证券监督管理委员会（证监会）对《上市公司股权激励管理办法（试行）》（以下简称《办法》）进行了修订，新版《办法》为企业提供了更大的自主权和决策灵活性，并对股权激励实施给予了更为积极的指导和支持。这一政策变动旨在促进企业通过股权激励机制激发创新决策，进而推动企业的持续成长和发展。鉴于此，本研究选取了2016年至2022年所有A股上市企业作为研究样本，并对数据进行了适当的筛选，排除了不相关或不完整的数据后，再次进行了回归分析，以检验股权激励动态性与企业绩效之间关系的稳健性。

从表3-14和表3-15可见，在对研究的时间窗口进行调整后，股权激励动态性（EID）对企业短期绩效和长期绩效的影响关系与之前的研究结果保持一致。此外，研发创新投入在股权激励动态性与企业绩效之间的中介效应在更换时间窗口后依然显著存在，这为本研究的中介效应假设提供了稳健性支持。

这一发现表明，在不同的时间段内，股权激励动态性对企业绩效的影响模式均呈现出一定的稳定性。同时，研发创新投入作为中介变量，在股权激励动态性影响企业绩效的过程中起到了连贯的作用，这一结果强化了本研究关于股权激励、研发创新投入与企业绩效之间关系的理论框架。

表 3-14 稳健性检验（改变时间窗口）

VARIABLES	t1 ROA₂	t2 R&D₂	t3 ROA₂	t4 ROA₂	t5 R&D₂	t6 ROA₂	t7 ROE₂	t8 R&D₂	t9 ROE₂	t10 ROE₂	t11 R&D₂	t12 ROE₂
R&D₂	-0.066*** (-2.92)					-0.088*** (-4.44)			-0.183*** (-3.54)			-0.185*** (-3.55)
Ehr_sd		-0.051*** (-4.79)	-0.047** (-2.07)					-0.043*** (-4.01)	-0.097* (-1.85)			
Ehr_Ind				-0.062*** (-2.75)	-0.064*** (-6.02)	-0.054** (-2.44)	-0.101* (-1.93)			-0.120** (-2.30)	-0.057*** (-5.34)	-0.114** (-2.16)
Lev	-7.896*** (-15.11)	-4.089*** (-15.43)	-8.086*** (-15.36)	-7.889*** (-15.10)	-4.076*** (-15.39)	-4.969*** (-9.04)	-14.337*** (-10.95)	-3.973*** (-13.93)	-9.595*** (-6.77)	-14.313*** (-10.93)	-3.956*** (-14.86)	-15.178*** (-11.34)
Size	0.556*** (6.60)	-0.084* (-1.91)	0.362*** (4.28)	0.557*** (6.62)	-0.086* (-1.96)	0.044 (0.52)	1.413*** (6.61)	-0.179*** (-3.97)	0.718*** (3.25)	1.409*** (6.60)	-0.182*** (-4.18)	1.348*** (6.25)
Indboard	0.281 (1.18)	0.321*** (2.63)	0.251 (1.07)	0.279 (1.18)	0.322*** (2.63)	0.349 (1.51)	1.258** (2.09)	0.299** (2.43)	1.409** (2.33)	1.259** (2.09)	0.300** (2.44)	1.308** (2.15)
Age	-0.097*** (-7.16)	-0.093*** (-13.16)	-0.074*** (-5.33)	-0.097*** (-7.13)	-0.094*** (-13.37)	-0.063*** (-4.65)	-0.120*** (-3.50)	-0.077*** (-11.02)	-0.108*** (-3.14)	-0.121*** (-3.55)	-0.078*** (-11.24)	-0.136*** (-3.91)
Board	-0.068 (-0.87)	-0.098** (-2.44)	-0.011 (-0.15)	-0.067 (-0.87)	-0.098** (-2.46)	-0.059 (-0.78)	-0.324* (-1.65)	-0.063 (-1.58)	-0.364* (-1.85)	-0.325* (-1.65)	-0.065 (-1.61)	-0.329* (-1.66)
Dual	-0.101 (-0.51)	0.417*** (4.17)	-0.083 (-0.42)	-0.103 (-0.52)	0.419*** (4.20)	-0.154 (-0.80)	-0.180 (-0.37)	0.394*** (3.91)	-0.319 (-0.65)	-0.177 (-0.36)	0.394*** (3.92)	-0.175 (-0.35)

续表

	t1	t2	t3	t4	t5	t6	t7	t8	t9	t10	t11	t12
State	-1.091***	0.098	-0.615***	-1.097***	0.113	-0.681***	-2.174***	0.312***	-2.253***	-2.151***	0.331***	-2.263***
	(-5.15)	(0.90)	(-2.89)	(-5.18)	(1.04)	(-3.26)	(-4.10)	(2.88)	(-4.24)	(-4.06)	(3.06)	(-4.23)
Constant	-8.099***	8.761***	-6.617***	-8.157***	8.824***	-1.158	-18.452***	9.081***	-9.395**	-18.370***	9.158***	-19.674***
	(-4.61)	(9.68)	(-3.78)	(-4.64)	(9.77)	(-0.66)	(-4.13)	(9.78)	(-2.05)	(-4.11)	(10.08)	(-4.35)
Observations	7 277	9 071	7 257	7 277	9 071	7 257	9 070	9 089	9 061	9 070	9 091	9 063
R-squared	0.044	0.109	0.066	0.044	0.110	0.100	0.038	0.096	0.034	0.038	0.097	0.020
adj_R2	0.043	0.108	0.064	0.043	0.109	0.098	0.036	0.095	0.0324	0.037	0.096	0.0189
F	37.15	111.0	46.29	37.03	112.5	67.03	27.34	96.04	28.58	27.47	108.3	18.47

注：***、**、*分别代表1%、5%、10%的显著性水平。

表3-15 稳健性检验（改变时间窗口）

VARIABLES	t1 TQ$_2$	t2 R&D$_2$	t3 TQ$_2$	t4 TQ$_2$	t5 R&D$_2$	t6 TQ$_2$
R&D$_2$			0.189*** (5.98)			0.189*** (6.02)
Ehr_sd	0.070** (2.20)	-0.051*** (-4.79)	0.080** (2.52)			
Ehr_Ind				0.055* (1.72)	-0.057*** (-5.34)	0.066** (2.08)
Lev	-5.419*** (-6.79)	-4.089*** (-15.43)	-4.623*** (-5.73)	-5.427*** (-6.82)	-3.956*** (-14.86)	-4.655*** (-5.78)
Size	-2.651*** (-20.01)	-0.084* (-1.91)	-2.637*** (-19.93)	-2.667*** (-20.51)	-0.182*** (-4.18)	-2.636*** (-20.28)
Indboard	1.090*** (2.96)	0.321*** (2.63)	1.032*** (2.80)	1.105*** (3.00)	0.300** (2.44)	1.051*** (2.86)
Age	0.003 (0.13)	-0.093*** (-13.16)	0.021 (0.96)	0.003 (0.13)	-0.078*** (-11.24)	0.018 (0.85)
Board	-0.478*** (-3.97)	-0.098** (-2.44)	-0.462*** (-3.83)	-0.479*** (-3.99)	-0.065 (-1.61)	-0.468*** (-3.91)
Dual	1.607*** (5.34)	0.417*** (4.17)	1.526*** (5.07)	1.608*** (5.35)	0.394*** (3.92)	1.532*** (5.10)
State	-0.317 (-0.96)	0.098 (0.90)	-0.338 (-1.03)	-0.295 (-0.91)	0.331*** (3.06)	-0.359 (-1.11)
Constant	81.325*** (29.86)	8.761*** (9.68)	79.732*** (29.16)	81.566*** (30.01)	9.158*** (10.08)	79.899*** (29.28)
Observations	9 061	9 071	9 054	9 081	9 091	9 074
R-squared	0.113	0.109	0.117	0.113	0.097	0.117
adj_R2	0.112	0.108	0.115	0.112	0.096	0.116
F	115.4	111.0	108.4	128.4	108.3	119.5

注：***、**、*分别代表1%、5%、10%的显著性水平。

五、内生性分析

在进行回归分析时，研究者必须对模型中潜在的内生性问题保持警觉，因为这种内生性可能导致估计结果的偏误。本研究的回归模型也可能面临类似的内生性问题。具体而言，回归结果揭示了高管股权激励动态性与企业绩效之间的相关性，但同时，企业的业绩表现也可能是影响其对高管进行股权激励调整的一个因素。这种双向影响意味着高管股权激励动态性与企业绩效之间可能存在互为因果的关系。

为了解决这一内生性问题，本研究采纳了陈文强（2018）和刘永丽、王凯莉（2018）的研究方法，选择同年度同行业其他企业的股权激励动态实施情况的均值作为工具变量（Instrumental Variable，IV），并运用两阶段最小二乘法（Two-Stage Least Squares，2SLS）进行回归分析。这种方法的合理性在于，企业在设计和实施股权激励计划时往往会参考同行业其他企业的做法，而其他企业对股权激励的调整行为不太可能直接影响到样本企业的业绩状况。

采用工具变量和两阶段回归方法，旨在提供更为准确的估计结果，以减少内生性问题对研究结论的潜在影响（见表3-16和表3-17），这些结果有助于验证本研究中股权激励动态性与企业绩效关系模型的稳健性，并为相关管理决策提供更为可靠的经验证据。

根据表3-16所展示的回归分析结果，作为工具变量的同年度同行业其他企业股权激励动态实施情况的均值（Ehr_sd_mean）在1%的显著性水平下对内生变量高管股权激励动态性（Ehr_sd）的回归系数显著为正，这表明所选工具变量满足相关性的要求。此外，在进行弱工具变量的检验时，F统计量的值均大于10，从而排除了所选工具变量存在弱工具变量问题的可能性。

在两阶段最小二乘法（2SLS）的第二阶段中，使用第一阶段的拟合值作为解释变量，对企业短期绩效（以ROA2和ROE2表示）和长期成长性绩效（以TQ2表示）进行回归分析。所得结果与原始回归结果保持一致，即高管股权激励动态性与企业短期绩效呈现负相关，而与长期成长性绩效呈现正相关。这一发现表明，在通过工具变量法控制了潜在的逆向因果关系和内生性问题之后，高管股权激励动态性与企业绩效之间的关系仍然具有统计学上的显著性。

表 3-16　2SLS 内生性检验（1）

	First	Second	First	Second	First	Second
	Ehr_sd	ROA$_2$	Ehr_sd	ROE$_2$	Ehr_sd	TQ$_2$
Ehr_sd_mean	0.415*** (0.030)		0.415*** (0.030)		0.415*** (0.030)	
Ehr_sd		-0.012*** (-0.002)		-0.0511*** (-0.014)		0.583*** (0.050)
控制变量	已控制	已控制	已控制	已控制	已控制	已控制
_cons	4.588*** (0.517)	-0.024* (-0.014)	4.588*** (0.517)	0.035 (0.089)	4.588*** (0.517)	7.754*** (0.439)
r2	0.129		0.129		0.129	
adj_R2	0.129		0.129		0.129	
Weak Identification Test	121.401		22.979		176.921	

注：***、**、*分别代表1%、5%、10%的显著性水平。

从表 3-17 可见，作为工具变量的同年度同行业其他企业股权激励独立性动态实施情况的均值（Ehr_Ind_mean）在1%的显著性水平下对内生变量高管股权激励独立性动态性（Ehr_Ind）的回归系数显著为正，满足工具变量的相关性条件。在进行股权激励动态性与净资产收益率（ROE2）的第二阶段回归分析时，该工具变量未显示出显著的相关性。然而，对于其余的绩效指标，即总资产收益率（ROA2）和托宾 Q 值（TQ2），回归结果与原始分析保持一致。此外，在弱工具变量的检验中，F 统计量的值均超过 10，表明所选工具变量不是弱工具变量。

通过工具变量法控制了潜在的逆向因果关系和内生性问题之后，高管股权激励独立性动态性与企业绩效之间的关系在统计上仍然显著。这一结果进一步证实了股权激励动态性对企业绩效影响的稳健性，即使在考虑了内生性问题之后，这种影响依然存在。

表 3-17　2SLS 内生性检验（2）

	First	Second	First	Second	First	Second
	Ehr_Ind	ROA_2	Ehr_Ind	ROE_2	Ehr_Ind	TQ_2
Ehr_Ind_mean	0.328*** (0.034)		0.328*** (0.034)		0.328*** (0.034)	
Ehr_Ind		-0.018*** (-0.003)		-0.673 (-1.013)		0.838*** (0.094)
控制变量	已控制	已控制	已控制	已控制	已控制	已控制
_cons	4.621*** (0.517)	-0.002 (-0.019)	4.621*** (0.517)	3.347 (5.449)	4.621*** (0.517)	6.636*** (0.642)
r2	0.119		0.119		0.119	
adj_R2	0.119		0.119		0.119	
Weak Identification Test	41.954		0.443		77.697	

注：***、**、*分别代表1%、5%、10%的显著性水平。

第四章 高管薪酬激励动态性、研发创新与公司绩效

第一节 理论分析与研究假设发展

一、CEO薪酬激励动态性与企业绩效

根据最优薪酬契约理论，现代公司治理结构中控制权与经营权的分离导致了代理问题，即管理者（代理人）并不必然追求股东（委托人）价值的最大化。高管薪酬激励机制通过将CEO追求个人报酬最大化的行为与股东追求利益最大化的目标相结合，成为缓解代理问题的有效手段（Jensen et al.，1976；Jensen et al.，1990）。现有研究已经证实了CEO薪酬激励与企业绩效之间存在显著的相关性（Jensen et al.，1985；Leone et al.，2006；Jackson et al.，2008）。货币薪酬作为一种短期激励机制，可能导致CEO过分关注短期绩效指标，而忽视企业的长期利益和发展目标（Bebchuk，2003）。此外，由于货币薪酬激励受到企业年末财务报表和年度业绩指标的显著影响，CEO在面对风险决策时可能倾向于选择风险较低的项目，以保持稳定的收入和企业运行的平稳性。这种风险规避的行为可能阻碍了企业进行更为挑战性的项目或决策，从而避免了由于冒险行为导致的财务风险扩大、资金链断裂乃至破产清算等不利后果（Amihud，1981）。

动态薪酬激励机制通过提高CEO薪酬与企业绩效之间的敏感性，为企业提供了一种更为灵活的激励手段。在企业绩效出现波动时，CEO的薪酬能够

做出相应的灵敏调整,从而激励 CEO 在不同时间范围内关注企业运营的多个层面。这种机制鼓励 CEO 在长期视角下积极推动公司的业绩增长与创新,同时抑制其过分追求短期利益的行为,进而充分挖掘 CEO 的潜力,促使其个人利益与企业价值最大化的目标相一致。

动态薪酬激励机制的实施,有助于实现个人价值与集体价值目标函数的一致性,有效缓解委托人(股东)与代理人(CEO)之间的第一类代理问题。通过这种激励相容的设计,可以实现对利益相关者(包括股东、员工等)的动态激励,从而促进企业的长期稳定发展。现有文献已经指出,薪酬激励机制的设计对于缓解代理问题具有重要作用(Jensen et al., 1976; Jensen et al., 1990)。此外,动态薪酬激励机制能够更有效地应对企业面临的不同情况,使得 CEO 的个人目标与企业的长期目标保持一致,从而实现动态激励相容(Jensen et al., 1985; Leone et al., 2006; Jackson et al., 2008)。

H1:CEO 薪酬激励动态性与企业绩效呈正相关关系。

二、CEO 薪酬激励动态性与企业创新投入

企业创新作为一种独特的投资活动,与一般规模投资相比,具有其特殊性:收益的滞后性、信息不对称性、高风险性和高不确定性(Holmstrom, 1989)。这些特点使得创新活动特别容易受到负责创新决策的 CEO 行为的制约。由于 CEO 的职位安全和个人收益与其所在公司的经营业绩密切相关,因此在面对具有高度不确定性的创新投资时,CEO 可能会表现出较为保守和风险规避的态度(李春涛等,2010)。

作为理性经济人的管理层,在进行风险性投资决策时,其决策不仅受到个人风险偏好的影响,同时也受到薪酬激励机制的制约。研究表明,我国上市公司高管更倾向于关注短期利益,其中短期薪酬激励效果显著,而持股等长期激励的影响相对较弱(唐清泉等,2009)。此外,由于静态货币薪酬的短期激励效应以及研发支出的会计处理,CEO 可能会出于维护自身现有利益的考虑,减少对研发项目的投入和努力程度,从而降低研发效率(梁彤缨等,2015)。

在会计处理上,研发费用作为利润表的重要组成部分,其会计处理方式

的选择会引起多个报表科目的变动，进而影响利益相关者的判断及 CEO 的绩效评价。根据我国的会计准则，研发支出被分为研究阶段和开发阶段，其中研究阶段的支出计入管理费用，而开发阶段的支出则计入无形资产（相关会计准则）。这种会计处理方式可能导致 CEO 有动机通过减少研发投入来优化短期绩效指标。因此，只有在预期的私有收益超过私有成本时，CEO 才可能进行研发项目投资。

企业的长期利益相关者可能会支持创新活动，因为他们看重创新带来的技术革新和产业进步，而短期利益相关者可能因担心短期成本上升和业绩下滑而反对创新。这种矛盾表明，在创新决策中存在显著的委托代理问题。动态薪酬激励制度通过将 CEO 的收益与其个人业绩和企业绩效挂钩，有助于将 CEO 的个人利益与股东利益对齐，从而缓解第一类代理问题。动态薪酬激励机制的设计体现了对人力资本动态性特点的适应，以及对外部环境变化的响应，它能够抑制 CEO 追求短期利益的倾向，激发其潜力，促使 CEO 在追求个人利益的同时，也推动企业价值的最大化，实现个人价值与集体价值的一致性，从而实现利益相关者之间的动态激励相容。

薪酬契约的设计旨在将高管的个人利益与企业的长期发展目标相统一，但在实践中，这一契约可能会因多种因素的干扰而偏离其理想状态。其中，治理机制的不完善是导致高管道德风险的主要干扰源，具体体现为管理层权力的集中可能削弱公司治理的有效性，进而使得薪酬机制本身成为代理问题的一个来源（卢锐，2008）。在企业业绩向好时，CEO 可能利用其影响力过度参与薪酬委员会的决策过程，从而可能导致其薪酬高于基于业绩所应获得的合理水平。相反，在企业业绩不佳时，CEO 可能通过影响薪酬委员会的决策，将业绩下滑归咎于市场和外部环境因素，从而使得其薪酬的下降幅度小于企业业绩的实际下降幅度。这种现象导致了 CEO 薪酬与企业业绩之间的变动幅度不对称，即所谓的薪酬黏性现象。方军雄（2009）指出，薪酬黏性现象在中国的企业中同样普遍存在，并且可以视为管理者权力与委托代理问题的一种体现。CEO 薪酬的黏性反映了薪酬制定者在奖励与惩罚方面的不对称倾向，即倾向于"奖优不惩劣"（雷宇等，2017）。这种薪酬黏性不仅扭曲了薪酬与业绩之间的正常关联，而且可能削弱了薪酬激励机制在促进企业长期发展中的作用。

依据最优薪酬契约理论，构建能够促使CEO的利益与股东利益一致化的激励性薪酬契约，对于企业而言至关重要。这样的契约不仅能够提供具有市场竞争力和吸引力的薪酬，而且有助于降低代理成本，有效解决CEO在管理过程中可能产生的逆向选择和道德风险问题，减少其机会主义行为及利用职权进行个人利益"寻租"的现象（刘慧龙，2017）。通过将薪酬与业绩紧密"捆绑"，可以激发CEO在追求个人利益最大化的同时，亦致力于提升公司绩效，并作出有利于股东权益最大化的决策。CEO薪酬的动态性，即将CEO的薪酬与其业绩表现直接关联，是减缓第一类代理问题、实现激励相容的有效手段，并且反映了薪酬对业绩变化的敏感度（李昊洋等，2017）。此外，业绩敏感型的薪酬契约已被证实能有效地激励企业的创新活动。这要求薪酬组合在形式上实现多样化、在比例上合理化，以增强薪酬制度的激励效果，进而推动企业创新效率的提升（方军雄等，2016）。基于以上分析，提出如下假设。

H2：CEO薪酬激励动态性与企业创新投入呈正相关关系。

三、企业创新投入的中介作用

在现有学术研究的基础上，可以观察到CEO薪酬激励的动态性、企业的研发创新投入以及企业绩效三者之间存在着密切的联系。首先，CEO薪酬的动态性被认为能够激励企业增加研发投入，进而推动企业绩效的增长。其次，企业的研发投入是提升企业长期价值和竞争力的关键因素。对于成长型企业而言，创新活动是实现市场扩张和长期发展的重要途径，这与股东追求长期利益最大化的目标相一致。因此，企业可能会提高CEO薪酬的激励水平，以激发CEO推动创新的意愿和动力，促使其在面对具有不确定性和风险的长期投资决策时，避免短视行为。探讨CEO薪酬激励动态性是否通过促进创新投入而影响企业绩效的改善，以及创新投入是否作为中介变量在这一过程中发挥作用，是一个值得深入研究的问题。李战奎（2017）的研究发现，企业研发投入在CEO薪酬激励与企业绩效关系中起到了中介作用，即CEO薪酬激励不仅能直接提升企业绩效，还能通过增加研发投入间接影响企业绩效。其他学者的研究也得出了相似的结论（CUI，2002；叶红雨等，2017；周菲，

2019；胡柳艳，2020）。CEO 薪酬激励的动态性通过将 CEO 的薪酬与企业绩效紧密关联，能够鼓励 CEO 以企业的长期发展为目标，承担创新风险，寻求个人薪酬及企业价值的共同增长。这种薪酬激励机制的设计，反映了对人力资本动态性特点的适应，以及对外部环境变化的响应，有助于抑制 CEO 追求短期利益的倾向，激发其潜力，促使 CEO 在追求个人利益的同时，推动企业价值的最大化，实现个人价值与集体价值的一致性，有效缓解第一类代理问题，实现利益相关者之间的动态激励相容。基于以上分析，本研究提出如下假设。

H3：创新投入在 CEO 薪酬激励动态性对企业绩效的影响中存在中介作用。

四、CEO 薪酬差距的调节作用

在委托代理理论框架下，薪酬契约构成了企业与 CEO 之间关系的核心。企业在聘任 CEO 并对其薪酬进行设定时，通常会综合考虑 CEO 的个人能力、市场对该职位的定价以及企业绩效等多个因素。在知识经济时代，CEO 作为企业关键的人力资本，担负着制定和执行公司重要战略的角色，对 CEO 的激励机制可以通过扩大薪酬差距来促进其更加勤勉和尽责（Gerhart et al.，2003）。根据锦标赛理论和社会比较理论，CEO 会依据自己的努力程度来评估所获得的薪酬是否公正，并与同职位的其他个体或行业内相似职位的薪酬水平进行比较，以判断自己的薪酬是否相对公平（Adams，1965）。这种比较有助于 CEO 客观地反映自己的能力和努力是否得到了公正的回报，并据此调整自己的工作行为。因此，在设计薪酬制度时，企业需要参照行业薪酬标准，以应对外部劳动力市场的竞争和潜在的人才流失压力（Major et al.，1985；孙晓华等，2022）。

在激励性市场竞争的环境中，CEO 往往具有成为行业领导者的动机，以获得更高的薪酬、社会知名度和社会地位。当 CEO 的薪酬水平超过行业平均水平时，他们可能会感到满意，认为自己的努力和贡献得到了相应的经济和社会回报。这种认知可以增强 CEO 的内在动机，促使他们继续在工作中追求卓越和更高的成就。基于此，CEO 可能会推动公司进行更为积极的创新活动，并在创新项目上承担更高的风险。这是因为，通过创新可以提升公司的业绩和市场竞争力，在这一过程中，CEO 的薪酬不仅是对其过往成就的认可，也是对其未来潜在贡献的激励。

当 CEO 意识到自己的薪酬低于同行业平均水平时，可能会从心理和行为两个层面产生反应。一方面，薪酬差距可能导致 CEO 的自我评价降低，从而影响其对高风险项目投资的决策信心。在这种情况下，CEO 可能不愿意承担更多的风险，而是倾向于选择风险较低、绩效相对较低的渐进性创新项目，而非那些风险和收益潜力都更高的突破性创新项目。另一方面，CEO 可能会将薪酬差异归咎于公司薪酬制度的不合理设计，从而产生一种感知上的不公平感。这种对薪酬不满的心理认知可能导致 CEO 采取多种行为来表达不满，例如对组织目标的关注度下降、工作积极性降低、研发投入减少、团队凝聚力弱化等。更为严重的是，CEO 可能会出于个人利益，做出损害公司利益的行为，这些行为最终可能会降低企业的绩效。创新活动需要 CEO 积极地承担风险，并做出符合股东长期利益和企业可持续发展的决策。然而，如果薪酬激励水平较低，可能会削弱 CEO 的风险承担意愿，从而抑制企业的创新投入。胡亚丰等（2021）和张横峰等（2022）的研究指出，薪酬水平与 CEO 的风险承担能力及其对企业创新投入的影响之间存在显著关联。低薪酬激励可能会降低 CEO 推动企业创新的积极性，从而对企业的长期发展和绩效产生不利影响。

综合现有研究，合理的薪酬制度设计对于激励 CEO 勤勉工作至关重要。外部薪酬差异的激励效应能够显著影响 CEO 的风险承担倾向，从而作用于其在企业创新投入方面的决策和意愿。当 CEO 的薪酬高于行业平均水平时，他们往往处于一种高收益状态，并对当前的薪酬水平感到满意。这种满意度促使 CEO 为了维持其薪酬水平而在工作中展现出更高的积极性，包括通过增加风险承担来推动更多的创新投入，以期望提升企业的绩效表现。反之可能会导致其产生不满情绪，进而调整其对工作的投入和努力程度，以在心理上寻求平衡。这种情绪反应和行为调整可能会导致 CEO 减少对创新项目的投入，从而影响企业的长期创新能力和绩效。基于此，本研究提出如下假设：

H4a：CEO 薪酬高于行业均值时，外部同行薪酬差距会正向调节 CEO 薪酬激励动态性与企业创新投入之间的关系；CEO 薪酬低于行业均值时，外部同行薪酬差距会负向调节 CEO 薪酬激励动态性与企业创新投入之间的关系。

除了外部薪酬差异，企业内部 CEO 与非 CEO 高管团队之间的薪酬差距（以下简称 CEO 内部薪酬差距）也是一个重要的考量因素。一方面，增加这一薪酬差距可以作为一种激励机制，激发高管团队提升其参与创新的意愿，并增强其获得晋升的机会（郝东洋，2016）。在组织的最高层级，由于不存在进一步晋升机会，因此需要通过其他激励手段来驱动 CEO 的积极性。这通常意味着企业可能会通过适度增加 CEO 的薪酬差距来鼓励其作出更有利于股东利益最大化的决策（Eriksson，1999；Kini et al.，2012）。在企业内部，适当的薪酬差距可以作为一种有效的激励工具，促使 CEO 积极承担风险，推动企业的创新投入。同时，这种薪酬差距还可以起到锦标赛激励的作用，通过竞争激发高管的工作动力，从而降低对 CEO 行为的监督成本（巩娜，2015；缪毅等，2016）。

另一方面，鉴于研发投资固有的高风险性、高失败率以及收益的滞后性，CEO 可能会基于个人利益考虑，避免作出可能对自己不利的决策，这导致其对研发的投资意愿可能并不高。然而，企业创新一旦取得成功，不仅能够显著提升企业绩效，同时也能增加 CEO 的薪酬收入、赢得良好的声誉，并扩大其对企业的控制权（翟淑萍等，2022）。因此，在面对企业创新决策时，CEO 会仔细权衡个人的成本与收益。CEO 内部薪酬差距，能够增强 CEO 对于绩效与结果之间关联的感知，从而激励其承担更高的风险（Goel et al.，2008）。这种薪酬差距作为一种激励机制，可以促使 CEO 更愿意推动企业的创新活动，增加创新投入水平（Ridge et al.，2015）。基于此，本研究提出如下假设。

H4b：CEO 内部薪酬差距会正向调节 CEO 薪酬激励动态性与企业创新投入之间的关系。

本研究共五个假设（见表 4-1）。

表 4-1 假设汇总表

假设	假设描述
H1	CEO 薪酬激励动态性与企业绩效呈正相关关系。
H2	CEO 薪酬激励动态性与企业创新投入呈正相关关系。
H3	创新投入在 CEO 薪酬激励动态性对企业绩效的影响中存在中介作用。
H4a	CEO 薪酬高于行业均值时，外部同行薪酬差距会正向调节 CEO 薪酬激励动态性与企业创新投入之间的关系；CEO 薪酬低于行业均值时，外部同行薪酬差距会负向调节 CEO 薪酬激励动态性与企业创新投入之间的关系。
H4b	CEO 内部薪酬差距会正向调节 CEO 薪酬激励动态性与企业创新投入之间的关系。

第二节　理论模型

本研究旨在从第一类代理问题和动态激励相容理论的视角出发，深入探讨 CEO 薪酬激励动态性对企业绩效的影响机制。研究的核心在于揭示 CEO 薪酬与其业绩之间的动态关联，以及这种关联如何通过影响企业创新投入进而作用于企业绩效（见图 4-1）。此外，本研究引入企业研发创新投入作为中介变量，旨在剖析其在 CEO 薪酬激励动态性与企业绩效关系中的作用。通过这一分析，研究试图阐释企业创新投入如何作为连接 CEO 薪酬动态性与企业绩效之间的桥梁，以及这一机制如何影响企业的长期发展和市场表现。本研究还进一步引入了 CEO 薪酬差距作为调节变量，从人力资本动态性的角度出发，

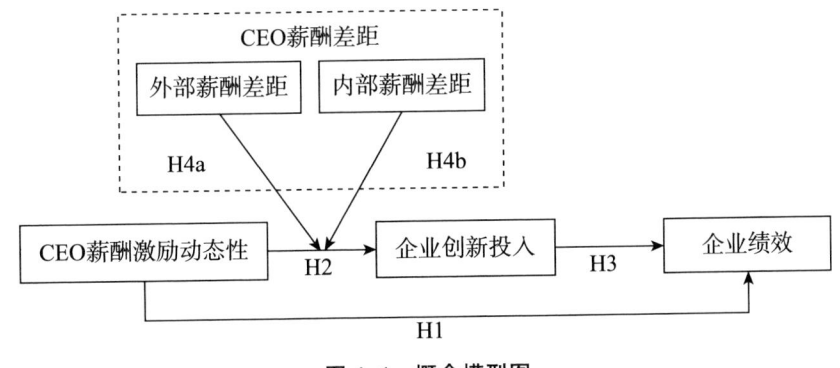

图 4-1　概念模型图

深入分析 CEO 薪酬差距对 CEO 薪酬激励动态性与企业创新投入之间关系的调节作用。这一分析有助于理解在不同的薪酬结构和激励水平下，CEO 的行为决策如何变化，以及这些变化如何影响企业的战略决策和绩效表现。

第三节　研究设计

一、数据来源与样本选择

本研究选取了 2011 年至 2022 年间在深圳证券交易所（深交所）和上海证券交易所（上交所）上市交易的非金融类 A 股公司作为初始研究样本。所有数据均来源于国泰安金融数据库（CSMAR）。为了提高样本数据的准确性和研究结果的可靠性，本研究对初始样本进行了以下筛选处理：首先，排除了那些在研究年度内被特别处理（标记为 ST 或 *ST）的公司样本；其次，剔除了在研究期间关键财务或治理数据不完整的样本。在完成上述筛选后，本研究使用 Stata 17.0 统计软件进行后续的计量经济学分析。为了进一步减少极端值对分析结果的潜在影响，本研究对所有连续性变量在第 1 百分位和第 99 百分位处进行了缩尾处理。经过这些处理步骤，最终得到包含 1872 家上市公司，共计 22464 个观测值的有效研究样本。

二、变量定义与测量

（一）自变量——CEO 薪酬激励动态性

在探讨 CEO 薪酬结构时，其薪酬通常由货币薪酬和股权激励两大部分构成。本研究将焦点限定于货币薪酬，旨在考察 CEO 薪酬激励动态性（CID）与企业研发创新投入（ERD）之间的相关性。在国际文献中，公司高管一词通常指代 CEO，而在中国，与之对应的职位往往是"总经理"或"董事长"。根据《中华人民共和国公司法》的规定，总经理由董事会聘任或解聘，并对董事会负责。在中国的公司治理实践中，总经理通常承担着与 CEO 相似的角色和职责。因此，本研究在分析时主要以总经理作为 CEO 的代表进行考察，这一做法与 CSMAR 数据库中提供的董事长、总经理名单相一致。

为了衡量 CEO 薪酬激励的动态性，本研究借鉴了现有文献的方法，采用 CEO 薪酬对数值的 3 年滚动波动率（标准差）来量化。具体而言，CEO_Sd1，即 CEO 薪酬对数值的 3 年滚动波动率，能够反映在时间序列上薪酬的波动情况。这种波动不仅体现了 CEO 薪酬对市场波动的敏感度，而且也反映了 CEO 对风险的感知程度，这可能会对 CEO 的风险规避行为产生影响（余明桂等，2013）。

在本研究中，自变量 CEO_Sd1 代表 CEO 薪酬对数值的 3 年滚动波动率，用于研究 CEO 薪酬激励动态性与企业研发创新投入之间的关系。同时，鉴于不同行业的 CEO 薪酬激励水平存在显著差异，为了排除行业因素对 CEO 薪酬波动率的影响，本研究对波动率进行了行业中位数的剔除处理，得到 CEO_Sd2（CEO 薪酬对数值的 3 年滚动波动率—行业中位数）。

（二）因变量——企业绩效

本研究的因变量选取了衡量企业绩效的常规指标，这些指标被划分为两大类别：企业经营绩效和市场绩效。企业经营绩效主要衡量的是企业在短期内（通常为一年或更短周期）的日常运营效率和效果，它侧重于评估企业在会计年度内的盈利能力、资产运营效率等经营活动的表现。而市场绩效则着眼于企业的长期表现，通常涵盖数年的时间跨度，它反映了企业在市场竞争中的定位、成长潜力以及投资者对企业未来前景的预期。

在本研究中，企业经营绩效被定义为短期绩效，而市场绩效则被视为长期绩效。这种分类允许研究者从不同时间维度评估企业绩效，从而更全面地理解企业绩效的动态变化及其与 CEO 薪酬激励动态性之间的关系。

短期绩效指标为企业提供了即时的反馈机制，使企业能够监测其日常运营状况，并据此作出快速的调整和决策。这些指标通常关注企业在短期内（如一年或更短时间内）的业绩表现，但可能不足以全面反映企业的长期战略目标和价值创造能力。相对而言，长期绩效指标旨在评估企业在较长时间跨度（如数年或更长）内的综合表现。短期绩效指标包括资产报酬率（RO-

TA)、长期资本收益率（LROCE）、公司营业利润率（OPR）和总资产收益率（ROA）。资产报酬率是衡量企业获利能力和投入产出效率的重要指标，它反映了投资者对投入资产的报酬实现效果的关注；长期资本收益率（LROCE）则体现了企业利用长期资本的盈利能力；公司营业利润率（OPR）是评估企业盈利能力和运营效率的关键指标，它衡量了公司在运营过程中实现利润的能力，反映了扣除直接成本和运营费用后的利润百分比；总资产收益率（ROA）则反映了企业的竞争实力和发展能力，是判断企业是否适宜举债经营的重要依据。长期绩效指标中，托宾Q值（TQ）是一个关键指标，它通过比较企业的市场价值与其资产的重置成本来衡量企业绩效的变动情况。托宾Q值不仅连接了企业的金融价值和产业价值，而且体现了企业的成长状况和发展能力。

（三）中介变量——创新投入

在探讨CEO薪酬激励动态性对企业绩效影响的过程中，企业研发创新投入（ERD）作为一个关键的中介变量，其度量方式引起了学术界的关注。具体而言，本研究考察了两个与研发投入相关的变量：研发投入金额的对数值（RD1）和研发投入强度（RD2）。相较于研发投入的绝对金额，研发投入强度更能反映企业在研发方面的支出力度和重视程度。本研究采用的中介变量RD1，定义为当年投入的研发费用金额的自然对数值，旨在捕捉企业研发投入的绝对规模。而RD2，即研发投入强度，定义为当年企业研发投入费用占当年企业营业收入的百分比，用于衡量企业研发投入的相对强度。这两个变量共同作为中介变量，有助于全面评估研发投入在CEO薪酬激励动态性与企业绩效之间的中介作用。现有研究表明，研发投入的度量通常采用相对数和绝对数两种方式，其中相对数的应用更为广泛。相对数的计算方法多样，常见的包括研发投入与营业收入、总资产或市场价值的比值。然而，上市公司市场价值的测算在实际操作中相对复杂，且不常作为研发投入度量的指标。因此，本研究选择采用研发费用金额的对数值（RD1）和研发投入与营业收入之比（RD2）来综合反映企业的研发创新投入。

（四）调节变量

在探讨CEO薪酬差距的外部维度时，本研究采用了罗宏（2016）等学者的研究方法，通过将同一年份、同一行业且具有相同产权属性的样本进行分组，进而计算出该行业 CEO 薪酬的均值。基于此，本研究定义了 CEO 外部薪酬差距（Gap_Wb），即企业 CEO 薪酬的绝对值与同行业 CEO 薪酬均值之间的比值。具体而言，当企业 CEO 的薪酬绝对值超过行业均值时，该比值记为 Gap1，表示 CEO 正向外部薪酬差距；反之，当企业 CEO 薪酬绝对值低于行业均值时，行业均值与企业 CEO 薪酬绝对值之比记为 Gap2，表示 CEO 负向外部薪酬差距。

对于 CEO 薪酬差距的内部维度，本研究同样借鉴了罗宏（2016）、陈震（2012）等学者的方法，采用企业 CEO 薪酬绝对值与企业非 CEO 高管薪酬均值自然对数的绝对差值来衡量。具体的度量方法为：CEO 内部薪酬差距（Gap_Nb）等于 CEO 薪酬绝对值的自然对数值减去非 CEO 高管薪酬均值的自然对数值，即 Gap_Nb = Ln（CEO 薪酬绝对值）- Ln（非 CEO 高管薪酬均值）。

（五）控制变量

为了确保研究结果的准确性，排除其他潜在变量对本研究检验结果的干扰，本研究在现有文献的基础上，引入了一系列控制变量。具体包括：第一大股东持股比例（Share）、CEO 持股比例（Croc）、最终控制人产权性质（Private）、独立董事比例（Inder）、机构投资者持股比例（Instshare）、公司规模（Size）、资产负债率（Lev），以及考虑到时间效应的年度（Year）和行业（Industry）的虚拟变量。

1. 第一大股东持股比例（Share）是衡量公司股权集中度的一个重要指标。股权集中度的高低直接影响公司治理结构和决策过程。当第一大股东持股比例较高时，该股东在公司决策中的影响力相应增大，可能导致公司决策更加反映大股东的利益和偏好。这种集中的决策结构可能使得公司更加重视大股东的利益保护和风险规避，从而可能对公司的研发创新投入产生负面影响。由于研发创新是企业长期发展和绩效提升的关键因素，较低的创新投入可能会进而影响企业的短期和长期绩效表现。

2. CEO 持股比例（Croc）是衡量 CEO 与公司利益一致性的关键指标。当 CEO 持有较高比例的公司股份时，其个人财富与公司绩效密切相关，这种所有权结构能够增强CEO与股东之间的利益一致性。因此，高持股比例的CEO可能会更加积极地利用其控制的资源和影响力来推动公司的创新活动，以实现公司的长期发展目标。这种CEO与公司的紧密结合有助于降低代理成本，即减少因CEO行为与股东利益不一致而产生的监督和协调成本。

3. 最终控制人产权性质（Private）在特定政治经济背景下对中国上市公司治理结构和激励机制具有显著影响。不同产权性质的公司在激励机制和治理结构上存在差异，这些差异可能在CEO薪酬水平、薪酬激励策略以及决策影响力等方面体现出来。在国有企业中，最终控制人可能更多地考虑政治因素，而在非国有企业（私企）中，经营绩效和盈利能力可能是更重要的关注点。这种产权性质的差异导致私企CEO的薪酬更直接地与企业的盈利挂钩，从而激励CEO推动创新和长期发展战略，以维持和增强企业的市场竞争力。

4. 独立董事比例（Inder）是公司治理结构中的一个重要组成部分，独立董事作为公司治理的独立监督者，其职能是提供独立于公司经营层的客观监督。独立董事通常具备专业背景和独立的判断力，有助于提升公司决策的透明度和公信力。研究表明，较高的独立董事比例能够促进更为高效和理性的决策过程，从而为企业创造更稳定和可持续的价值，增强投资者及市场对企业的信心（相关公司治理文献）。

5. 机构投资者持股比例（Instshare）在公司治理和资金运作中扮演着关键角色。较高比例的机构投资者持股通常反映出专业资金对企业的投资信心，这些投资者可能通过大量购买股票来满足企业的资金需求，特别是对创新和研发活动的资金支持。与散户投资者相比，机构投资者更偏好长期投资策略，能够为企业提供持续稳定的资金基础，这对增强企业的创新能力和提升绩效水平是有益的。机构投资者由于持股比例较大，往往拥有较大的议案权，从而在公司战略决策中发挥更为积极的作用。他们倾向于推动公司制定既合理又符合市场预期的经营战略，并通过积极的监督管理活动，促进公司管理层更有效地履行其职责，进而提升企业的绩效水平。此外，机构投资者的参与能够改善公司治理结构，提高公司透明度和绩效。

6. 公司规模（Size）是衡量企业在资源配置、市场地位和竞争能力等方面综合实力的重要指标。大规模企业通常拥有更为丰富的资源，包括资金、人才、技术以及市场渠道等，这些资源的丰富性使得大规模企业能够更加深入地开展研发、创新和生产活动，进而提升其产品或服务的质量和创新水平。规模经济效应使得大规模企业能够实现成本效益的规模化降低，从而提高经济效益。在市场竞争力方面，大规模企业往往拥有较高的市场份额和较强的市场话语权，相较于小规模企业，它们更有可能在创新领域取得领先地位。此外，大规模企业在国际市场上的竞争力更强，能够更有效地应对国际市场的复杂性和不确定性。因此，大规模企业在创新投入、经济效益、市场竞争和国际化等多个方面展现出优势，对提升企业绩效具有积极影响。相对而言，小规模企业在灵活性方面更具有优势，能够快速响应市场变化，并且往往依赖于创新来缓解其生存和发展压力。

7. 资产负债率（Lev）是衡量公司财务杠杆和长期偿债能力的关键财务指标。较高的资产负债率意味着公司面临较大的财务风险，这可能导致管理层在进行投资决策时表现出更高的风险厌恶倾向，从而可能影响到公司对创新活动的投入力度。

8. 在本研究中，为了控制宏观经济波动和行业特性对研究结果的潜在影响，特别引入了年度（Year）和行业（Industry）虚拟变量。这些虚拟变量的设置旨在捕捉不同年份和行业背景下，企业激励机制和经营状况可能呈现的差异性。年度虚拟变量能够反映时间效应，即不同年份可能由于宏观经济条件、市场环境、政策变化等因素，对企业的经营决策和绩效产生影响。而行业虚拟变量则用于区分不同行业之间的固有差异，因为不同行业的技术特性、竞争结构、盈利模式以及对创新的需求和敏感度可能截然不同。

表4-2为变量的定义。

表4-2 变量定义表

变量类型	变量名称	变量符号	变量定义说明
自变量	CEO薪酬激励动态性	CEO_Sd1	CEO薪酬对数值的3年波动率（标准差）
		CEO_Sd2	CEO薪酬对数值的3年滚动波动率-年度行业中位数（中心化）

续表

变量类型	变量名称	变量符号	变量定义说明
因变量	企业短期绩效	ROTA	资产报酬率=（利润总额+财务费用）/平均资产总额
		LROCE	长期资本收益率=（净利润+所得税费用+财务费用）/长期资本额
		OPR	上市公司营业利润率
		ROA	上市公司总资产收益率
	企业长期绩效	TQ	上市公司托宾Q值=（股权市值+净债务市值）/期末总资产
控制变量	第一大股东持股比例	Share	第一大股东持股数与公司总股数的比值
	CEO持股比例	Croc	等于CEO的持股比例
	最终控制人产权性质	Private	虚拟变量，国有企业，取值为1；否则为0
	独立董事比例	Inder	独立董事人数与董事会总人数的比值
	机构投资者持股比例	Instshare	机构投资者持股比例
	公司规模	Size	企业期末总资产自然对数
	资产负债率	Lev	期末负债/期末总资产
	所属年份	Year	年度虚拟变量
	所属行业	Industry	行业虚拟变量，根据证监会《上市公司行业分类指引》（2012年修订）将上市公司所属行业划分为15个大类（除金融行业外）
中介变量	创新投入	RD1	Ln（报告期内披露的研发支出总额）
		RD2	研发投入金额/营业收入
调节变量	CEO薪酬差距	Gap_Wb	Gap1=企业CEO薪酬绝对值/行业CEO薪酬均值（企业CEO薪酬绝对值>行业CEO薪酬均值）
			Gap2=行业CEO薪酬均值/企业CEO薪酬绝对值（企业CEO薪酬绝对值<行业CEO薪酬均值）
		Gap_Nb	Gap3=Ln（CEO薪酬绝对值）-Ln（非CEO高管薪酬均值）

三、研究模型构建

Model Ia 和 Model Ib，主要用以检验假设 H1。其中 $CID_{i,t}$ 代表 t 期 CEO 薪酬激励动态性，用以考察 t 期的 CEO 薪酬激励动态性对 $t+1$ 期短期企业绩

效 $CP_{i,t+1}$ 的影响，以及 t 期的 CEO 薪酬激励动态性对 t+2 期的长期企业绩效 $CP_{i,t+2}$ 的影响。$CP_{i,t+1}$ 分别代表上市公司 $t+1$ 期 ROTA（资产报酬率）、LROCE（长期资本收益率）、OPR（营业利润率）、ROA（总资产收益率）短期业绩指标；$CP_{i,t+2}$ 分别代表上市公司 $t+2$ 期 TQ（托宾 Q 值）长期业绩指标。

$$\text{Model Ia}: CP_{i,t+1} = \beta_0 + \beta_1 CID_{i,t} + \beta_C control\_variables_{i,t} + \varepsilon_{i,t} \quad (1)$$

$$\text{Model Ib}: CP_{i,t+2} = \beta_0 + \beta_1 CID_{i,t} + \beta_C control\_variables_{i,t} + \varepsilon_{i,t} \quad (2)$$

Model II，主要用以检验假设 H2。考察 CEO 薪酬激励动态性与创新投入的关系。其中 $ERD_{i,t}$ 代表 t 期的 RD1 和 t 期的 RD2。

$$\text{Model II}: ERD_{i,t} = \beta_0 + \beta_1 CID_{i,t} + \beta_C control\_variables_{i,t} + \varepsilon_{i,t} \quad (3)$$

Model IIIa 与 Model IIIb，主要用以检验假设 H3。考察创新投入在 CEO 薪酬激励动态性与企业绩效关系中的中介效应。

$$\text{Model IIIa}: CP_{i,t+1} = \beta_0 + \beta_1 CID_{i,t} + \beta_2 ERD_{i,t} + \beta_C control\_variables_{i,t} + \varepsilon_{i,t} \quad (4)$$

$$\text{Model IIIb}: CP_{i,t+2} = \beta_0 + \beta_1 CID_{i,t} + \beta_2 ERD_{i,t} + \beta_C control\_variables_{i,t} + \varepsilon_{i,t} \quad (5)$$

Model IVa 与 Model IVb，主要用以检验假设 H4a、H4b。考察 CEO 薪酬差距在 CEO 薪酬激励动态性与企业创新投入的关系中具有的调节效应。

$$\text{Model IVa}: ERD_{i,t} = \beta_0 + \beta_1 CID_{i,t} + \beta_2 Gap\_Wb_{i,t} + \beta_3 Gap\_Wb_{i,t} \times CID_{i,t} + \beta_C control\_variables_{i,t} + \varepsilon_{i,t} \quad (6)$$

$$\text{Model IVb}: ERD_{i,t} = \beta_0 + \beta_1 CID_{i,t} + \beta_2 Gap\_Nb_{i,t} + \beta_3 Gap\_Nb_{i,t} \times CID_{i,t} + \beta_C control\_variables_{i,t} + \varepsilon_{i,t} \quad (7)$$

第四节 实证结果及其分析

一、描述性统计

表 4-3 提供了本研究样本中各关键变量的描述性统计分析结果。根据该表，CEO 薪酬激励动态性（CEO_Sd1）的标准差为 0.312，其最大值达到 1.578，而最小值为 0，这一系列数值表明 CEO 薪酬激励动态性在样本企业中

具有较大的波动性，且呈现出显著的离散分布特征。此外，剔除了行业中位数影响后的 CEO 薪酬激励动态性（CEO_Sd2）的标准差为 0.305，最小值为 -0.243，最大值为 1.374。这一统计结果进一步揭示了，在控制行业影响因素之后，不同上市公司之间 CEO 薪酬激励动态性的水平差异依然显著，且存在明显的两极分化现象。

在盈利能力指标方面，本研究样本的资产报酬率（ROTA）呈现出一定的波动性，其中最小值为 -0.284，最大值为 0.240，标准差为 0.0690。长期资本收益率（LROCE）的最小值为 -0.459，最大值为 0.420，标准差为 0.116。这些统计数据揭示了不同上市公司之间盈利能力的显著差异，表明样本企业中存在一些盈利能力较强的企业，但整体而言，上市公司的盈利能力呈现较大的波动和差异。

营业利润率（OPR）的平均值为 0.0760，标准差为 0.215，最小值为 -1.203，最大值为 0.574。这一结果表明，在样本企业中，部分公司的营业收入并不足以覆盖其直接成本和运营费用，导致了负营业利润的现象。同时，营业利润率的波动性较大，反映了不同公司之间在营业利润率上的显著差异。

至于市场绩效的衡量指标，上市公司的托宾 Q 值（TQ）平均值为 2.096，中位数为 1.630，中位数低于均值，暗示数据分布可能呈现正偏态。托宾 Q 值的标准差为 1.443，最小值为 0.861，最大值为 9.741。这一结果表明，市场上部分公司的市场价值可能被高估，而最低值可能指向一些公司的市场价值被低估的情况。

在企业研发创新投入的度量上，本研究考察的研发投入强度（RD2）样本均值为 0.0470，中位数为 0.0360，这一结果表明我国上市企业普遍进行了一定规模的研发创新投入。同时，研发投入金额对数值（RD1）的标准差为 1.510，最大值为 21.79，最小值为 13.40；RD2 的标准差为 0.0480，最大值为 0.281，最小值为 0。这些统计数据显示我国上市企业在研发投入上存在明显的两极分化和较大的差异性。

在 CEO 薪酬差距方面，对于高于行业均值的 CEO 薪酬差距（Gap1），样本均值为 1.043，接近行业薪酬的平均水平，中位数为 1.033，标准差为 0.0360，最大值为 1.166，最小值为 1.001。而对于低于行业均值的 CEO 薪酬差距（Gap2），样本均值为 0.958，中位数为 0.967，标准差为 0.0380，最大值为 1，最小值为 0.802，同样显示薪酬水平接近行业均值。整体来看，大多数 CEO 的薪酬水平是高于行业均值的。至于企业内部薪酬差距（Gap3），标准差为 0.485，表明在企业内部，CEO 薪酬与其他高管薪酬之间的差距存在一定的离散性。该差距的最大值为 1.563，最小值为-1.698，进一步证实了企业内部 CEO 薪酬差距的显著性。

表 4-3　变量的描述性统计

变量名称	样本值	均值	中位数	标准差	最小值	最大值
CEO_Sd1	22 464	0.275	0.168	0.312	0	1.578
CEO_Sd2	22 464	0.100	0	0.305	-0.243	1.374
ROTA	22 464	0.0540	0.0540	0.0690	-0.284	0.240
LROCE	22 464	0.0910	0.0910	0.116	-0.459	0.420
OPR	22 464	0.0760	0.0820	0.215	-1.203	0.574
ROA	22 464	0.0380	0.0390	0.0710	-0.335	0.209
TQ	22 464	2.096	1.630	1.443	0.861	9.741
Share	22 464	34.52	32.24	15.03	8.630	75.05
Croc	22 464	5.997	0.0100	12.18	0	54
Private	22 464	0.623	1	0.485	0	1
Inder	22 464	37.58	36.36	5.337	33.33	57.14
Instshare	22 464	43.63	45.04	24.84	0.324	91.94
Size	22 464	22.09	21.91	1.323	19.49	26.16
Lev	22 464	0.422	0.410	0.215	0.0500	0.960
RD1	22 464	17.79	17.78	1.510	13.40	21.79
RD2	22 464	0.0470	0.0360	0.0480	0	0.281
Gap1	10 675	1.043	1.033	0.0360	1.001	1.166
Gap2	11 789	0.958	0.967	0.0380	0.802	1
Gap3	22 464	0.314	0.325	0.485	-1.698	1.563

二、相关性分析

为了确保回归分析结果的准确性，避免多重共线性问题，本研究对所有变量进行了相关性分析，以检验变量之间的相关程度。在进行相关性检验时，本研究根据 CEO 外部薪酬差距的方向，将其分为正向（Gap1）和负向（Gap2），并分别进行了相关性检验。根据表 4-4 和表 4-5 中的主要研究变量的 Pearson 相关系数，我们发现自变量 CEO 薪酬激励动态性与因变量短期绩效指标之间存在显著的负相关性。这一发现表明，较高的 CEO 薪酬激励动态性可能并不能促进短期企业绩效的提升，从而与假设 H1 的预期相反。此外，CEO 薪酬激励动态性与中介变量研发投入强度（RD2）之间的显著负相关性，也初步否定了前文的假设 H2。尽管自变量与中介变量之间的关系显著，但其方向并不一致，这暗示了研发投入可能在 CEO 薪酬激励动态性与企业绩效之间扮演着某种角色。同时，研发投入与外部薪酬差距之间呈现显著的正相关性，而与内部薪酬差距之间则呈现显著的负相关性。这些结果表明，薪酬差距可能在 CEO 薪酬差距与创新投入之间发挥着一定的调节作用。其他变量之间的相关性关系也与前文的假设相符，表明自变量与控制变量能够对因变量提供有效的解释。这些相关性分析的结果为后续的回归分析提供了基础，但最终的结论需依赖于更为严格的回归模型检验。本研究样本数据为典型的大 N 小 T 非平衡短面板数据，首先开展豪斯曼检验（Hausman 检验），其用来测试固定效应模型（Fixed Effects，FE）和随机效应模型（Random Effects，RE）之间的适用性。根据检验结果："Prob>chi2 = 0.0000"，因此拒绝原假设，本研究应使用固定效应模型（Fixed Effects，FE）。

在确保回归分析的稳健性方面，本研究实施了方差膨胀因子（Variance Inflation Factor，VIF）检验，从而评估模型中解释变量的多重共线性问题。方差膨胀因子是衡量当解释变量间存在共线性时，相较于变量间不存在共线性情形下，回归系数估计值方差的增加程度。VIF 值越大，表明共线性问题越严重，反之，VIF 值接近 1 时，表明共线性问题不显著。

表 4-4　主要研究变量 Pearson 系数表

	1	2	3	4	5	6	7	8	9	10	11	12	13	14	15	16	17	18
1. CEO_Sd1	1																	
2. CEO_Sd2	0.982***	1																
3. ROTA	−0.048***	−0.047***	1															
4. LROCE	−0.031**	−0.033***	0.932***	1														
5. OPR	−0.051***	−0.051***	0.772***	0.690***	1													
6. ROA	−0.066***	−0.062***	0.980***	0.906***	0.796***	1												
7. TQ	−0.001	0.009	0.073***	0.046***	−0.032**	0.076***	1											
8. Share	0.015**	0.008	0.147***	0.143***	0.141***	0.154***	−0.138***	1										
9. Croc	−0.125***	−0.110***	0.094***	0.071***	0.093***	0.130***	0.010*	0.039***	1									
10. Private	−0.104***	−0.080***	0.069***	0.043***	0.035**	0.088***	0.133***	−0.215***	0.362***	1								
11. Inder	0.010*	0.011	−0.026**	−0.026**	−0.019	−0.028**	0.046***	0.039***	0.100***	0.064***	1							
12. Instshare	0.085***	0.067***	0.110***	0.131***	0.085***	0.089***	−0.061***	0.498***	−0.451***	−0.458***	−0.068***	1						
13. Size	0.069***	0.049***	0.040***	0.090***	0.065***	−0.010	−0.387***	0.187***	−0.253***	−0.384***	0.004	0.422***	1					
14. Lev	0.104***	0.082***	−0.299***	−0.129***	−0.334***	−0.379***	−0.179***	0.027**	−0.237***	−0.303***	−0.001	0.192***	0.457***	1				
15. RD1	−0.006	0.005	0.080***	0.106***	0.020	0.081***	0.242***	0.015*	−0.079***	−0.096***	0.025**	0.158***	0.544***	0.165***	1			
16. RD2	−0.061***	−0.037***	−0.091***	−0.126***	−0.044***	−0.030**	0.242***	−0.177***	0.157***	0.221***	0.048***	−0.191***	−0.248***	−0.300***	0.313***	1		

表 4-5 主要研究变量 Pearson 系数表

	1	2	3	4	5	6	7	8	9	10	11	12
1.CEO_Sal1	1											
2.CEO_Sal2	0.982***	1										
3.ROTA	-0.048***	-0.047***	1									
4.LROCE	-0.031***	-0.033***	0.932***	1								
5.OPR	-0.051***	-0.051***	0.772***	0.690***	1							
6.ROA	-0.066***	-0.062***	0.980***	0.906***	0.796***	1						
7.TQ	-0.001	0.009	0.073***	0.046***	-0.032***	0.076***	1					
8.Share	0.015**	0.008	0.147***	0.143***	0.141***	0.154***	-0.138***	1				
9.Croc	-0.125***	-0.110***	0.094***	0.071***	0.093***	0.130***	0.010	0.039***	1			
10.Private	-0.104***	-0.080***	0.069***	0.043***	0.035***	0.088***	0.133***	-0.215***	0.362***	1		
11.Inder	0.010*	0.011	-0.026**	-0.025**	-0.019*	-0.028***	0.046***	0.039***	0.100***	0.064***	1	
12.Instshare	0.085***	0.067***	0.110***	0.131***	0.085***	0.089***	-0.061***	-0.498***	-0.451***	-0.458***	-0.068***	1

续表

	1	2	3	4	5	6	7	8	9	10	11	12	13	14	15	16	17	18
17.Gap1	0.163***	0.157***	0.121***	0.148***	0.067***	0.103***	0.007	-0.020*	-0.091***	0.002	-0.002	0.150***	0.290***	0.04***	0.241***	0.006	1	
18.Gap3	-0.201***	-0.196***	0.078***	0.074***	0.064***	0.079***	-0.001	-0.034***	0.016	0.121***	-0.014*	-0.009*	-0.039***	-0.044***	-0.019	-0.034***	0.364***	1

注：***、**、*分别代表1%、5%、10%的显著性水平。

续表

	1	2	3	4	5	6	7	8	9	10	11	12	13	14	15	16	17	18
13. Size	0.069***	0.049***	0.040***	0.090***	0.065***	-0.010*	-0.387***	0.187***	-0.253***	-0.384***	0.004	0.422***	1					
14. Lev	0.104***	0.082***	-0.299***	-0.129***	-0.334***	-0.379***	-0.179***	0.027***	-0.237***	-0.303***	-0.001	0.192***	0.457***	1				
15. RD1	-0.006	0.005	0.080***	0.106***	0.020***	0.081***	-0.091***	0.015***	-0.079***	-0.096***	0.025***	0.158***	0.544***	0.165***	1			
16. RD2	-0.061***	-0.037***	-0.091***	-0.126***	-0.044***	-0.030***	0.242***	-0.177***	0.157***	0.221***	0.048***	-0.191***	-0.248***	-0.300***	0.313***	1		
17. Gap1	0.350***	-0.349***	0.115***	0.093***	0.127***	0.131***	-0.086***	-0.037***	0.053***	0.013	-0.016**	0.027***	0.083***	-0.085***	0.089***	0.006*	1	
18. Gap3	-0.201***	-0.196***	0.078***	0.074***	0.064***	0.079***	-0.001	-0.034***	0.016***	0.121***	-0.014*	-0.009	-0.039***	-0.044***	-0.019***	-0.034***	0.558***	1

注：***、**、*分别代表1%、5%、10%的显著性水平。

在本研究的模型中，计算得到的方差膨胀因子（VIF）值为 1.00，这一结果表明模型中的解释变量之间不存在显著的多重共线性问题，因此，这些变量可以在同一回归模型中进行实证检验分析，而不会受到共线性问题的影响。

三、回归分析与假设检验

（一）CEO 薪酬激励动态性对企业绩效影响的回归分析

为了考虑潜在的滞后效应，本研究采用了滞后一期的 CEO 薪酬激励动态性指标与企业短期绩效指标进行回归分析（见表 4-6 和表 4-7），同时采用滞后二期的 CEO 薪酬激励动态性指标与企业长期绩效指标进行回归分析，这种方法也可以作为稳健性检验的一种手段（唐跃军等，2014）。从表 4-6 和表 4-7 可见，CEO 薪酬激励动态性（CID）与 t+1 期的短期企业绩效（CP）之间存在负相关关系，并且在 1% 的显著性水平上具有统计学意义。相对地，CID 与 t+2 期的长期企业绩效（CP）之间则呈现正相关关系，同样在 1% 的显著性水平上显著。基于这些发现，可以推断出 CEO 薪酬激励动态性（CID）的增加与短期企业绩效（CP）的降低相关，而与长期企业绩效（CP）的提升相关。

从短期角度来看，在委托代理关系中，公司 CEO 作为拥有重大经营决策权的代理人，面对薪酬激励动态性的增加时，其决策行为可能趋向于更加谨慎。这种增加的动态性可能导致 CEO 表现出短期的保守行为，从而抑制其冒险精神，并可能促使其采取风险规避策略。CEO 可能更倾向于选择那些风险较低但收益也相对较少的项目，以确保自身不会因决策失误而面临较大的风险，从而在短期内可能导致企业财务绩效指标的下降。

然而，从长期角度来看，较高的 CEO 薪酬激励动态性被认为可以促进企业绩效的提升。这种动态性的薪酬激励机制，基于关键人力资本的显著动态性特征，鼓励 CEO 专注于企业的长期发展战略，抑制其短期投机行为，并激励其在更长的时间范围内持续地为企业创造价值。这样的机制有助于缓解第一类代理问题，即管理层与股东之间的利益冲突，实现利益相关者之间的动态激励相容。

在对控制变量进行回归分析的结果中,我们可以发现几个关键点。首先,CEO持股比例的增加、第一大股东持股比例的提高以及机构投资者持股比例的上升均与企业短期绩效指标的提高显著正相关。这可能表明,当内部人(如CEO和大股东)持有较高比例的股份时,他们的利益与公司的业绩更加紧密地绑定,从而激励他们采取行动以提高公司的短期绩效。其次,独立董事比例的增加与企业长期绩效指标的提升显著正相关,这可能反映了独立董事在提供客观监督和促进公司治理透明度方面的积极作用。此外,企业规模与短期企业绩效之间存在正向影响,但与长期绩效之间则呈现负向影响,这些结果在1%的显著性水平上具有统计学意义。这表明,在短期内,企业规模的扩大可能有助于企业业务的成熟和绩效的提高,企业能够利用规模经济实现更好的业绩。然而,长期的过度扩张可能导致"规模不经济",从而损害企业的长期绩效。资产负债率与企业短期绩效和长期绩效均呈现正相关关系。这意味着,在短期内,较高的资产负债率可能会对企业的可持续发展能力产生负面影响,从而影响企业的长期成果。然而,从长期来看,适度的举债可能被视为企业活力的体现,管理层可能倾向于通过扩大债务来增加企业的生产规模和市场影响力,以此提高企业的活力和盈利能力。

表4-6 CEO薪酬激励动态性对企业绩效的影响

VARIABLES	M1 $ROTA_{t+1}$	M2 $LROCE_{t+1}$	M3 OPR_{t+1}	M4 ROA_{t+1}	M5 TQ_{t+2}
CEO_Sd1	-0.010*** (-7.15)	-0.018*** (-7.42)	-0.030*** (-7.50)	-0.017** (-2.15)	0.300*** (10.90)
Croc	0.001*** (-13.89)	0.001*** (-15.57)	0.001*** (-11.24)	0.001*** (-3.7)	-0.001 (-1.07)
Share	0.000*** (-7.86)	0.000*** (-6.94)	0.001*** (-9.8)	0 (-1.56)	-0.010*** (-17.73)
Instshare	0.000*** (-14.72)	0.001*** (-16.47)	0.000*** (-6.68)	0.000*** (-3.64)	0.012*** (28.48)
Inder	-0.000** (-2.44)	-0.000*** (-2.84)	0 (-1.30)	0 (-0.49)	0.013*** (9.94)

续表

VARIABLES	M1 ROTA$_{t+1}$	M2 LROCE$_{t+1}$	M3 OPR$_{t+1}$	M4 ROA$_{t+1}$	M5 TQ$_{t+2}$
Size	0.012*** (-31.53)	0.019*** (-28.21)	0.045*** (-40.02)	0.016*** (-7.7)	-0.503*** (-69.33)
Lev	-0.125*** (-58.94)	-0.116*** (-30.43)	-0.478*** (-75.04)	-0.211*** (-17.90)	0.286*** (7.04)
Private	0.011*** (-11.83)	0.022*** (-13.4)	0.017*** (-5.92)	0 (-0.08)	0.078*** (4.36)
Constant	-0.180*** (-19.01)	-0.314*** (-18.73)	-0.758*** (-26.60)	-0.248*** (-4.65)	12.883*** (70.87)
Observations	19 370	19 370	19 370	19 370	18 551
R-squared	0.194	0.121	0.239	0.017	0.299
Ind FE	YES	YES	YES	YES	YES
Year FE	YES	YES	YES	YES	YES
adj_R2	0.154	0.154	0.154	0.154	0.296
F	53.77	53.77	53.77	53.77	124

注：***、**、*分别代表1%、5%、10%的显著性水平。

表4-7　CEO薪酬激励动态性对企业绩效的影响

VARIABLES	M6 ROTA$_{t+1}$	M7 LROCE$_{t+1}$	M8 OPR$_{t+1}$	M9 ROA$_{t+1}$	M10 TQ$_{t+2}$
CEO_Sd2	-0.007*** (-4.48)	-0.012*** (-4.61)	-0.020*** (-4.49)	-0.013 (-1.51)	0.181*** (5.83)
Croc	0.001*** (14.07)	0.001*** (16.10)	0.001*** (10.88)	0.001*** (3.69)	-0.001 (-0.81)
Share	0.000*** (8.06)	0.000*** (6.64)	0.001*** (10.72)	0.000* (1.87)	-0.012*** (-21.05)
Instshare	0.000*** (15.98)	0.001*** (17.52)	0.000*** (6.98)	0.000*** (3.65)	0.012*** (28.87)
Inder	-0.000*** (-3.64)	-0.000*** (-3.50)	-0.000** (-2.13)	-0.000 (-0.61)	0.016*** (11.79)
Size	0.012*** (32.22)	0.018*** (27.43)	0.046*** (41.42)	0.015*** (7.69)	-0.497*** (-70.02)

续表

VARIABLES	M6 $ROTA_{t+1}$	M7 $LROCE_{t+1}$	M8 OPR_{t+1}	M9 ROA_{t+1}	M10 TQ_{t+2}
Lev	-0.125*** (-61.47)	-0.108*** (-29.83)	-0.459*** (-74.64)	-0.201*** (-18.08)	0.027 (0.70)
Private	0.012*** (13.23)	0.026*** (16.42)	0.011*** (3.95)	0.004 (0.76)	0.069*** (3.93)
Constant	-0.157*** (-19.77)	-0.261*** (-18.60)	-0.744*** (-30.91)	-0.224*** (-5.10)	12.404*** (80.25)
Observations	19 370	19 370	19 370	19 370	18 551
R-squared	0.170	0.096	0.200	0.015	0.254
Ind FE	YES	YES	YES	YES	YES
Year FE	YES	YES	YES	YES	YES
adj_R2	0.134	0.134	0.134	0.134	0.135
F	236	236	236	236	236.6

注：***、**、*分别代表1%、5%、10%的显著性水平。

（二）CEO薪酬激励动态性对企业创新投入影响的回归分析

在对假设H2进行实证分析的过程中，本研究考察了CEO薪酬激励动态性对企业创新投入的影响（见表4-8）。从表4-8可见，CEO薪酬激励动态性（CID）与企业研发创新投入（ERD）之间存在显著的负相关关系。具体而言，模型M11至M14的回归结果均未能支持假设H2，即CEO薪酬激励动态性（CID）的增强与企业研发投入的绝对值（RD1）和研发投入强度（RD2）的减少相关联。

CEO薪酬激励的动态性增强，意味着CEO对风险的感知程度提升，从而导致其决策行为趋向谨慎。在这种动态薪酬激励机制下，CEO可能更不愿意采取积极的创新战略。创新活动通常需要大量且持续的资金投入，加之研发成果的不确定性和风险性较高，以及会计处理中研发投入的费用化，这可能导致CEO出于改善企业短期利润业绩的动机，削减创新投入，进行盈余管理，从而引发短视问题，对企业绩效产生负面影响（Bushe，1998）。此外，短期盈余和股价业绩对CEO的奖励结构和职位稳定性产生影响，加之创新项目本身的高度信息不对称性和收益不确定性（Kothari et al.，2002），CEO可能为了保持自己可预见且稳定的薪酬收入，避免薪酬波动，而倾向于做出保守的创新战略决策，以维护现有的收入水平。薪酬激励的波动性加剧了 CEO 的风险规避心理，促使其减少对高风险、高收益创新活动的投入，降低了其作出有利于公司长期发展的决策的意愿。

在对控制变量进行回归分析的过程中，本研究揭示了若干与企业创新投入（ERD）相关的因素。首先，CEO 持股比例的增加与机构持股比例的提高均与企业创新投入的增加显著正相关，这可能反映了当内部人（如 CEO）和机构投资者在公司中持有较大股权时，他们更有动机推动企业进行创新活动，以实现长期的企业价值增长。

其次，第一大股东持股比例的增加却与企业创新投入的减少相关联，这可能指向了大股东在决策过程中可能存在的保守倾向，或者是由于大股东对短期业绩的关注超过了对创新的长期投资。独立董事比例的提高与企业创新投入绝对值（RD1）的减少和创新投入强度（RD2）的降低显著相关，这可能表明独立董事在董事会中的影响力有助于减少不必要的研发支出，或者反映了独立董事对于创新投资风险的审慎态度。

再次，企业规模（Size）与创新投入绝对值（RD1）在 1% 的显著性水平上呈正相关，而与创新投入强度（RD2）呈负相关。这一结果表明，规模较大的上市公司通常拥有更强的资金能力来支持研发创新活动，但随着企业规模的扩大，可能会面临资源分配的有限性和对创新风险的保守态度，同时大型企业由于在市场上的竞争压力相对较小，可能缺乏持续创新的迫切性。相比之下，中小型企业可能更加依赖于创新来维持其生存和发展。

最后，资产负债率与企业创新投入（ERD）之间存在显著的负相关关系，这可能意味着高负债水平限制了企业的创新能力，因为债务融资可能会限制企业对长期和高风险项目的投资。

表 4-8 CEO 薪酬激励动态性对企业创新投入的影响

VARIABLES	M11 RD1	M12 RD2	M13 RD1	M14 RD2
CEO_Sd1	−0.055** (−2.26)	−0.002* (−1.77)		
CEO_Sd2			−0.056** (−2.29)	−0.002* (−1.73)
Croc	0.007*** (8.94)	0.000*** (11.40)	0.007*** (8.94)	0.000*** (11.41)
Share	−0.001 (−1.22)	−0.000*** (−8.99)	−0.001 (−1.21)	−0.000*** (−8.98)
Instshare	0.002*** (4.70)	0.000*** (4.47)	0.002*** (4.70)	0.000*** (4.47)
Inder	−0.003** (−2.40)	0.000*** (5.15)	−0.003** (−2.40)	0.000*** (5.15)
Size	0.894*** (112.37)	−0.002*** (−6.27)	0.894*** (112.37)	−0.002*** (−6.27)
Lev	−0.791*** (−18.06)	−0.038*** (−23.64)	−0.790*** (−18.05)	−0.038*** (−23.64)
Private	0.069*** (3.74)	0.003*** (4.88)	0.069*** (3.74)	0.003*** (4.89)
Constant	−2.792*** (−14.09)	0.068*** (9.45)	−2.807*** (−14.18)	0.068*** (9.40)
Observations	19 370	19 370	19 370	19 370
R-squared	0.579	0.411	0.579	0.411
Ind FE	YES	YES	YES	YES
Year FE	YES	YES	YES	YES
adj_R2	0.409	0.409	0.408	0.408
F	138.9	138.9	138.9	138.9

注：***、**、*分别代表1%、5%、10%的显著性水平。

（三）企业创新投入中介效应的回归分析

通过回顾本研究的回归分析结果，我们发现CEO薪酬激励动态性（CID）的增强与CEO在研发创新投入上的保守态度相关联，这在短期内可能导致企业绩效的下降。然而，从长期角度来看，CEO 薪酬激励的动态性被认为能够促进企业绩效的提升。这种动态性的薪酬激励机制，以其灵活性和适应性，能够更真实地反映 CEO 的教育背景和经营能力，从而实现对 CEO 的动态激励。为了进一步探究创新投入在 CEO 薪酬激励动态性与企业绩效之间的中介作用，本研究采用了温忠麟等（2004）提出的三步中介效应检验方法。在这一框架下，创新投入（RD1、RD2）被视为中介变量，CEO 薪酬激励动态性（CEO_Sd1、CEO_Sd2）作为自变量，而短期企业绩效（ROTA、LROCE、OPR、ROA）和长期企业绩效（TQ）作为因变量。通过多元分层线性回归分析，本研究对假设 H3 进行了检验，相关结果分别展示在表 4-9、表 4-10、表 4-11 与表 4-12 中。

在本研究的中介效应分析框架中，首先在步骤 1 中检验了 CEO 薪酬激励动态性对企业绩效的直接影响。随后，在步骤 2 中，进一步考察了 CEO 薪酬激励动态性对企业研发创新投入（ERD）的影响。这两个步骤为理解 CEO 薪酬激励与企业绩效之间的关系提供了基础。步骤 3 引入了创新投入作为潜在的中介变量，旨在深入探究创新投入在 CEO 薪酬激励动态性与企业绩效关系中的中介作用。这一步骤基于已有的中介效应检验理论，如温忠麟等（2004）提出的检验方法，通过将创新投入纳入模型，来验证其是否在 CEO 薪酬激励动态性影响企业绩效的过程中起到了中介作用。

根据前文对假设 H1 和假设 H2 的回归分析结果（见表 4-6、表 4-7 和表 4-8），以及中介效应检验的标准程序，我们可以观察到在检验 t 期的自变量——CEO 薪酬激励动态性（CEO_Sd2）与 t+1 期的企业绩效（ROA）之间的相关性时，相关系数 c 未能通过显著性检验，表明步骤 1 的检验条件不满足，因此该模型的中介效应检验在此终止。对于其他模型，如果相关系数 c 显著，则可以继续执行中介效应的检验程序。

在步骤 2 的分析中，从表 4-8 可见，CEO 薪酬激励动态性与企业创新投入之间存在显著的负相关关系。这一发现表明，当 CEO 薪酬与其业绩的动态关联性增强时，企业在研发创新上的投入反而减少，因此本研究认为 CEO 薪酬激励动态性对创新投入影响的回归系数 a 具有统计学上的显著性。

在步骤 3 的分析中，从表 4-9、表 4-10、表 4-11 和表 4-12 可见，创新投入与企业短期绩效之间呈现显著的负相关性,而与企业长期绩效之间则呈现显著的正相关性,这些相关性在1%的显著性水平上均具有统计学意义。这一结果意味着,在回归模型中引入创新投入作为中介变量后,创新投入在CEO薪酬激励动态性与企业绩效之间的关系中起到了中介作用。同时,CEO薪酬激励动态性对企业绩效的影响依然显著,这表明创新投入在这一过程中发挥了部分中介效应,从而支持了假设H3的成立。

表4-9 企业创新投入中介效应检验结果

VARIABLES	M15 $ROTA_{t+1}$	M16 $LROCE_{t+1}$	M17 OPR_{t+1}	M18 ROA_{t+1}	M19 TQ_{t+2}
CEO_Sd1	-0.009*** (-6.67)	-0.016*** (-6.72)	-0.029*** (-7.13)	-0.015* (-1.94)	0.258*** (9.53)
RD1	-0.001*** (-9.22)	-0.001*** (-14.07)	-0.001*** (-7.03)	-0.001*** (-3.46)	6.854*** (32.36)
Croc	0.000*** (13.50)	0.001*** (14.99)	0.001*** (10.93)	0.001*** (3.48)	0.000 (0.03)
Share	0.000*** (7.87)	0.000*** (6.96)	0.001*** (9.82)	0.000 (1.53)	-0.010*** (-16.79)
Instshare	0.000*** (14.01)	0.001*** (15.42)	0.000*** (6.14)	0.000*** (3.30)	0.013*** (31.36)
Inder	-0.000** (-2.46)	-0.000*** (-2.86)	-0.000 (-1.31)	-0.000 (-0.48)	0.012*** (9.12)
Size	0.013*** (32.89)	0.021*** (30.96)	0.048*** (40.50)	0.018*** (8.37)	-0.520*** (-72.84)
Lev	-0.126*** (-59.32)	-0.117*** (-30.96)	-0.480*** (-75.31)	-0.214*** (-18.08)	0.392*** (9.79)
Private	0.011*** (12.10)	0.023*** (13.85)	0.017*** (6.12)	0.001 (0.15)	0.067*** (3.81)
Constant	-0.197*** (-20.42)	-0.357*** (-21.04)	-0.796*** (-27.46)	-0.286*** (-5.26)	13.170*** (73.66)
Observations	19 370	19 370	19 370	19 370	18 551
R-squared	0.196	0.127	0.240	0.018	0.323
Ind FE	YES	YES	YES	YES	YES

续表

VARIABLES	M15 ROTA$_{t+1}$	M16 LROCE$_{t+1}$	M17 OPR$_{t+1}$	M18 ROA$_{t+1}$	M19 TQ$_{t+2}$
Year FE	YES	YES	YES	YES	YES
adj_R2	0.157	0.157	0.157	0.157	0.158
F	54.71	54.71	54.71	54.71	54.79

注：***、**、*分别代表1%、5%、10%的显著性水平。

表4-10　企业创新投入中介效应检验结果

VARIABLES	M20 ROTA$_{t+1}$	M21 LROCE$_{t+1}$	M22 OPR$_{t+1}$	M23 ROA$_{t+1}$	M24 TQ$_{t+2}$
CEO_Sd1	-0.009*** (-6.85)	-0.017*** (-7.07)	-0.029*** (-7.29)	-0.016** (-2.04)	0.258*** (9.53)
RD2	-0.160*** (-14.91)	-0.327*** (-17.32)	-0.317*** (-9.81)	-0.262*** (-4.30)	6.854*** (32.36)
Croc	0.001*** (14.18)	0.001*** (15.92)	0.001*** (11.41)	0.001*** (3.71)	0.000 (0.03)
Share	0.000*** (7.18)	0.000*** (6.15)	0.001*** (9.35)	0.000 (1.34)	-0.010*** (-16.79)
Instshare	0.000*** (14.28)	0.001*** (15.97)	0.000*** (6.37)	0.000*** (3.44)	0.013*** (31.36)
Inder	-0.000** (-1.98)	-0.000** (-2.31)	-0.000 (-0.99)	-0.000 (-0.35)	0.012*** (9.12)
Size	0.012*** (32.20)	0.019*** (28.99)	0.046*** (40.43)	0.017*** (7.94)	-0.520*** (-72.84)
Lev	-0.129*** (-60.53)	-0.123*** (-32.43)	-0.486*** (-75.80)	-0.218*** (-18.32)	0.392*** (9.79)
Private	0.012*** (12.37)	0.023*** (14.05)	0.018*** (6.25)	0.001 (0.20)	0.067*** (3.81)
Constant	-0.183*** (-19.34)	-0.319*** (-19.13)	-0.763*** (-26.81)	-0.255*** (-4.79)	13.170*** (73.66)
Observations	19 370	19 370	19 370	19 370	18 551
R-squared	0.200	0.130	0.241	0.018	0.323
Ind FE	YES	YES	YES	YES	YES

续表

VARIABLES	M20	M21	M22	M23	M24
	ROTA$_{t+1}$	LROCE$_{t+1}$	OPR$_{t+1}$	ROA$_{t+1}$	TQ$_{t+2}$
Year FE	YES	YES	YES	YES	YES
adj_R2	0.159	0.159	0.159	0.159	0.158
F	55.20	55.20	55.20	55.20	54.79

注：***、**、*分别代表1%、5%、10%的显著性水平。

表 4-11　企业创新投入中介效应检验结果

VARIABLES	M25	M26	M27	M28
	ROTA$_{t+1}$	LROCE$_{t+1}$	OPR$_{t+1}$	TQ$_{t+2}$
CEO_Sd2	-0.007***	-0.011***	-0.020***	0.147***
	(-4.56)	(-4.48)	(-4.67)	(4.96)
RD1	-0.001***	-0.001***	-0.001***	6.946***
	(-9.53)	(-14.39)	(-7.36)	(32.80)
Croc	0.001***	0.001***	0.001***	-0.000
	(13.91)	(15.41)	(11.37)	(-0.59)
Share	0.000***	0.000***	0.001***	-0.010***
	(8.03)	(7.11)	(9.98)	(-17.09)
Instshare	0.000***	0.001***	0.000***	0.013***
	(14.17)	(15.59)	(6.31)	(31.11)
Inder	-0.000**	-0.000***	-0.000	0.012***
	(-2.52)	(-2.92)	(-1.38)	(9.22)
Size	0.013***	0.021***	0.047***	-0.517***
	(32.72)	(30.79)	(40.31)	(-72.40)
Lev	-0.126***	-0.118***	-0.482***	0.408***
	(-59.66)	(-31.26)	(-75.69)	(10.20)
Private	0.012***	0.023***	0.018***	0.059***
	(12.36)	(14.12)	(6.39)	(3.32)
Constant	-0.196***	-0.356***	-0.793***	13.116***
	(-20.32)	(-20.94)	(-27.35)	(73.32)
Observations	19 370	19 370	19 370	18 551
R-squared	0.195	0.126	0.239	0.322
Ind FE	YES	YES	YES	YES

续表

VARIABLES	M25	M26	M27	M28
	ROTA$_{t+1}$	LROCE$_{t+1}$	OPR$_{t+1}$	TQ$_{t+2}$
Year FE	YES	YES	YES	YES
adj_R2	0.157	0.157	0.157	0.156
F	54.42	54.42	54.42	54.23

注：***、**、*分别代表1%、5%、10%的显著性水平。

表4-12 企业创新投入中介效应检验结果

VARIABLES	M29	M30	M31	M32
	ROTA$_{t+1}$	LROCE$_{t+1}$	OPR$_{t+1}$	TQ$_{t+2}$
CEO_Sd2	−0.007*** (−4.73)	−0.012*** (−4.70)	−0.021*** (−4.79)	0.147*** (4.96)
RD2	−0.162*** (−15.08)	−0.330*** (−17.50)	−0.323*** (−10.00)	6.946*** (32.80)
Croc	0.001*** (14.62)	0.001*** (16.39)	0.001*** (11.88)	−0.000 (−0.59)
Share	0.000*** (7.33)	0.000*** (6.30)	0.001*** (9.51)	−0.010*** (−17.09)
Instshare	0.000*** (14.47)	0.001*** (16.17)	0.000*** (6.56)	0.013*** (31.11)
Inder	−0.000** (−2.03)	−0.000** (−2.37)	−0.000 (−1.06)	0.012*** (9.22)
Size	0.012*** (31.95)	0.019*** (28.74)	0.046*** (40.16)	−0.517*** (−72.40)
Lev	−0.130*** (−60.89)	−0.125*** (−32.76)	−0.488*** (−76.20)	0.408*** (10.20)
Private	0.012*** (12.62)	0.023*** (14.33)	0.018*** (6.53)	0.059*** (3.32)
Constant	−0.181*** (−19.18)	−0.316*** (−18.96)	−0.758*** (−26.63)	13.116*** (73.32)
Observations	19 370	19 370	19 370	18 551
R-squared	0.199	0.129	0.240	0.322
Ind FE	YES	YES	YES	YES

续表

VARIABLES	M29	M30	M31	M32
	$ROTA_{t+1}$	$LROCE_{t+1}$	OPR_{t+1}	TQ_{t+2}
Year FE	YES	YES	YES	YES
adj_R2	0.158	0.158	0.158	0.156
F	54.88	54.88	54.88	54.23

注：***、**、*分别代表1%、5%、10%的显著性水平。

（四）CEO薪酬差距调节作用的回归分析

委托代理理论传统上假设高管薪酬契约是基于一种静态的显性合同，其中CEO的薪酬在每个时期都被设定为一个平衡状态。然而，劳动经济学的研究表明，企业内部员工，尤其是高层管理人员，能够通过技能和经验的提升来影响其薪酬的动态变化。基于关键人力资本的动态性而设计的动态薪酬激励机制，能够迅速调整薪酬至目标水平，主动纠正最初由于信息不对称而设定的薪酬与绩效之间的偏差，从而实现动态激励相容。CEO薪酬差距，作为激励CEO的手段之一，被认为可以有效缓解企业的委托代理问题，降低代理成本，并抑制CEO的逆向选择行为，形成对CEO有利的激励效果。CEO薪酬差距不仅仅是一个财富再分配的问题，它还涉及CEO的心理认知层面，进而可能影响其在企业创新活动中的决策过程。这一观点得到了多项研究的支持，包括Jensen et al.（1990）、Tosi et al.（1989）、Conyon et al.（2000）、Bebchuk et al.（2009）以及牛建波等（2019）的研究。

本研究采用分层回归分析方法来检验CEO薪酬差距对于CEO薪酬激励动态性与企业创新投入之间关系的调节效应。在分析过程中，首先将控制变量纳入回归模型中，以控制其他可能影响因变量的因素。其次，引入CEO薪酬激励动态性的主要解释变量（CEO_Sd1、CEO_Sd2），以评估其对企业创新投入的直接影响。最后，通过加入CEO薪酬激励动态性与CEO薪酬差距的交互项，来探究薪酬差距是否对CEO薪酬激励动态性与创新投入之间的关系产生显著的调节作用。

本研究旨在探讨CEO薪酬激励动态性与企业创新投入之间的关系，并考察CEO薪酬差距在这一关系中的潜在调节作用。为此，本研究以CEO薪酬激励动态性（通过 CEO_Sd1 和 CEO_Sd2 指标衡量）作为自变量，企业创新投入（通过 RD1 和 RD2 指标衡量）作为因变量，同时引入 CEO 外部薪酬差距（Gap1 和 Gap2）及 CEO 内部薪酬差距（Gap3）作为调节变量，对假设 H4 进行实证检验（见表 4-13、表 4-14 和表 4-15）。为了验证 CEO 薪酬差距是否对 CEO 薪酬激励动态性与企业创新投入之间的关系具有调节作用，本研究在已有的回归模型基础上进一步纳入了调节变量及交互项（即调节变量与自变量的乘积项）。通过这种模型设定，我们可以评估 CEO 薪酬差距如何影响 CEO 薪酬激励动态性对企业创新投入的作用强度及其方向。

在引入交互项（CEO_Sd1 * Gap1、CEO_Sd2 * Gap1、CEO_Sd1 * Gap2、CEO_Sd2 * Gap2、CEO_Sd1 * Gap3、CEO_Sd2 * Gap3）之前，本研究首先对 CEO 薪酬激励动态性变量和 CEO 薪酬差距变量分别做中心化变换（即变量减去其均值），避免出现多重共线性问题。

从表 4-13 可见，当调节变量为 Gap1（即 CEO 薪酬高于行业均值）时，模型 M38 和 M40 的交互项系数（CEO_Sd1 * Gap1、CEO_Sd2 * Gap1）均为 -0.005，并且在 1% 的显著性水平上显著。相比之下，模型 M34 和 M36 中的交互项系数（CEO_Sd1 * Gap1、CEO_Sd2 * Gap1）则没有统计学上的显著性。这一发现表明，当因变量为企业创新投入强度（RD2）时，CEO 薪酬高于行业均值的情况增强了 CEO 薪酬激励动态性与企业创新投入强度之间的负相关关系，从而支持了假设 H4a。

正向的 CEO 外部薪酬差距（Gap1）的增加意味着本公司 CEO 的薪酬水平在行业内具有优势，这可能被视为一种对未来稳定收益的预期，从而激励 CEO 推动企业进行长期的研发创新活动。然而，当 CEO 薪酬的动态性与短期绩效挂钩时，过高的薪酬动态性可能导致 CEO 感到其既得利益受到威胁，尤其是考虑到研发投入可能对短期业绩产生的负面影响。在这种情况下，高薪酬动态性的 CEO 可能更倾向于关注短期利益，而不是投资于具有较高风险的长期创新项目。

因此，当 CEO 处于高薪酬水平且薪酬动态性较高时，他们可能会更加谨慎，不愿意在创新方面承担额外风险，以免影响自己的薪酬利益。这种保守的态度在存在较大的正向 CEO 外部薪酬差距时变得更加显著，导致高薪 CEO

在创新决策上采取更加保守的策略。

从表4-14可见，当调节变量为Gap2（即CEO薪酬低于行业均值）时，模型M46和M48中的交互项系数（CEO_Sd1*Gap2、CEO_Sd2*Gap2）均显著为0.005，且在1%的显著性水平上显著。相反，模型M42和M44中的交互项系数（CEO_Sd1*Gap2、CEO_Sd2*Gap2）则未显示出统计学上的显著性。这一结果表明，当因变量为企业创新投入强度（RD2）时，CEO薪酬低于行业均值的情况反转了CEO薪酬激励动态性与企业创新投入之间的负相关关系，从而支持了假设H4a。

负向的CEO外部薪酬差距（Gap2）的增加意味着公司CEO的薪酬相对于同行业其他CEO的薪酬而言较低，这可能导致激励不足，使得CEO感受到提升个人薪酬的压力。尽管存在提升薪酬的空间，但短期内可能难以实现，因为薪酬的调整通常需要经过董事会的决策过程。这种激励不足的状况可能激发CEO通过增加创新投入来提高企业的长期绩效，以此来补偿其薪酬的不足（黄辉，2012；黎文靖等，2014）。

在CEO薪酬动态性较高的情况下，这种动态性为CEO提供了未来薪酬增长的机会，从而增强了CEO与企业共享研发创新成果的动机。因此，在这种动态激励机制的作用下，CEO更倾向于推动企业的创新投入。总体而言，外部薪酬差距的存在，特别是其负向效应，能够在一定程度上抵消CEO薪酬激励动态性对企业创新投入的潜在负面影响。通过精心设计的激励机制，可以减轻因短期绩效指标导向而可能减少的创新投入效应。

总体而言，本研究的发现揭示了CEO外部薪酬差距在调节CEO薪酬激励动态性与企业创新投入关系中的显著作用。在存在显著外部薪酬差距的情况下，高薪CEO可能倾向于采取更为保守的策略，优先考虑短期绩效指标，以维护其薪酬水平。相对地，薪酬相对较低的CEO可能会采取更为积极的策略，通过增加创新投入来追求公司的长期发展，并期望以此提升个人的薪酬水平。这一结果强调了企业在设计CEO薪酬制度时，需综合考虑薪酬结构对创新激励的潜在影响。企业应寻求在激励高管追求短期业绩与鼓励其进行长期创新投资之间找到平衡点，以激发高管的长期创新动力。通过合理的薪酬设计，企业可以有效地引导CEO的行为，促进企业的持续创新和长期发展。

表4-13 CEO薪酬差距（外部）调节效应检验结果

VARIABLES	M33 RD1	M34 RD1	M35 RD1	M36 RD1	M37 RD2	M38 RD2	M39 RD2	M40 RD2
CEO_Sd1	-0.067*** (-2.78)	-0.067*** (-2.77)			-0.002* (-1.88)	-0.002* (-1.94)		
CEO_Sd2			-0.069*** (-2.83)	-0.069*** (-2.82)			-0.002* (-1.85)	-0.002* (-1.89)
Gap1	0.242*** (-16.79)	0.242*** (-16.79)	0.242*** (-16.79)	0.242*** (-16.79)	0.002*** (-3.96)	0.002*** (-3.92)	0.002*** (-3.96)	0.002*** (-3.97)
CEO_Sd1 * Gap1		-0.019 (-0.41)						
CEO_Sd2 * Gap1				-0.039 (-0.84)		-0.005*** (-3.08)		-0.005*** (-3.03)
Croc	0.006*** (-8.58)	0.000*** (-11.31)	0.006*** (-8.58)	0.006*** (-8.58)	0.000*** (-11.3)	0.000*** (-11.31)	0.000*** (-11.31)	0.000*** (-11.31)
Share	0 (-0.02)	-0.000*** (-8.68)	0 (-0.02)	0 (-0.02)	-0.000*** (-8.68)	-0.000*** (-8.68)	-0.000*** (-8.68)	-0.000*** (-8.67)
Instshare	0.001*** (-3.22)	0.000*** (-4.01)	0.001*** (-3.22)	0.001*** (-3.24)	0.000*** (-4.1)	0.000*** (-4.01)	0.000*** (-4.1)	0.000*** (-4.02)
Inder	-0.003** (-2.20)	0.000*** (-5.18)	-0.003** (-2.20)	-0.003** (-2.20)	0.000*** (-5.2)	0.000*** (-5.18)	0.000*** (-5.2)	0.000*** (-5.18)

续表

VARIABLES	M33 RD1	M34 RD1	M35 RD1	M36 RD1	M37 RD2	M38 RD2	M39 RD2	M40 RD2
Size	0.854*** (−103.52)	−0.002*** (−7.19)	0.854*** (−103.53)	0.854*** (−103.53)	−0.002*** (−7.15)	−0.002*** (−7.19)	−0.002*** (−7.14)	−0.002*** (−7.19)
Lev	−0.716*** (−16.39)	−0.037*** (−23.11)	−0.716*** (−16.38)	−0.716*** (−16.39)	−0.037*** (−23.13)	−0.037*** (−23.11)	−0.037*** (−23.13)	−0.037*** (−23.11)
Private	0.051*** (−2.8)	0.003*** (−4.81)	0.051*** (−2.8)	0.051*** (−2.75)	0.003*** (−4.65)	0.003*** (−4.81)	0.003*** (−4.65)	0.003*** (−4.65)
Constant	−2.106*** (−10.48)	0.075*** (−10.11)	−2.124*** (−10.58)	−2.127*** (−10.59)	0.074*** (−10.06)	0.075*** (−10.11)	0.074*** (−10.01)	0.074*** (−10.05)
Observations	10 675	10 675	10 675	10 675	10 675	10 675	10 675	10 675
R-squared	0.585	0.412	0.585	0.585	0.412	0.412	0.412	0.412
Ind FE	YES	YES	YES	YES	YES	YES	YES	YES
Year FE	YES	YES	YES	YES	YES	YES	YES	YES
adj_R2	0.583	0.409	0.583	0.409	0.409	0.409	0.409	0.409
F	277.6	136.5	277.6	274.8	137.75	136.5	137.8	136.5

注：***、**、*分别代表1%、5%、10%的显著性水平。

表 4-14 CEO 薪酬差距（外部）调节效应检验结果

VARIABLES	M41 RD1	M42 RD1	M43 RD1	M44 RD1	M45 RD2	M46 RD2	M47 RD2	M48 RD2
CEO_Sd1	-0.071*** (-2.92)	-0.070*** (-2.88)			-0.002* (-1.92)	-0.002** (-2.04)		-0.002** (-2.00)
CEO_Sd2			-0.073*** (-2.98)	-0.071*** (-2.91)			-0.002* (-1.89)	
Gap2	-0.250*** (-16.01)	-0.251*** (-16.04)	-0.250*** (-16.01)	-0.251*** (-16.06)	-0.002*** (-3.87)	-0.002*** (-3.72)	-0.002*** (-3.87)	-0.002*** (-3.76)
CEO_Sd1 * Gap2		0.052 (-1.01)				0.005*** (-2.69)		0.005*** (-2.67)
CEO_Sd2 * Gap2				0.077 (-1.45)				
Croc	0.006*** (-8.6)	0.006*** (-8.59)	0.006*** (-8.6)	0.006*** (-8.59)	0.000*** (-11.31)	0.000*** (-11.32)	0.000*** (-11.31)	0.000*** (-11.32)
Share	0 (-0.13)	0 (-0.13)	0 (-0.12)	0 (-0.12)	-0.000*** (-8.70)	-0.000*** (-8.71)	-0.000*** (-8.70)	-0.000*** (-8.70)
Instshare	0.001*** (-3.35)	0.002*** (-3.37)	0.001*** (-3.34)	0.002*** (-3.38)	0.000*** (-4.12)	0.000*** (-4.05)	0.000*** (-4.12)	0.000*** (-4.06)
Inder	-0.003** (-2.23)	-0.003** (-2.22)	-0.003** (-2.23)	-0.003** (-2.22)	0.000*** (-5.2)	0.000*** (-5.19)	0.000*** (-5.19)	0.000*** (-5.19)

续表

VARIABLES	M41	M42	M43	M44	M45	M46	M47	M48
	RD1	RD1	RD1	RD1	RD2	RD2	RD2	RD2
Size	0.857***	0.857***	0.857***	0.857***	-0.002***	-0.002***	-0.002***	-0.002***
	(-104.29)	(-104.29)	(-104.29)	(-104.3)	(-7.10)	(-7.11)	(-7.09)	(-7.09)
Lev	-0.722***	-0.722***	-0.722***	-0.722***	-0.037***	-0.037***	-0.037***	-0.037***
	(-16.52)	(-16.53)	(-16.52)	(-16.52)	(-23.16)	(-23.16)	(-23.16)	(-23.16)
Private	0.053***	0.052***	0.053***	0.052***	0.003***	0.003***	0.003***	0.003***
	(-2.91)	(-2.85)	(-2.91)	(-2.83)	(-4.67)	(-4.81)	(-4.67)	(-4.81)
Constant	-1.931***	-1.932***	-1.950***	-1.952***	0.076***	0.076***	0.075***	0.076***
	(-9.46)	(-9.47)	(-9.57)	(-9.58)	(-10.14)	(-10.16)	(-10.09)	(-10.11)
Observations	10 790	10 790	10 790	10 790	10 790	10 790	10 790	10 790
R-squared	0.585	0.585	0.585	0.585	0.412	0.412	0.412	0.412
Ind FE	YES	YES	YES	YES	YES	YES	YES	YES
Year FE	YES	YES	YES	YES	YES	YES	YES	YES
adj_R2	0.409	0.409	0.409	0.409	0.409	0.409	0.409	0.409
F	276.97	274.18	276.98	274.22	137.74	136.5	137.74	136.5

注：***、**、*分别代表1%、5%、10%的显著性水平。

值得注意的是，在考察调节效应时，当因变量分别为研发费用金额的对数值（RD1）和研发投入与营业收入之比（RD2）时，所得结论并不一致。具体而言，仅当因变量为 RD2 时，交互项系数才表现出显著性。这种差异可能源于 RD1 和 RD2 各自反映了创新投入的不同方面：RD1 侧重于研发支出的绝对数值，而 RD2 则更侧重于研发活动的效率和资源分配情况。这一发现可能意味着 CEO 薪酬激励动态性在影响研发资源的有效配置和资金使用效率方面，发挥着更为显著的积极作用。在实际的研发活动投入决策中，CEO 薪酬激励动态性可能在考虑资源利用效率和资金分配的优化时，起到了更加关键的作用。

从表 4-15 可见，当调节变量为 CEO 内部薪酬差距（Gap3）时，模型 M50 和 M52 中的交互项系数（CEO_Sd1*Gap3、CEO_Sd2*Gap3）分别为 0.119 和 0.118，这两个系数在 1% 的显著性水平上显著。然而，在模型 M54 和 M56 中，交互项系数（CEO_Sd1*Gap3、CEO_Sd2*Gap3）并未显示出统计学上的显著性。这一发现表明，当因变量为企业创新投入的对数值（RD1）时，CEO 内部薪酬差距的存在弱化了 CEO 薪酬激励动态性与企业创新投入之间的负相关关系，从而导致假设 H4b 未能得到支持。这一结果可能意味着，在考虑企业内部薪酬差距时，CEO 薪酬激励动态性对企业研发资源的实际投入（以对数值表示）的影响并不如预期那样显著。CEO 内部薪酬差距可能通过影响 CEO 对创新投资的决策偏好，从而在一定程度上改变了薪酬激励动态性与创新投入之间的关系。

在现代企业管理实践中，CEO 薪酬结构通常与其对公司长期绩效和创新活动的推动作用密切相关。CEO 薪酬的设计旨在激励 CEO 推进公司的总体战略规划，并实现长期的增长目标。相比之下，非 CEO 高管的薪酬激励则更多地与短期绩效挂钩，这反映了他们在公司日常运营和财务管理中的主要职责。CEO 薪酬制度的设计反映了其在公司中承担的较高风险和面临的较大不确定性。由于 CEO 的战略决策对公司未来的发展具有深远的影响，因此其薪酬结构往往更强调长期成长和创新的激励。这种薪酬安排的目的在于鼓励 CEO 不仅维持公司的现有运营，而且积极推动公司的创新活动，以实现持续的竞争优势和市场地位的提升。现有研究表明，高管薪酬与公司绩效之间存在密切的联系，且薪酬结构的设计对于激发高管的工作动力和创新精神至关重要。因此，企业在设计CEO薪酬制度时，应充分考虑如何通过薪酬激励机制来促进高管的长期承诺和创新行为，以实现公司的长期稳定发展和市场竞争力的提升。

据此，CEO内部薪酬差距（Gap3）反映了公司内部薪酬激励的层级分布，较大的内部薪酬差距被认为可以激励CEO承担更高的风险（谢乔昕等，2023），从而推动企业创新活动（Goel et al.，2008）。当内部薪酬差距较为显著时，这通常意味着CEO面临的激励机制更为有力。鉴于薪酬制度的稳定性，这表明CEO可以预期在未来获得相较于其他高管更为丰厚的薪酬待遇。由于研发投入是促进企业长期业绩增长的关键因素，因此，在利益得到保障的情况下，CEO更可能倾向于投资研发创新活动。这种内部薪酬差距的存在，弱化了CEO薪酬激励动态性与创新投入之间的负向关联。这表明，通过设计适当的内部薪酬差距作为一种激励机制，可以有效地减轻甚至抵消CEO薪酬激励动态性对创新投入可能产生的抑制效果。这样的薪酬设计鼓励CEO专注于企业的长期创新和价值创造，而不是仅仅关注短期业绩。

值得注意的是，在评估CEO内部薪酬差距（Gap3）的调节效应时，当因变量分别为研发费用金额的对数值（RD1）和研发投入与营业收入之比（RD2）时，所得的结论存在差异。具体而言，仅当因变量为RD1时，交互项系数才表现出显著性。这种差异性可能源于不同的度量方式，CEO薪酬激励动态性对创新投入的影响可能受到CEO内部薪酬差距不同作用机制的影响。在研发费用金额的对数值（RD1）的度量下，CEO内部薪酬差距可能更直接地反映了高管对于研发投资的激励效应，因为这种度量方式关注的是研发支出的绝对规模。相比之下，研发投入与营业收入之比（RD2）的度量方式则更侧重于研发活动的相对强度和资源分配效率。因此，CEO内部薪酬差距在不同度量维度上可能展现出不同的调节作用，这可能与CEO对于研发资源配置的决策权重和对创新风险的态度有关。

表4-15 CEO薪酬差距（内部）调节效应检验结果

VARIABLES	M49 RD1	M50 RD1	M51 RD1	M52 RD1	M53 RD2	M54 RD2	M55 RD2	M56 RD2
CEO_Sd1	-0.071*** (-2.89)	-0.047* (-1.86)				-0.003*** (-2.70)		
CEO_Sd2			-0.073*** (-2.92)	-0.049* (-1.92)	-0.003*** (-3.01)		-0.003*** (-2.95)	-0.002*** (-2.67)
Gap3	-0.060*** (-3.86)	-0.088*** (-5.13)	-0.059*** (-3.86)	-0.088*** (-5.09)	-0.004*** (-7.36)	-0.004*** (-6.96)	-0.004*** (-7.34)	-0.004*** (-6.91)
CEO_Sd1 * Gap3		0.119*** (-3.78)				0.001 (-0.84)		
CEO_Sd2 * Gap3				0.118*** (-3.66)				0.001 (-0.79)
Croc	0.007*** (-8.82)	0.007*** (-8.83)	0.007*** (-8.83)	0.007*** (-8.83)	0.000*** (-11.19)	0.000*** (-11.19)	0.000*** (-11.2)	0.000*** (-11.2)
Share	-0.001 (-1.35)	-0.001 (-1.43)	-0.001 (-1.34)	-0.001 (-1.43)	-0.000*** (-9.25)	-0.000*** (-9.26)	-0.000*** (-9.24)	-0.000*** (-9.25)
Instshare	0.002*** (-4.82)	0.002*** (-4.93)	0.002*** (-4.82)	0.002*** (-4.93)	0.000*** (-4.71)	0.000*** (-4.73)	0.000*** (-4.71)	0.000*** (-4.73)
Inder	-0.003** (-2.46)	-0.003** (-2.44)	-0.003** (-2.46)	-0.003** (-2.44)	0.000*** (-5.05)	0.000*** (-5.05)	0.000*** (-5.05)	0.000*** (-5.05)

续表

VARIABLES	M49	M50	M51	M52	M53	M54	M55	M56
	RD1	RD1	RD1	RD1	RD2	RD2	RD2	RD2
Size	0.894*** (−112.44)	0.894*** (−112.44)	0.894*** (−112.44)	0.894*** (−112.44)	−0.002*** (−6.19)	−0.002*** (−6.20)	−0.002*** (−6.19)	−0.002*** (−6.20)
Lev	−0.791*** (−18.07)	−0.792*** (−18.11)	−0.791*** (−18.06)	−0.792*** (−18.10)	−0.038*** (−23.69)	−0.038*** (−23.70)	−0.038*** (−23.69)	−0.038*** (−23.69)
Private	0.075*** (−4.07)	0.075*** (−4.07)	0.075*** (−4.07)	0.075*** (−4.07)	0.004*** (−5.52)	0.004*** (−5.52)	0.004*** (−5.52)	0.004*** (−5.52)
Constant	−2.774*** (−14.00)	−2.768*** (−13.98)	−2.794*** (−14.11)	−2.783*** (−14.06)	0.069*** (−9.63)	0.070*** (−9.64)	0.069*** (−9.53)	0.069*** (−9.54)
Observations	19 370	19 370	19 370	19 370	19 370	19 370	19 370	19 370
R-squared	0.58	0.58	0.58	0.58	0.413	0.413	0.413	0.413
Ind FE	YES	YES	YES	YES	YES	YES	YES	YES
Year FE	YES	YES	YES	YES	YES	YES	YES	YES
adj_R2	0.41	0.41	0.41	0.41	0.41	0.41	0.41	0.41
F	271.11	268.7	271.12	268.69	138.42	137	138.41	271.12

注：***、**、*分别代表1%、5%、10%的显著性水平。

四、稳健性测试

为了确保研究结果的稳健性，并考虑到变量的不同计量方法可能对研究结论产生的影响，本研究采用了变量替换法和滞后解释变量法对回归分析结果进行验证。这种方法允许研究者从不同角度评估模型的稳健性，确保所得结论不是由于特定计量方式的偶然性所致。在变量替换法中，研究者通过使用替代性的度量指标来替换原有的变量，重新进行回归分析，以检验模型结果的一致性。而在滞后解释变量法中，研究者将解释变量进行时间上的滞后处理，以排除潜在的反向因果关系和同时性偏差，增强模型的因果推断能力。

通过这两种方法的应用，本研究能够更加全面地评估CEO薪酬激励动态性与企业创新投入之间关系的稳健性，为所得结论提供更为坚实的经验支持。这种稳健性检验对于提升研究的可信度和为实践界提供可靠的指导具有重要意义。

（一）替换企业绩效变量

为确保本研究结论的稳健性，除了采用年度行业中位数调整后的解释变量CEO薪酬激励动态性（CEO_Sd2）以及对被解释变量进行滞后处理——即滞后一期的企业短期绩效和滞后两期的企业长期绩效，作为稳健性检验的一部分之外，本研究还考虑了变量的不同计量方法可能对研究结论产生的影响。因此，本研究进一步参照了李增泉（2000）的研究方法，采用净资产收益率（ROE）作为衡量公司短期绩效的替代指标；同时，借鉴卢馨等（2013）的研究，使用营业收入增长率（IRBR）作为衡量公司长期绩效的另一个指标。从表4-16可见，即使在更换了绩效衡量指标后，所得结论依然稳健。

表4-16　CEO薪酬激励动态性对企业绩效影响的稳健性检验

VARIABLES	M57	M58	M59	M60
	ROE_{t+1}	ROE_{t+1}	$IRBR_{t+2}$	$IRBR_{t+2}$
CEO_Sd1	−0.020*** (−7.54)		0.066*** (3.35)	

续表

VARIABLES	M57 ROE$_{t+1}$	M58 ROE$_{t+1}$	M59 IRBR$_{t+2}$	M60 IRBR$_{t+2}$
CEO_Sd2		-0.014*** (-4.95)		0.083*** (3.70)
Croc	0.001*** (14.81)	0.001*** (15.40)	0.000 (0.10)	-0.001 (-1.57)
Share	0.000*** (7.22)	0.000*** (6.99)	-0.000 (-0.42)	-0.000 (-0.63)
Instshare	0.001*** (16.04)	0.001*** (16.58)	0.001*** (3.02)	0.000 (1.18)
Inder	-0.000*** (-2.74)	-0.000*** (-2.86)	-0.001 (-0.67)	0.002** (2.12)
Size	0.026*** (34.71)	0.025*** (34.33)	-0.045*** (-8.30)	-0.036*** (-6.57)
Lev	-0.209*** (-49.28)	-0.194*** (-48.20)	0.115*** (3.77)	0.313*** (10.15)
Private	0.020*** (10.99)	0.024*** (13.75)	-0.066*** (-4.83)	-0.058*** (-4.12)
Constant	-0.444*** (-23.91)	-0.401*** (-25.76)	3.017*** (21.87)	1.033*** (8.51)
Observations	19 370	19 370	19 370	19 370
R-squared	0.157	0.135	0.135	0.008
Ind FE	YES	NO	YES	NO
Year FE	YES	YES	YES	YES
adj_R2	0.154	0.134	0.132	0.00756
F	53.77	236	47.64	13.19

注：***、**、*分别代表1%、5%、10%的显著性水平。

（二）滞后解释变量

为了验证CEO薪酬激励动态性对企业创新投入影响关系的稳健性，并减少遗漏变量和双向因果关系可能引起的偏误，本研究对企业创新投入变量进行了滞后处理。具体而言，创新投入变量分别滞后一期和二期，以检验其与CEO薪酬激励动态性的关系。从表4-17和表4-18可见，回归分析的结果均未能支持假设H2，即CEO薪酬激励动态性与t期至t+2期的企业创新投入（RD1和RD2）呈现负相关。

此外，CEO薪酬激励动态性的两个指标CEO_Sd1和CEO_Sd2对RD1的估值系数随时间推移呈现下降趋势，这表明CEO薪酬激励动态性对创新投入金额的影响具有时效性，并且这种影响可能随着时间的推移而逐渐减弱。

表4-17 CEO薪酬激励动态性对企业创新投入影响的稳健性检验

VARIABLES	M61 $RD1_{t+1}$	M62 $RD2_{t+1}$	M63 $RD1_{t+2}$	M64 $RD2_{t+2}$
CEO_Sd1	-0.073*** (-3.36)	-0.002** (-2.03)	-0.092*** (-3.68)	-0.002* (-1.85)
Croc	0.005*** (8.17)	0.000*** (10.75)	0.005*** (8.15)	0.000*** (10.77)
Share	-0.001 (-1.64)	-0.000*** (-12.45)	-0.001* (-1.69)	-0.000*** (-12.46)
Instshare	0.002*** (5.91)	0.000*** (6.06)	0.002*** (5.92)	0.000*** (6.08)
Inder	-0.002** (-2.04)	0.000*** (4.52)	-0.002** (-2.04)	0.000*** (4.51)
Size	0.883*** (132.15)	-0.002*** (-6.40)	0.883*** (132.03)	-0.002*** (-6.36)
Lev	-0.656*** (-17.48)	-0.039*** (-26.93)	-0.656*** (-17.48)	-0.039*** (-26.95)
Private	0.090*** (5.50)	0.003*** (4.46)	0.089*** (5.42)	0.003*** (4.44)
Constant	-2.870*** (-17.05)	0.064*** (9.93)	-2.876*** (-17.07)	0.064*** (9.90)
Observations	18 551	18 551	18 551	18 551
R-squared	0.590	0.404	0.590	0.404
Ind FE	YES	YES	YES	YES

续表

VARIABLES	M61 RD1$_{t+1}$	M62 RD2$_{t+1}$	M63 RD1$_{t+2}$	M64 RD2$_{t+2}$
Year FE	YES	YES	YES	YES
adj_R2	0.401	0.401	0.401	0.401
F	364.91	171.8	364.97	171.8

注：***、**、*分别代表1%、5%、10%的显著性水平。

表4-18　CEO薪酬激励动态性对企业创新投入影响的稳健性检验

VARIABLES	M65 RD1$_{t+1}$	M66 RD2$_{t+1}$	M67 RD1$_{t+2}$	M68 RD2$_{t+2}$
CEO_Sd2	-0.070** (-2.36)	-0.002*** (-2.58)	-0.104*** (-3.79)	-0.002* (-1.84)
Croc	0.006*** (7.92)	0.000*** (12.14)	0.005*** (8.35)	0.000*** (10.90)
Share	-0.006*** (-8.60)	-0.000*** (-18.86)	-0.001 (-1.60)	-0.000*** (-12.42)
Instshare	0.000 (0.43)	0.000** (2.41)	0.002*** (6.04)	0.000*** (6.14)
Inder	0.003* (1.82)	0.000*** (7.82)	-0.002** (-2.04)	0.000*** (4.51)
Size	0.753*** (94.68)	-0.004*** (-15.28)	0.882*** (132.27)	-0.002*** (-6.49)
Lev	-0.832*** (-18.50)	-0.049*** (-30.29)	-0.658*** (-17.58)	-0.039*** (-27.03)
Private	0.304*** (15.30)	0.004*** (5.71)	0.091*** (5.53)	0.003*** (4.50)
Constant	0.794*** (4.52)	0.140*** (22.10)	-2.854*** (-16.97)	0.064*** (9.98)
Observations	18 551	18 551	18 551	18 551
R-squared	0.341	0.155	0.590	0.404
Ind FE	YES	YES	YES	YES

续表

VARIABLES	M65 RD1$_{t+1}$	M66 RD2$_{t+1}$	M67 RD1$_{t+2}$	M68 RD2$_{t+2}$
Year FE	YES	YES	YES	YES
adj_R2	0.154	0.154	0.401	0.401
F	679.58	240.1	364.99	171.8

注：***、**、*分别代表1%、5%、10%的显著性水平。

对企业创新投入在CEO薪酬激励动态性与企业绩效之间中介效应稳健性的检验中，本研究采用了替换解释变量的方法。具体而言，本研究选择了净资产收益率（ROE）作为衡量企业短期绩效的指标，以及营业收入增长率（IRBR）作为衡量企业长期发展能力的指标。遵循温忠麟等（2004）提出的中介效应检验的三步法，本研究的分析过程如下。

第一步，检验CEO薪酬激励动态性是否能够显著提升企业绩效。第二步，验证CEO薪酬激励动态性是否能够显著增加企业创新投入。这一步骤的结果已通过表4-8、表4-16、表4-17和表4-18中的回归分析及其稳健性检验得到了证实。第三步，同时考察企业创新投入和CEO薪酬激励动态性对企业绩效的影响。表4-19和表4-20所示的回归结果支持了部分中介效应的存在，即CEO薪酬激励动态性通过促进企业创新投入，进而提升企业绩效。

通过这一系列的检验步骤，本研究得出的结论具有稳健性，表明CEO薪酬激励动态性与企业绩效之间通过企业创新投入发挥作用的中介效应是显著的。

表4-19 企业创新投入中介效应的稳健性检验

VARIABLES	M69 ROE$_{t+1}$	M70 ROE$_{t+1}$	M71 IRBR$_{t+2}$	M72 IRBR$_{t+2}$
CEO_Sd1	-0.018*** (-6.97)	-0.019*** (-7.28)	0.054** (2.37)	0.054** (2.37)
RD1	-0.001*** (-11.18)		0.862*** (4.87)	
RD2		-0.270*** (-12.89)		0.862*** (4.87)

续表

VARIABLES	M69	M70	M71	M72
	ROE_{t+1}	ROE_{t+1}	$IRBR_{t+2}$	$IRBR_{t+2}$
Croc	0.001***	0.001***	0.001	0.001
	(14.33)	(15.05)	(1.21)	(1.21)
Share	0.000***	0.000***	-0.000	-0.000
	(7.23)	(6.63)	(-0.56)	(-0.56)
Instshare	0.001***	0.001***	0.002***	0.002***
	(15.19)	(15.66)	(5.31)	(5.31)
Inder	-0.000***	-0.000**	-0.001	-0.001
	(-2.76)	(-2.35)	(-0.65)	(-0.65)
Size	0.028***	0.026***	-0.071***	-0.071***
	(36.49)	(35.29)	(-11.90)	(-11.90)
Lev	-0.210***	-0.216***	0.224***	0.224***
	(-49.70)	(-50.62)	(6.69)	(6.69)
Private	0.021***	0.021***	-0.039***	-0.039***
	(11.33)	(11.45)	(-2.61)	(-2.61)
Constant	-0.482***	-0.448***	3.697***	3.697***
	(-25.59)	(-24.21)	(24.65)	(24.65)
Observations	18 551	18 551	18 551	18 551
R-squared	0.160	0.161	0.153	0.153
Ind FE	YES	YES	YES	YES
Year FE	YES	YES	YES	YES
adj_R2	0.157	0.159	0.158	0.158
F	54.71	55.20	54.79	54.79

注：***、**、*分别代表1%、5%、10%的显著性水平。

表4-20 企业创新投入中介效应的稳健性检验

VARIABLES	M73	M74	M75	M76
	ROE_{t+1}	ROE_{t+1}	$IRBR_{t+2}$	$IRBR_{t+2}$
CEO_Sd2	-0.018***	-0.018***	0.067***	0.067***
	(-5.75)	(-5.75)	(2.71)	(2.71)

续表

VARIABLES	M73 ROE$_{t+1}$	M74 ROE$_{t+1}$	M75 IRBR$_{t+2}$	M76 IRBR$_{t+2}$
RD1	−0.227*** (−10.41)		0.880*** (4.97)	
RD2		−0.227*** (−10.41)		0.880*** (4.97)
Croc	0.001*** (14.94)	0.001*** (14.94)	0.001 (1.13)	0.001 (1.13)
Share	0.000*** (6.93)	0.000*** (6.93)	−0.000 (−0.61)	−0.000 (−0.61)
Instshare	0.001*** (15.44)	0.001*** (15.44)	0.002*** (5.26)	0.002*** (5.26)
Inder	−0.000** (−2.44)	−0.000** (−2.44)	−0.001 (−0.66)	−0.001 (−0.66)
Size	0.026*** (35.28)	0.026*** (35.28)	−0.071*** (−11.83)	−0.071*** (−11.83)
Lev	−0.214*** (−50.38)	−0.214*** (−50.38)	0.225*** (6.73)	0.225*** (6.73)
Private	0.021*** (11.41)	0.021*** (11.41)	−0.039*** (−2.67)	−0.039*** (−2.67)
Constant	−0.451*** (−24.34)	−0.451*** (−24.34)	3.689*** (24.61)	3.689*** (24.61)
Observations	18 551	18 551	18 551	18 551
R-squared	0.159	0.159	0.153	0.153
Ind FE	YES	YES	YES	YES
Year FE	YES	YES	YES	YES
adj_R2	0.156	0.156	0.156	0.156
F	54.23	54.23	54.23	54.23

注：***、**、*分别代表1%、5%、10%的显著性水平。

为了验证CEO薪酬激励动态性对企业创新投入影响关系的稳健性，本研究采纳了解释变量滞后处理的方法。从表4-17和表4-18可见，回归分析的结果一致未能支持假设 H2，指出 CEO 薪酬激励动态性与 t 期至 t+2 期的企业创新投入（RD1 和 RD2）之间存在负相关，这一发现表明本研究的结论具有稳健性。在确立了基本关系的稳健性之后，本研究进一步引入了 CEO 薪酬差距变量，并构建了 CEO 薪酬激励动态性与 CEO 薪酬差距的交互项，以探讨 CEO 薪酬差距对这一关系的潜在调节作用。为了避免在引入交互项时可能出现的多重共线性问题，本研究在分析之前对 CEO 薪酬激励动态性变量和 CEO 薪酬差距变量进行了中心化处理，即通过减去各自变量的均值来实现。

从表 4-21 和表 4-22 可见，CEO 正向外部薪酬差距（Gap1）与企业创新投入的相关系数为正，并且在 1% 的显著性水平上显著，这与表 4-13 的结果一致，再次支持了假设 H4a。这一结果表明，当 CEO 的薪酬高于行业平均水平，即存在较大的正向薪酬差距时，企业的创新投入倾向于增加。这可能是因为较大的薪酬差距为 CEO 提供了更强的激励，促使其推动创新活动，以实现更高的企业绩效和个人薪酬奖励。然而，CEO 薪酬激励动态性（CEO_Sd1、CEO_Sd2）与 CEO 正向外部薪酬差距（Gap1）的交互项系数为负，这一发现意味着，在薪酬动态性较高的情况下，高薪的 CEO 可能在面对创新投资决策时采取更为谨慎的态度。在这种情况下，CEO 可能更加关注企业的短期绩效，以减少其薪酬下降的风险。

从表 4-23 和表 4-24 可见，CEO 薪酬激励动态性与 CEO 负向外部薪酬差距（Gap2）的交互项系数（CEO_Sd1*Gap2、CEO_Sd2*Gap2）为正。这一发现表明，当 CEO 的薪酬低于行业平均水平时，CEO 薪酬激励动态性与企业创新投入之间的负向关系得到了反转，从而再次为假设 H4a 提供了支持。在低薪酬的情境下，CEO 可能会更倾向于采取积极策略，重视企业的长期创新投入，以实现企业的长期绩效和可持续发展。这种策略的采取可能是出于提升自身薪酬水平的期望。由于 CEO 的薪酬与企业绩效紧密相关，因此他们有动机通过推动创新来提高企业的长期表现，进而可能实现个人薪酬的提升。

表 4-21 CEO 薪酬差距（Gap1）调节效应的稳健性检验

VARIABLES	M77	M78	M79	M80
	RD1$_{t+1}$	RD1$_{t+1}$	RD2$_{t+1}$	RD2$_{t+1}$
CEO_Sd1	-0.117***	-0.109***	-0.004***	-0.004***
	(-3.33)	(-3.05)	(-3.21)	(-3.02)
Gap1	2.769***	2.866***	0.057***	0.060***
	(9.43)	(9.40)	(5.18)	(5.19)
CEO_Sd1 * Gap1		-0.958	-0.023*	
		(-1.18)	(-0.74)	
Croc	0.003**	0.003**	0.000***	0.000***
	(2.50)	(2.52)	(5.87)	(5.88)
Share	0.001	0.001	-0.000***	-0.000***
	(0.98)	(1.01)	(-8.18)	(-8.16)
Instshare	0.001	0.001	0.000***	0.000***
	(1.11)	(1.09)	(4.01)	(4.00)
Inder	-0.004**	-0.004**	0.000***	0.000***
	(-2.41)	(-2.43)	(3.07)	(3.05)
Size	0.836***	0.836***	-0.002***	-0.002***
	(76.59)	(76.49)	(-4.46)	(-4.48)
Lev	-0.670***	-0.668***	-0.043***	-0.043***
	(-10.79)	(-10.75)	(-18.38)	(-18.35)
Private	-0.002	-0.001	0.003***	0.003***
	(-0.06)	(-0.03)	(3.43)	(3.45)
Constant	-4.070***	-4.161***	0.027**	0.025*
	(-11.53)	(-11.52)	(2.01)	(1.80)
Observations	10 675	10 675	10 675	10 675
R-squared	0.612	0.613	0.449	0.449
Ind FE	YES	YES	YES	YES
Year FE	YES	YES	YES	YES
adj_R2	0.444	0.444	0.444	0.444
F	175.99	174.18	90.79	89.84

注：***、**、*分别代表1%、5%、10%的显著性水平。

表 4-22 CEO 薪酬差距（Gap1）调节效应的稳健性检验

VARIABLES	M81 $RD1_{t+1}$	M82 $RD1_{t+1}$	M83 $RD2_{t+1}$	M84 $RD2_{t+1}$
CEO_Sd2	-0.056 (-1.50)	-0.135*** (-3.50)	-0.001*** (-0.99)	-0.004*** (-2.87)
Gap1	2.093*** (7.66)	2.889*** (9.47)	0.029*** (2.62)	0.060*** (5.20)
CEO_Sd2 * Gap1		-0.864** (-1.06)		-0.023* (-0.74)
Croc	0.007*** (8.02)	0.003*** (2.60)	0.000*** (9.95)	0.000*** (6.01)
Share	-0.001 (-0.91)	0.001 (1.06)	-0.000*** (-5.57)	-0.000*** (-8.11)
Instshare	0.001 (1.62)	0.001 (1.14)	0.000* (1.83)	0.000*** (4.07)
Inder	-0.002 (-1.17)	-0.004** (-2.44)	0.000*** (3.44)	0.000*** (3.03)
Size	0.843*** (75.34)	0.834*** (76.29)	-0.003*** (-7.44)	-0.002*** (-4.59)
Lev	-0.569*** (-10.59)	-0.670*** (-10.79)	-0.034*** (-15.81)	-0.043*** (-18.44)
Private	0.116*** (4.63)	0.001 (0.02)	0.003*** (2.85)	0.003*** (3.52)
Constant	-3.754*** (-10.24)	-4.170*** (-11.55)	0.075*** (5.11)	0.025* (1.82)
Observations	10 675	10 675	10 675	10 675
R-squared	0.531	0.613	0.385	0.449
Ind FE	YES	YES	YES	YES
Year FE	YES	YES	YES	YES
adj_R2	0.379	0.444	0.379	0.444
F	127.46	174.26	70.35	89.83

注：***、**、* 分别代表 1%、5%、10%的显著性水平。

表 4-23 CEO 薪酬差距（Gap2）调节效应的稳健性检验

VARIABLES	M85	M86	M87	M88
	$RD1_{t+1}$	$RD1_{t+1}$	$RD2_{t+1}$	$RD2_{t+1}$
CEO_Sd1	-0.067*	-0.122***	-0.002*	-0.003*
	(-1.93)	(-3.23)	(-1.28)	(-1.83)
Gap2	2.062***	2.526***	0.028**	0.036***
	(7.58)	(8.46)	(2.55)	(3.02)
CEO_Sd1*Gap2		2.008		0.004**
		(3.75)		(2.30)
Croc	0.007***	0.007***	0.000***	0.000***
	(7.92)	(7.72)	(9.88)	(9.78)
Share	-0.001	-0.001	-0.000***	-0.000***
	(-0.95)	(-0.91)	(-5.59)	(-5.57)
Instshare	0.001	0.001	0.000*	0.000*
	(1.59)	(1.44)	(1.81)	(1.74)
Inder	-0.002	-0.002	0.000***	0.000***
	(-1.16)	(-1.17)	(3.45)	(3.45)
Size	0.844***	0.842***	-0.003***	-0.003***
	(75.24)	(75.09)	(-7.36)	(-7.42)
Lev	-0.566***	-0.557***	-0.034***	-0.034***
	(-10.55)	(-10.36)	(-15.78)	(-15.68)
Private	0.114***	0.113***	0.003***	0.003***
	(4.54)	(4.51)	(2.79)	(2.77)
Constant	-3.729***	-4.135***	0.075***	0.068***
	(-10.19)	(-10.84)	(5.16)	(4.48)
Observations	10 790	10 790	10 790	10 790
R-squared	0.531	0.532	0.385	0.385
Ind FE	YES	YES	YES	YES
Year FE	YES	YES	YES	YES
adj_R2	0.379	0.379	0.379	0.379
F	127.50	126.47	70.36	69.67

注：***、**、*分别代表1%、5%、10%的显著性水平。

表 4-24 CEO 薪酬差距（负向外部 Gap2）调节效应的稳健性检验

VARIABLES	M89 RD1$_{t+1}$	M90 RD1$_{t+1}$	M91 RD2$_{t+1}$	M92 RD2$_{t+1}$
CEO_Sd2	-0.056*** (-1.50)	-0.122*** (-3.02)	-0.001* (-0.99)	-0.002* (-1.43)
Gap2	2.093*** (7.66)	2.580*** (8.68)	0.029*** (2.62)	0.035*** (2.93)
CEO_Sd2 * Gap2		0.030 (1.31)		2.378* (4.14)
Croc	0.007*** (8.02)	0.007*** (7.89)	0.000*** (9.95)	0.000*** (9.91)
Share	-0.001 (-0.91)	-0.001 (-0.81)	-0.000*** (-5.57)	-0.000*** (-5.53)
Instshare	0.001 (1.62)	0.001 (1.51)	0.000* (1.83)	0.000* (1.79)
Inder	-0.002 (-1.17)	-0.002 (-1.18)	0.000*** (3.44)	0.000*** (3.44)
Size	0.843*** (75.34)	0.840*** (75.07)	-0.003*** (-7.44)	-0.003*** (-7.50)
Lev	-0.569*** (-10.59)	-0.560*** (-10.43)	-0.034*** (-15.81)	-0.034*** (-15.75)
Private	0.116*** (4.63)	0.116*** (4.64)	0.003*** (2.85)	0.003*** (2.85)
Constant	-3.754*** (-10.24)	-4.175*** (-10.98)	0.075*** (5.11)	0.069*** (4.57)
Observations	10 790	10 790	10 790	10 790
R-squared	0.531	0.532	0.385	0.385
Ind FE	YES	YES	YES	YES
Year FE	YES	YES	YES	YES
adj_R2	0.379	0.379	0.379	0.379
F	127.46	126.50	70.35	69.64

注：***、**、*分别代表1%、5%、10%的显著性水平。

从表 4-25 和表 4-26 可见，我们可以观察到，在将 CEO 内部薪酬差距（Gap3）作为调节变量时，交互项的系数显著为正，且这一显著性在 1% 的水平上得到了确认。这一发现表明，本研究中所提出的模型是稳健的，并且 CEO 内部薪酬差距的存在显著地削弱了 CEO 薪酬激励动态性与企业创新投入之间原本的负相关关系。因此，假设 H4b 被否定，这进一步验证了研究结论的稳健性。

具体而言，回归结果指出 CEO 薪酬激励的动态性可能会使 CEO 面临更高的风险。然而，在内部薪酬差距较大的情境下，CEO 们似乎更倾向于接受这些风险，以期获得更高的潜在回报。这包括在企业创新方面的投入，从而有助于 CEO 在追求短期业绩的同时，也能够关注并平衡长期的战略目标和创新活动。因此，可以认为，较大的内部薪酬差距可能激励 CEO 更加注重企业的长期发展和创新战略。

表 4-25 CEO 薪酬差距（内部 Gap3）调节效应的稳健性检验

VARIABLES	M93 $RD1_{t+1}$	M94 $RD1_{t+1}$	M95 $RD2_{t+1}$	M96 $RD2_{t+1}$
CEO_Sd1	-0.119*** (-4.87)	-0.092*** (-3.65)	-0.004*** (-3.77)	-0.003*** (-2.96)
Gap3	-0.047*** (-3.19)	-0.079*** (-4.85)	-0.002*** (-3.94)	-0.003*** (-4.81)
CEO_Sd1 * Gap3		0.137*** (4.45)		0.003*** (2.88)
Croc	0.005*** (8.12)	0.005*** (8.21)	0.000*** (11.67)	0.000*** (11.73)
Share	-0.001 (-1.48)	-0.001 (-1.52)	-0.000*** (-10.84)	-0.000*** (-10.86)
Instshare	0.002*** (4.53)	0.002*** (4.70)	0.000*** (5.63)	0.000*** (5.74)
Inder	-0.003** (-2.57)	-0.003** (-2.56)	0.000*** (4.80)	0.000*** (4.81)

续表

VARIABLES	M93 RD1$_{t+1}$	M94 RD1$_{t+1}$	M95 RD2$_{t+1}$	M96 RD2$_{t+1}$
Size	0.893*** (121.34)	0.892*** (121.18)	-0.002*** (-6.26)	-0.002*** (-6.35)
Lev	-0.717*** (-17.59)	-0.719*** (-17.66)	-0.039*** (-24.99)	-0.039*** (-25.03)
Private	0.069*** (3.97)	0.071*** (4.04)	0.003*** (4.69)	0.003*** (4.73)
Constant	-2.813*** (-15.24)	-2.783*** (-15.07)	0.079*** (11.15)	0.079*** (11.24)
Observations	18 551	18 551	18 551	18 551
R-squared	0.585	0.585	0.410	0.410
Ind FE	YES	YES	YES	YES
Year FE	YES	YES	YES	YES
adj_R2	0.407	0.407	0.407	0.407
F	151.3	303.89	151.3	149.9

注：***、**、*分别代表1%、5%、10%的显著性水平。

表4-26 CEO薪酬差距（内部Gap3）调节效应的稳健性检验

VARIABLES	M97 RD1$_{t+1}$	M98 RD1$_{t+1}$	M99 RD2$_{t+1}$	M100 RD2$_{t+1}$
CEO_Sd2	-0.126*** (-4.84)	-0.096*** (-3.58)	-0.003*** (-3.40)	-0.003*** (-2.58)
Gap3	-0.047*** (-3.20)	-0.078*** (-4.81)	-0.002*** (-3.90)	-0.003*** (-4.74)
CEO_Sd2*Gap3		0.147*** (4.43)		0.004*** (2.84)
Croc	0.005*** (8.30)	0.005*** (8.34)	0.000*** (11.85)	0.000*** (11.88)
Share	-0.001 (-1.40)	-0.001 (-1.46)	-0.000*** (-10.77)	-0.000*** (-10.82)

续表

VARIABLES	M97 $RD1_{t+1}$	M98 $RD1_{t+1}$	M99 $RD2_{t+1}$	M100 $RD2_{t+1}$
Instshare	0.002*** (4.64)	0.002*** (4.77)	0.000*** (5.72)	0.000*** (5.80)
Inder	−0.003*** (−2.59)	−0.003*** (−2.59)	0.000*** (4.78)	0.000*** (4.78)
Size	0.892*** (121.32)	0.891*** (121.25)	−0.002*** (−6.41)	−0.002*** (−6.47)
Lev	−0.721*** (−17.71)	−0.722*** (−17.74)	−0.039*** (−25.11)	−0.039*** (−25.13)
Private	0.071*** (4.08)	0.072*** (4.13)	0.003*** (4.79)	0.003*** (4.82)
Constant	−2.809*** (−15.22)	−2.783*** (−15.07)	0.079*** (11.16)	0.079*** (11.25)
Observations	18 551	18 551	18 551	18 551
R-squared	0.585	0.585	0.410	0.410
Ind FE	YES	YES	YES	YES
Year FE	YES	YES	YES	YES
adj_R2	0.407	0.407	0.407	0.407
F	151.3	303.88	151.3	149.9

注：***、**、*分别代表1%、5%、10%的显著性水平。

五、内生性分析

在探讨CEO薪酬激励动态性与企业绩效之间的关系时，本研究识别了潜在的内生性问题，包括"反向因果"和"遗漏变量"。一方面，CEO薪酬激励的动态性与企业短期绩效之间的负相关可能源于企业短期绩效的下降，导致CEO薪酬及相关福利的减少，进而增加了薪酬的波动性。另一方面，CEO薪酬激励动态性与企业长期绩效之间的正相关可能由企业市场绩效的提升引起，这反过来又提高了CEO的绩效评价和激励水平，进而增强了薪酬的动态性。此外，未能控制的其他变量也可能影响这一关系。为了解决这些内生性问题，本研究采取了多种方法。通过引入滞后一期的解释变量和采用固定效应模型来减少内生性偏误的影响。进一步地，本研究采用了工具变量法，特别是两阶段最小二乘法（2SLS）回归，以缓解可能的内生性问题。参考唐松等人（2014）的研究，本研究选取了同年度同行业内其他公司 CEO 的薪酬均值（Pay_mean）作为工具变量。这一选择基于这样的假设：尽管同行业内其他公司的 CEO 薪酬水平可能影响本公司 CEO 的薪酬水平，但它们不会直接影响本公司的绩效。

在验证 CEO 薪酬激励动态性对企业绩效影响的过程中，本研究采用了滞后一期和二期的解释变量，相应地，在工具变量的选取上也保持了逻辑的一致性，即同样采用了滞后一期和二期的工具变量。为了检验工具变量的外生性，本研究进行了 Durbin-Wu-Hausman（DWH）检验，得到的 P 值显著低于常用的显著性水平（如 0.05 或 0.01），从而拒绝了解释变量为外生的原假设，支持了使用工具变量方法的合理性。在 2SLS 回归的第一阶段，所选工具变量的 Parital-F 统计量分别为 1300.26 和 181.99，均显著高于 Stock 等人（2002）提供的临界值（16.38）。这表明所选工具变量不仅在统计上显著地解释了内生变量的变化，而且不属于弱工具变量，从而增强了本研究所采用工具变量方法的有效性和可信度。尽管第二阶段的调整 R2 为负，这在 2SLS 回归中是可能的（即残差平方和大于总平方和，RSS>TSS），但这一结果实际上没有统计意义，因此未予报告。

在本研究中，为了解决潜在的内生性问题并验证 CEO 薪酬激励动态性对企业绩效影响的稳健性，我们采用了工具变量法进行两阶段最小二乘法（2SLS）回归分析。表 4-27 和表 4-28 分别展示了两阶段回归的结果，其中控制变量以"All Controls"统一表示，以节省篇幅。本研究仅报告了关键变量的回归系数，而省略了其他控制变量的详细报告，这些控制变量与前文中的 Model I 所使用的控制变量保持一致。

从表 4-27 中，我们可以看到，在 M101 列中，所选工具变量（Pay_mean）的估计系数显著为正，且在 1%的水平上具有统计显著性。进入第二阶段，M102 至 M106 列展示了回归结果，揭示了 CEO 薪酬激励动态性（CEO_Sd1）与企业短期绩效（$ROTA_{t+1}$、$LROCE_{t+1}$、OPR_{t+1}、ROA_{t+1}）之间存在负相关关系，同时与企业长期绩效（TQ_{t+2}）之间存在正相关关系，这些关系均通过了相应的显著性水平检验。

类似地，表4-28的第一阶段回归结果，即M107列，也显示工具变量（Pay_mean）的估计系数显著为正，同样在1%的水平上具有统计显著性。第二阶段的M108至M112列结果进一步确认了CEO薪酬激励动态性（CEO_Sd2）与企业短期绩效之间存在负相关，而与企业长期绩效之间存在正相关，这些结果同样通过了显著性水平的检验。

这些发现表明，在控制了内生性问题之后，CEO薪酬激励动态性对企业短期绩效具有抑制作用，但对企业长期绩效具有促进作用，这有利于企业长远利益的提升。因此，本研究的结论在经过严格的统计检验后显示出较强的稳健性。

表4-27 工具变量的两阶段回归结果

VARIABLES	M101	M102	M103	M104	M105	M106
	First Stage		Second Stage			
	CEO_Sd1	$ROTA_{t+1}$	$LROCE_{t+1}$	OPR_{t+1}	ROA_{t+1}	TQ_{t+2}
Pay_mean	0.010*** (31.50)					
CEO_Sd1		-0.117*** (-15.42)	-0.309*** (-19.90)	-0.303*** (-13.54)	-0.122** (-2.23)	3.458*** (23.81)
All Controls	YES	YES	YES	YES	YES	YES
Ind FE	YES	YES	YES	YES	YES	YES
Year FE	YES	YES	YES	YES	YES	YES
Constant	-0.966*** (-8.57)	-0.174*** (-16.50)	-0.316*** (-15.13)	-0.794*** (-25.10)	-0.243** (-2.12)	13.041*** (51.69)
N	22 464	22 464	22 464	22 464	22 464	22 464
adj_R2	0.071					
Partial F-test of IVs	1300.26 (p=0.000)					

注：***、**、*分别代表1%、5%、10%的显著性水平。

表4-28 工具变量的两阶段回归结果

VARIABLES	M107	M108	M109	M110	M111	M112
	First Stage			Second Stage		
	CEO_Sd2	ROTA$_{t+1}$	LROCE$_{t+1}$	OPR$_{t+1}$	ROA$_{t+1}$	TQ$_{t+2}$
Pay_mean	0.003*** (11.92)					
CEO_Sd2		-0.361*** (-10.68)	-0.966*** (-11.54)	-0.937*** (-9.97)	-0.387** (-2.21)	10.789*** (13.90)
All Controls	YES	YES	YES	YES	YES	YES
Ind FE	YES	YES	YES	YES	YES	YES
Year FE	YES	YES	YES	YES	YES	YES
Constant	-0.507*** (-4.80)	-0.176*** (-10.52)	-0.330*** (-8.72)	-0.800*** (-17.94)	-0.250** (-2.14)	13.163*** (35.35)
N	22 464	22 464	22 464	22 464	22 464	22 464
adj_R2	0.013					
Partial F-test of IVs	181.99 (p=0.000)					

注:***、**、*分别代表1%、5%、10%的显著性水平。

第五章　CEO 薪酬激励动态性与营销战略风格

第一节　理论分析与研究假设发展

（一）薪酬激励的动态性与营销战略风格

企业被视为物质资本和人力资本之间的特殊市场契约（周其仁，1996），两者共同推动企业目标的实现。在当代社会，人力资本扮演着主导角色，通过其对物质资本的运作，促进了两种资本的增值（于桂兰等，2001）。与物质资本相异，人力资本具有不可分割的个体属性，其控制与运作依赖于资本承载者本人。这种特性决定了对人力资本的管理必须依赖合理的制度安排和激励机制设计，同时也意味着人力资本所有者可能存在机会主义行为，如偷懒等（张维迎，1996）。为了降低这种机会主义倾向，并提升人力资本的积极性，充分发挥其价值，对人力资本进行产权激励显得尤为重要。程远亮等人（2001）指出，人力资本产权激励能够增强人力资本的归属感，并激发人力资本所有者投入工作、学习专业技能的积极性，从而产生显著的人力资本投资激励效应。与传统以物质资本雇佣劳动为特征的企业产权结构相比，以人力资本为产权特征的企业结构展现出更高的创造力和生命力（张友棠，1999）。人力资本产权的核心在于人力资本收益权。对于企业而言，承认人力资本的产权属性，并确保人力资本所有者能够获得相应的收益权，是有效激励人力资本的关键途径。薪酬激励作为人力资本实现收益权的主要形式，其在设计上必须合理且有效，这对于最大化人力资本的价值具有决定性意义。

在探讨人力资本的激励机制时，我们必须认识到人力资本具有显著的动态性，其存量、能力以及努力程度均随不同情境而变化（唐跃军等，2020；Tang et al.，2022）。为了最大限度地激发人力资本的潜力，并将人力资本所有者的知识和技能转化为企业的内生增长动力，企业需要设计出具有动态性的薪酬激励机制。这种机制旨在减少人力资本所有者可能出现的逆向选择和道德风险，并通过动态激励相容性确保人力资本收益权的有效实现。一般而言，企业薪酬激励制度的设计应实现激励与约束的平衡，通过与代理人共享剩余索取权（即收益权），确保代理人的目标与委托人的目标一致。研究表明，将高管薪酬与企业业绩挂钩的薪酬契约能够将高管的多元化目标与企业的统一目标相结合，有效缓解第一类代理问题（Holmstrom et al.，1979；Jensen et al.，1990）。郑淼圭等人（2021）基于委托代理理论，提出了多阶段动态基础薪酬模型，该模型通过将员工的基础薪酬与企业前期业绩挂钩，解决了基础薪酬激励不足的问题。朱仁宏等人（2018）在对创业团队契约治理的研究中发现，如果创业团队的收益权配置能够同时考虑长短期激励，将有利于团队成员发挥各自优势，为企业绩效作出贡献。李丽等人（2014）通过案例分析，研究了以现金支付为主的虚拟股票期权、利润分享计划等基于公司业绩的长期激励计划，认为这些模式能够实现个人利益与公司利益的高度一致，更有利于公司战略目标的实现。此外，年薪制作为一种激励相容机制设计，也在一定程度上体现了责任、风险和利益的统一，促进了经营者和所有者目标的一致性（许宏，2012；郭元晞，1995）。李燕萍等人（2008）的研究指出，高管年薪制能够显著提升企业绩效，并影响由高管主导的企业战略行为。谌新民等人（2003）的比较研究显示，实行年薪制的企业相较于未实行年薪制的企业，在绩效上表现更为优秀。姚凯（2008）基于企业家工作特性，设计了延期支付年薪制，通过延长企业家风险性报酬的发放时间，将其收入与企业的长期发展紧密联系，以期约束企业家为追求短期利益而牺牲企业长期发展的行为。

根据现有文献的研究，我们认识到企业通过实施动态性激励机制能够更有效地将高管利益与股东利益统一起来，从而有效缓解第一类代理问题

(Holmstrom et al., 1979; Jensen et al., 1990)。这种激励机制不仅能够促进高管潜力的充分挖掘,还能激发高管为企业长期发展而努力工作的内在动力和动机。据此,我们可以合理推论,在面临高度不确定性的营销战略决策时,那些薪酬激励具有动态性的高管更倾向于综合考虑市场情况,避免做出过于激进的决策,从而使得企业的营销战略风格更趋于稳健。此外,由于高管在获得收益权激励的同时承担相应的风险,这种激励与约束相结合的机制将增强薪酬契约的有效性,促使高管在决策时更为审慎,避免进行无谓的冒险,特别是在面对具有较大不确定性的营销战略决策时。相反,如果企业的高管薪酬激励机制缺乏与高管业绩和企业绩效相挂钩的动态调整,甚至出现业绩下降而薪酬反升的薪酬粘性现象(方军雄,2009),这将削弱薪酬契约的有效性。在这种情况下,高管可能不必承担相应的风险,从而可能倾向于采取更加激进的策略,增加企业面临的风险。基于以上分析,可以作出如下假设。

H1:同等条件下,企业薪酬激励动态性越高,营销战略激进程度越低。

(二) 营销战略风格与企业绩效

在学术界,营销战略风格的激进与稳健在企业销售费用支出比例上表现出明显差异。激进的营销战略通常体现为企业在销售费用上的高比例支出,旨在通过大量的营销投入迅速吸引市场关注并实现销售收入的增长(周罗琳,2018)。相比之下,稳健的营销战略则表现为较低的销售费用支出比例,反映出企业在营销方面的谨慎投入。

一方面,诸多研究指出营销费用,尤其是广告支出,能够显著提升企业绩效(Markovitch et al., 2020; 黄琦星等, 2018)。广告不仅能够增强顾客对产品的长期和短期记忆,从而对企业产品收益产生持续影响(Frieder et al., 2005; Joshi et al., 2010; Rao et al., 2004),而且在经济衰退期间,广告支出的效益相对更为显著,因为这时品牌价值和顾客满意度等无形资产的积累尤为重要(Jindal et al., 2015; Ozturan et al., 2014)。

另一方面,也有研究提出了不同见解。M. P. 康查尔(Conchar M P)在2005年通过综合分析大量文献发现,约四分之一的研究认为,广告投入与企业价值之间并无显著关联。这表明,营销费用对企业绩效的正面影响并非无条件，而是在营销战略得到有效执行的前提下才可能实现。错误的广告媒体选择或产品核心价值传递失误都可能导致高额营销投入的效果大打折扣（Frankenberger et al.，2003）。

此外，关于营销投入与企业业绩之间的关系，亦有研究提出可能存在非线性特征。即营销投入存在一个最优值，在达到这个最优值后，进一步增加广告和销售投入不仅不会提升企业价值，反而可能因资金压力而影响企业的长期发展（赵保国等，2016）。赵保国等人的研究基于工业企业数据分析得出，企业经营绩效并不随广告费用投入的增加而持续提升，而是呈现出阶段性特征。当企业广告投入超过某一最佳区间后，绩效改善将受到显著的不利影响。

在学术研究中，广告支出和其他营销投入常被视为企业构建品牌无形资产、塑造客户偏好以及提升企业绩效的关键投资（Srivastava et al.，1998）。基于此观点，营销费用的增加被认为可能对企业绩效产生积极影响。然而，为了确保营销活动对企业品牌资产和业绩产生持续的正面效应，营销投入必须具备长期性和一致性。M.C. 基姆（Kim M C）在 2011 年的研究指出，过于激进的营销战略难以持续地构建品牌资产，因此对企业绩效的长期提升作用有限。此外，有研究将营销费用视为企业成本的一部分（Deleersnyder et al.，2009），过度的营销费用支出可能会对公司业绩产生负面影响。这是因为过高的营销开支不仅会占用宝贵的资源，还可能导致企业现金流状况紧张。郝云宏等人（2012）在研究房地产行业的营销投入与企业绩效关系时发现，营销投入的适度性对企业的长期发展至关重要，而过于激进的营销战略可能不利于企业持续成长。此外，实务界的案例也支持了学术研究的发现，即采取激进营销战略的企业虽然在短期内能够吸引大量关注并实现营业收入的显著增长，但往往难以维持长期的良好发展。以秦池酒为例，该企业曾连续两年成为央视广告"标王"，巨额的广告投入虽然短期内带来了营业收入的大幅增长，但最终却导致企业能力与市场需求之间的脱节，使得企业在后期发展中遇到了严重的困难。特别是在经历了勾兑事件之后，企业绩效出现了显著的下滑。

从现有研究中可以观察到，虽然激进的营销战略可能在短期内带来一定的市场效果，但其高额的营销费用很难对消费者行为产生长期且持续的影响。唐跃军等人（2012）以及张立等人（2015）的研究指出，过度增加的营销费用可能会对企业在其他关键领域的资金投入产生排挤效应。这些领域包括技术研发、公司运营和售后服务等，都是对企业盈利能力和长期可持续发展至关重要的方面。

因此，如果企业在营销上投入过度，可能会削弱其在其他关键领域的资源配置，进而影响公司的盈利水平和持续发展能力。这种资源的重新分配可能导致企业在追求短期市场效应的同时，忽视了长期竞争优势的构建和维护。综上所述，企业在制定营销战略时，需要平衡短期效果与长期发展的关系，确保营销投入的合理性和可持续性，以避免对企业的整体健康和未来发展造成不利影响。因此，可以作出如下假设。

H2：同等条件下，营销战略激进程度越高，企业绩效表现越差。

第二节　理论模型

图 5-1 为本章的理论模型。

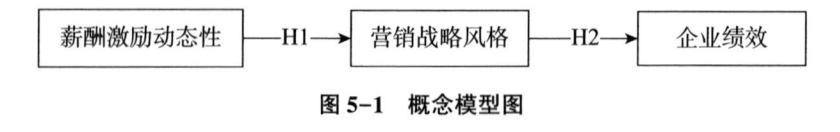

薪酬激励动态性 —H1→ 营销战略风格 —H2→ 企业绩效

图 5-1　概念模型图

第三节　研究设计

一、数据来源与样本选择

本研究选取了 2011 年至 2020 年沪深 A 股上市公司作为研究对象，其中高管薪酬的变动和息税前利润（Earnings Before Interest and Taxes，EBIT）的变动是基于 2010 年至 2020 年的数据进行计算的。研究中所使用的数据均来源于国泰安数据库，这是一个被广泛认可的金融和经济数据来源。为了提高研究的准确性并减少潜在的误差，本研究对原始样本进行了一系列的筛选和处理。具体包括以下几个步骤。

1. 排除了金融行业的上市公司，因为金融行业的经营特性和监管环境与其他行业存在显著差异，可能会对研究结果产生干扰。

2. 剔除了被标记为特别处理（Special Treatment，ST）的上市公司，这类公司通常面临财务困境或其他严重问题，可能会影响数据的稳定性和可靠性。

3. 去除了数据不完整或存在缺失值的上市公司样本，以确保分析的严谨性和结果的有效性。

4. 剔除了那些息税前利润变动为零的样本，因为这些样本可能无法有效反映企业经营活动的波动性。

二、变量定义与测量

（一）因变量

在本研究中，被解释变量分为两个部分：首先是公司业绩（Corporate Performance，CP），其次是企业的营销战略风格（Marketing Strategy Style，MSS）。对于公司业绩的衡量，本研究采纳了学术界普遍认可的财务指标，包括总资产净利润率（Return on Assets，ROA）、净资产收益率（Return on Equity，ROE）、营业收入增长率（Operating Income Growth Rate，OIR）以及营业利润率（Operating Profit Rate，OPR）。这些指标综合反映了企业的盈利能力、资产运用效率、收入增长潜力和营业运作效率。对于营销战略风格的度量，本研究参考了唐跃军等人（2012）的研究，采用了经年度行业均值调整的销售费用率（Sales Expense Rate，S_rate1）和经年度行业中位数调整的销售费用率（S_rate2）作为衡量指标。在模型（2）中，营销战略风格作为自变量，旨在探讨其对公司业绩的影响。

（二）自变量

在本研究中，上市公司高管薪酬激励的动态性（Dynamic Incentive of Executive Compensation，DOI）被细化为四个具体的指标，以全面捕捉高管薪酬随企业业绩波动的特征。这些指标包括如下四个指标。

1. 高管薪酬年度波动率（Rate of Change，ROC）：该指标用于衡量高管薪酬随时间的动态变化程度。ROC 的具体计算方法在公式（1）中给出。

2. 高管薪酬业绩敏感性（Sensitivity，Sen）：Sen 指标旨在评估高管薪酬与企业业绩之间的关联紧密度。该指标通过薪酬业绩敏感性的绝对值进行量化，其计算方法详述于公式（2）。

3. 高管薪酬对数 3 年滚动标准差（Rolling Standard Deviation，Rsd1）：Rsd1 指标通过计算高管薪酬对数值的 3 年滚动标准差来衡量薪酬的动态性，反映了薪酬随时间波动的统计特性，具体的计算过程见公式（3）。

4. 经过年度行业中位数调整的薪酬对数 3 年滚动标准差（Adjusted Rolling Standard Deviation，Rsd2）：Rsd2 指标在 Rsd1 的基础上，进一步通过年度行业中位数进行了调整，以控制行业间的差异性。这一调整有助于更准确地评估高管薪酬的相对动态性，其计算方法同样在公式（3）中有所体现。

$$ROC = \frac{t \text{期前三名高管薪酬总额} - (t-1) \text{期前三名高管薪酬总额}}{(t-1) \text{期前三名高管薪酬总额}} \quad (1)$$

$$Sen = \frac{t \text{期前三名高管薪酬总额} - (t-1) \text{期前三名高管薪酬总额}}{t \text{期息税前利润} - (t-1) \text{期息税前利润}} \quad (2)$$

$$Rsd = \sqrt{\frac{1}{n-1} \sum_{i=1}^{n} (salary_{i,t} - \frac{1}{n} \sum_{i=1}^{n} salary_{i,t})^2} \quad (3)$$

（三）控制变量

在本研究中，为了全面评估企业营销战略风格与公司业绩之间的关系，同时考虑到其他可能影响这一关系的因素，我们选取了以下控制变量。

1. 实际控制人类型（Private）：现有研究表明，不同所有权性质的企业在风险偏好和战略决策行为上存在差异（宋渊洋等，2011）。与国有控股股东相比，民营企业更侧重于企业的持续经营和长期稳定发展，因此可能更倾向于采取稳健的营销战略（于东智，2001）。

2. 两职兼任（Dual）和高管持股比例（MSH）：这两个变量用于控制管理者权力对企业营销战略风格及公司业绩的影响（吕长江等，2008）。管理者权力的集中可能会减弱董事会和监事会的监督力度,从而增加高管为私利而采取不当行为的风险(王化成等,2016)。

3. 财务杠杆(Lev):该变量用于控制财务风险对企业营销战略风格和企业业绩的潜在影响。

4. 盈利能力(GRO):一般而言,营业毛利率较高的企业更可能采取激进的营销战略。

5. 企业规模[Ln(asset)]:研究表明,与小型企业相比,大型企业更倾向于采用稳健的营销战略(张立等,2015)。企业规模以资产的自然对数形式进行控制。

6. 年份(Year):通过引入年份哑变量,控制了不同年份可能带来的影响,以确保研究结果的准确性。

表 5-1 介绍了研究变量。

表 5-1 研究变量一览

变量类型	变量名称	变量符号	变量说明
因变量	营销战略风格 MRB	S_rate1	上市公司销售费用率(销售费用除以营业收入减去年度行业均值)
		S_rate2	上市公司销售费用率(销售费用除以营业收入减去年度行业中位数)
	公司业绩 CP	ROA_{t+1}	t+1 期上市公司总资产净利润率
		ROE_{t+1}	t+1 期上市公司净资产收益率
		OPR_{t+1}	t+1 期上市公司营业利润率
		OIR_{t+1}	t+1 期上市公司营业收入增长率
自变量	薪酬激励动态性 DOI	ROC	高管薪酬年度波动率,$\frac{t\text{期前三名高管薪酬总额} - (t-1)\text{期前三名高管薪酬总额}}{(t-1)\text{期前三名高管薪酬总额}}$
		Rsd1	高管薪酬 3 年波动率,前 3 名高管薪酬对数值 3 年滚动波动率(标准差)
		Sen	高管薪酬业绩敏感性,前 3 名高管薪酬变动额/息税前利润变动额
		Rsd2	调整后的高管薪酬 3 年波动率,前 3 名高管薪酬对数值 3 年滚动波动率-年度行业中位数

续表

变量类型	变量名称	变量符号	变量说明
控制变量	实际控制人类型	Private	哑变量，1表示上市公司实际控制人为民营控股，0表示其他
	两职兼任	Dual	哑变量，董事长和总经理由一人兼任时为1，其他为0
	高管持股比例	MSH	高管持股数量/总股数
	财务杠杆	Lev	上市公司的资产负债率
	盈利能力	GRO	上市公司的营业毛利率
	企业规模	Ln（asset）	上市公司总资产的自然对数
	年份	Year	哑变量，1表示隶属该年度的上市公司，0表示其他

资料来源：作者整理。

三、研究模型构建

（一）高管薪酬激励动态性与营销战略风格

在本研究中，模型（1）旨在验证假设H1，即探讨高管薪酬激励的动态性（DOI）与企业营销战略风格（MSS）之间的相关性。为了准确捕捉高管薪酬激励的动态性，我们采用了四个指标进行衡量：高管薪酬年度波动率（ROC）、高管薪酬业绩敏感性（Sen）、高管薪酬对数3年滚动标准差（Rsd1），以及经过年度行业中位数调整的薪酬对数3年滚动标准差（Rsd2）。

同时，为了评估企业的营销战略风格，本研究借鉴了唐跃军等人（2012）的研究，采用了两个指标：经年度行业均值调整的销售费用率（S_rate1）和经年度行业中位数调整的销售费用率（S_rate2）。这些指标能够反映企业在营销投入上的激进程度，从而揭示营销战略的风格。

$$MBR_{i,t} = \beta_0 + \beta_1 \times DOI_{i,t} + \beta_c \times control\_variables_{i,t} + \varepsilon_{i,t} \tag{1}$$

（二）营销战略风格与公司业绩

在本研究中，模型（2）旨在检验假设H2，即探讨企业的营销战略风格（MSS）如何影响其公司业绩（CP）。在此模型中，公司业绩通过多个财务指标进行衡量，具体包括：

ROA（Return on Assets）：代表上市公司在t+1期的总资产净利润率，反映了公司利用其资产产生净利润的效率。

ROE（Return on Equity）：代表净资产收益率，衡量公司对股东权益的利用效率和盈利能力。

OPR（Operating Profit Rate）：即营业利润率，用于评估公司的营业利润与营业收入的比例关系。

OIR（Operating Income Growth Rate）：代表营业收入增长率，反映公司营业收入的增长情况。

同时，营销战略风格的度量采用 t 期的 S_rate1 和 S_rate2 两个指标，这两个指标分别经过年度行业均值和中位数的调整，用以衡量上市公司的营销战略风格。

$$CP_{i,t+1}=\beta_0+\beta_1\times MBR_{i,t}+\beta_c\times control\_variables_{i,t}+\varepsilon_{i,t} \qquad (2)$$

第四节　实证结果及其分析

一、描述性统计

本研究变量的描述性统计结果如表 5-2 所示。

表 5-2　变量描述性统计

VARIABLES	N	mean	sd	min	max
ROA_{t+1}	8 245	0.0350	0.0560	−0.191	0.204
ROE_{t+1}	8 245	0.0630	0.117	−0.550	0.354
OPR_{t+1}	8 245	0.0670	0.159	−0.758	0.532
OIR_{t+1}	8 245	0.171	0.541	−0.558	4.087
S_rate1	8 245	−0.00400	0.0640	−0.214	0.261
S_rate2	8 245	0.0130	0.0610	−0.130	0.289
ROC	8 245	0.153	0.409	−0.538	2.290

续表

VARIABLES	N	mean	sd	min	max
Sen	8 245	−0.0220	1.098	−77.82	2.697
Rsd1	8 245	0.203	0.206	0	2.646
Rsd2	8 245	0.0490	0.200	−0.714	2.493
Private	8 245	0.430	0.495	0	1
Dual	8 245	0.203	0.402	0	1
MSH	8 245	0.0280	0.0850	0	0.662
GRO	8 245	0.266	0.176	−0.649	1.154
Lev	8 245	0.478	0.261	0.00700	10.08
Ln（asset）	8 245	22.37	1.319	15.58	28.10

资料来源：作者整理。

二、相关性分析

本研究对主要变量的相关系数进行了分析（见表5-3）。分析显示，用于衡量高管薪酬激励动态性的四个指标（ROC、Sen、Rsd1、Rsd2）与销售费用率 S_rate1（经年度行业均值调整）之间存在显著的负相关性，这为假设 H1 提供了初步的经验支持。然而，仅有高管薪酬业绩敏感性（Sen）与销售费用率 S_rate2（经年度行业中位数调整）之间的负相关性达到显著水平，其他指标未能显著支持假设 H1，因此需要通过回归分析进一步验证。此外，衡量营销战略激进程度的两个指标与企业绩效的四个指标（ROA、ROE、OPR、OIR）之间的相关性大多为显著正相关，这与假设 H2 的预期方向不符，表明营销战略风格与公司业绩之间的关系可能比预期更为复杂，需要通过回归模型进行深入检验。在控制变量方面，主要控制变量与企业营销战略风格及企业财务绩效指标之间的显著相关性表明，本研究选取的控制变量是合适的，能够合理控制其他因素的影响。最后，通过进行方差膨胀因子（Variance Inflation Factor，VIF）诊断，本研究确认了变量之间不存在严重的多重共线性问题，这为后续的实证分析提供了可靠的前提条件。

三、回归分析与假设检验

(一) 高管薪酬激励动态性与营销战略风格

本研究的实证分析结果（见表5-4）提供了中国上市公司高管薪酬激励动态性对企业营销战略风格的影响。在1%的显著性水平下，我们的分析发现，高管薪酬年度波动率（ROC）、高管薪酬业绩敏感性（Sen）、未调整的高管薪酬三年波动率（Rsd1）以及调整后的高管薪酬三年波动率（Rsd2），与衡量上市公司营销战略风格的销售费用率（S_rate1和S_rate2）之间存在显著的负相关性。这一结果全面支持了我们先前提出的研究假设H1，表明在中国的上市公司中，高管薪酬激励的动态性越强，其营销战略风格越倾向于稳健。

基于先前的理论分析与现实观察，这种相关性可能主要归因于两个方面。首先，增强高管薪酬激励的动态性有助于更好地对齐高管与股东的利益，有效缓解第一类代理问题，并实现人力资本在收益权层面的动态激励相容（唐跃军等，2020；Tang et al.，2022）。这种对齐激励了高管充分挖掘自身潜力，并以企业的长期发展为出发点，审慎地进行战略决策。在面临高度不确定性的营销战略决策时，具有较高薪酬激励动态性的高管更可能实现收益权层面的动态激励相容，从而更倾向于全面考虑市场状况，避免盲目采取激进的营销战略，转而偏好更为稳健的营销战略风格。

其次，随着高管薪酬激励动态性的提高，高管在获得收益权激励的同时，也承担了更高的风险。这种机制不仅激励高管，同时也对其行为施加了有效的约束。换言之，动态薪酬激励机制中激励与约束的并存，更有可能提升薪酬契约的有效性，促使高管在面对具有较大不确定性的营销战略决策时，采取更加谨慎的行动，避免进行不顾企业实际情况的不必要冒险，更多关注企业的长期发展潜力。

在当代商业环境中，关键人力资本的重要性日益凸显，其价值和影响力已普遍得到认可。随着经济的发展和产业结构的变迁，我们可能已经经历了从"资本雇佣劳动"到"劳动雇佣资本"的转变。在这种背景下，企业必须充分尊重并承认人力资本的产权,允许人力资本参与分享企业剩余,这已成为现代企业制度的必然趋势(杨向阳等,2006)。

鉴于第一类代理问题的普遍性以及人力资本的显著动态性,公司治理制度和机制设计需要进行相应的调整和优化。企业不仅要强调激励相容原则,更要重视动态激励相容的重要性。例如,通过增强高管薪酬激励的动态性,可以提升薪酬契约的有效性,并促进关键人力资本在收益权层面实现动态激励相容。这种机制设计能够有效缓解第一类代理问题,减少高管可能存在的机会主义动机和行为,同时激发高管的积极性,挖掘其潜力,从而推动企业的整体发展和创新。

在本研究中,对控制变量的回归分析,揭示了若干企业营销战略风格的偏好与洞见。首先,与国有和其他类型的公司相比,民营上市公司展现出更高的销售费用率,即销售费用除以营业收入再减去年度行业中位数的比例较高,这表明其营销战略风格相对更为激进。这一现象可能源于民营企业所处的高度市场化竞争环境,其中技术能力和战略性资源相对不足,加之管理粗放和较大的经营压力,导致民营企业更倾向于增加营销投入以维持市场竞争力。其次,对于董事长与总经理职位由同一人兼任的中国上市公司,其销售费用率显著更高,这可能指向了权力集中和监督不足所导致的激进营销战略倾向。权力集中可能减弱了公司治理结构的制衡作用,从而使得高管在营销决策上拥有更大的自由度。营业毛利率较高的上市公司往往拥有更多的自由现金流,这可能导致其销售费用率显著更高,反映出这些公司在营销活动上的较大投入。此外,财务杠杆较高的上市公司出人意料地展现出更高的销售费用率,这可能表明在市场竞争激烈的环境下,企业可能通过借债来维持其激进的营销战略风格,以应对巨大的经营压力。最后,考虑到规模效应的存在,资产规模较大的上市公司倾向于展现出较低的销售费用率,其营销战略风格相对更为稳健,这可能是因为大规模企业更注重长期的品牌建设和市场定位。

表 5-3 变量间相关系数结果

	ROA$_{t+1}$	ROE$_{t+1}$	OPR$_{t+1}$	OIR$_{t+1}$	S_rate1	S_rate2	ROC	Sen	Rsd1	Rsd2	Private	Dual	MSH	GRO	Lev	Ln(asset)
ROA$_{t+1}$	1															
ROE$_{t+1}$	0.894***	1														
OPR$_{t+1}$	0.767***	0.714***	1													
OIR$_{t+1}$	0.178***	0.204***	0.142***	1												
ROC	0.065***	0.072***	0.048***	0.043***	-0.021*	-0.008	1									
Sen	-0.012	-0.005	-0.006	0	-0.041***	-0.043***	-0.021*	1								
Rsd1	0.031***	0.031***	0.01	0.044***	-0.027**	-0.009	0.493***	-0.016	1							
Rsd2	0.01	0.032***	0.0140***	0.040***	-0.024**	-0.010	0.474***	-0.020	0.966***	1						
Private	0.096***	0.049***	0.043***	0.062***	0.093***	0.124***	0.041***	-0.007	0.031***	0.030***	1					
Dual	-0.009	-0.027**	-0.012	0.023**	0.063***	0.084***	0.0110	0.005	-0.001	-0.005	0.246***	1				

续表

	ROA$_{t+1}$	ROE$_{t+1}$	OPR$_{t+1}$	OIR$_{t+1}$	S_rate1	S_rate2	ROC	Sen	Rsd1	Rsd2	Private	Dual	MSH	GRO	Lev	Ln(asset)
MSH	0.082***	0.021*	0.038***	0.0120	0.081***	0.104***	0.002	-0.001	-0.03***	-0.034***	0.355***	0.385***	1			
GRO	0.354***	0.237***	0.408***	0.055***	0.372***	0.464***	0.050***	-0.036***	0.038***	0.040***	0.193***	0.079***	0.144***	1		
Lev	-0.205***	-0.031***	-0.149***	0.086***	-0.096***	-0.118***	0.0020	0.0170*	0.044***	0.051***	-0.155***	-0.056***	-0.163***	-0.295***	1	
Ln(asset)	-0.011	0.099***	0.078***	-0.098***	-0.061***	-0.092***	0.0080	0.018*	0.0150	0.027	-0.213***	-0.106***	-0.157***	-0.096***	0.302***	1

注：***表示在0.01水平上相关性显著，**表示在0.05水平上相关性显著，*表示在0.1水平上相关性显著。
资料来源：作者计算整理。

表5-4 薪酬激励的动态性对营销战略风格的影响

VARIABLES	S_rate1				S_rate2			
	(1)	(2)	(3)	(4)	(5)	(6)	(7)	(8)
ROC	-0.006*** (-3.27)				-0.005*** (-3.01)			
Sen		-0.002*** (-10.05)				-0.001*** (-6.66)		
Rsd1			-0.011*** (-3.05)				-0.008*** (-2.64)	

续表

VARIABLES	S_rate1				S_rate2			
	(1)	(2)	(3)	(4)	(5)	(6)	(7)	(8)
Rsd2				-0.012*** (-3.23)				-0.009*** (-2.90)
Private	0.001 (0.68)	0.001 (0.55)	0.001 (0.71)	0.001 (0.72)		0.002 (1.56)	0.002* (1.68)	0.002* (1.70)
Dual	0.004* (1.90)	0.004* (1.90)	0.004* (1.90)	0.004* (1.89)	0.005*** (2.96)	0.005*** (2.97)	0.005*** (2.96)	0.005*** (2.96)
MSH	0.013 (1.22)	0.013 (1.27)	0.012 (1.14)	0.012 (1.13)	0.012 (1.11)	0.012 (1.15)	0.011 (1.06)	0.011 (1.04)
GRO	0.137*** (21.69)	0.136*** (21.50)	0.137*** (21.71)	0.137*** (21.73)	0.162*** (26.72)	0.162*** (26.57)	0.162*** (26.71)	0.162*** (26.73)
Lev	0.008* (1.70)	0.008* (1.67)	0.008* (1.75)	0.008* (1.76)	0.009** (2.10)	0.009** (2.08)	0.010** (2.12)	0.010** (2.14)
Ln（asset）	-0.002*** (-2.85)	-0.002*** (-2.85)	-0.002*** (-2.83)	-0.002*** (-2.80)	-0.002*** (-3.90)	-0.002*** (-3.90)	-0.002*** (-3.88)	-0.002*** (-3.86)
Constant	-0.019 (-1.62)	-0.020 (-1.69)	-0.017 (-1.49)	-0.020* (-1.72)	0.011 (1.04)	0.010 (0.98)	0.012 (1.12)	0.010 (0.95)
年份固定效应	是	是	是	是	是	是	是	是
Observations	8 245	8 245	8 245	8 245	8 245	8 245	8 245	8 245

续表

VARIABLES	S_rate1				S_rate2			
	(1)	(2)	(3)	(4)	(5)	(6)	(7)	(8)
R-squared	0.148	0.147	0.148	0.148	0.223	0.223	0.223	0.223
adj_R2	0.222	0.222	0.222	0.222	0.222	0.222	0.222	0.222
F	59.04	59.04	59.04	59.04	59.04	59.04	59.04	59.04

注:*** 表示在 0.01 水平上相关性显著,** 表示在 0.05 水平上相关性显著,* 表示在 0.1 水平上相关性显著。
资料来源:作者计算整理。

(二) 营销战略风格与企业绩效

在对中国上市公司高管薪酬激励动态性与营销战略风格之间的影响进行实证分析之后，进一步探讨营销战略风格与公司业绩之间的联系显得尤为重要。理论上，如果一种激进的营销战略风格并未对公司业绩产生负面影响，反而有助于公司业绩的提升和公司价值的增长，那么，通过增强高管薪酬激励的动态性来促使高管避免采取激进营销战略的决策可能与商业实践中的基本逻辑不符。因此，为了确保高管薪酬激励机制与公司整体战略和长期发展目标的一致性，必须对营销战略风格的选择及其对公司业绩的具体影响进行细致的分析。这需要通过构建合适的经济模型和运用统计方法来检验营销战略风格与公司业绩指标之间的关系，从而为公司治理和战略决策提供科学的依据。

为规避潜在的内生性问题，本研究选取了滞后一期的上市公司财务指标——总资产净利润率（ROA）、净资产收益率（ROE）、营业收入增长率（OIR）、营业利润率（OPR）作为衡量企业业绩的因变量，并进行了回归分析（见表5-5），无论是通过年度行业均值调整还是年度行业中位数调整后的销售费用率，均与营业收入增长率（OIR）呈现出显著的正相关性，这一发现并不支持研究假设 H2。相反，销售费用率与总资产净利润率（ROA）、净资产收益率（ROE）、营业利润率（OPR）之间存在显著的负相关性，这支持了研究假设 H2。

表 5-5 营销战略风格对企业绩效的影响

VARIABLES	(1) ROA$_{t+1}$	(2) ROE$_{t+1}$	(3) OPR$_{t+1}$	(4) OIR$_{t+1}$	(5) ROA$_{t+1}$	(6) ROE$_{t+1}$	(7) OPR$_{t+1}$	(8) OIR$_{t+1}$
S_rate1	-0.058*** (-5.06)	-0.137*** (-6.26)	-0.375*** (-10.90)	0.254** (2.11)				
S_rate2					-0.074*** (-5.68)	-0.156*** (-6.24)	-0.444*** (-10.82)	0.268* (1.91)
Private	0.004*** (3.15)	0.010*** (3.80)	-0.002 (-0.71)	0.047*** (3.48)	0.004*** (3.24)	0.010*** (3.88)	-0.002 (-0.53)	0.047*** (3.45)
Dual	-0.007*** (-4.14)	-0.012*** (-3.17)	-0.011** (-2.27)	0.002 (0.09)	-0.007*** (-4.04)	-0.011*** (-3.09)	-0.010** (-2.07)	0.001 (0.06)
MSH	0.021** (2.35)	0.009 (0.53)	0.009 (0.37)	-0.067 (-1.03)	0.022** (2.36)	0.009 (0.53)	0.009 (0.38)	-0.067 (-1.02)
GRO	0.108*** (18.97)	0.183*** (19.38)	0.417*** (24.08)	0.216*** (4.68)	0.112*** (18.90)	0.189*** (18.84)	0.438*** (23.70)	0.207*** (4.25)
Lev	-0.028** (-2.38)	0.001 (0.09)	-0.044* (-1.74)	0.332*** (7.49)	-0.027** (-2.37)	0.001 (0.13)	-0.043* (-1.70)	0.332*** (7.47)
Ln (asset)	0.003*** (3.32)	0.013*** (10.02)	0.017*** (7.03)	-0.058*** (-7.71)	0.003*** (3.27)	0.013*** (9.95)	0.017*** (6.94)	-0.058*** (-7.68)
Constant	-0.051*** (-3.03)	-0.259*** (-10.23)	-0.390*** (-9.32)	1.194*** (7.45)	-0.049*** (-2.92)	-0.255*** (-10.06)	-0.378*** (-9.08)	1.187*** (7.41)

续表

VARIABLES	(1) ROA_{t+1}	(2) ROE_{t+1}	(3) OPR_{t+1}	(4) OIR_{t+1}	(5) ROA_{t+1}	(6) ROE_{t+1}	(7) OPR_{t+1}	(8) OIR_{t+1}
年份固定效应	是	是	是	是	是	是	是	是
Observations	8 245	8 245	8 245	8 245	8 245	8 245	8 245	8 245
R-squared	0.155	0.089	0.211	0.046	0.156	0.090	0.214	0.046
adj_R2	0.0443	0.0443	0.0443	0.0443	0.0443	0.0443	0.0443	0.0443
F	13.25	13.25	13.25	13.25	13.25	13.25	13.25	13.25

注：***表示在0.01水平上相关性显著，**表示在0.05水平上相关性显著，*表示在0.1水平上相关性显著。
资料来源：作者计算整理。

据此，可以推断增加的营销投入及相对提高的销售费用率虽能在短期内显著提升上市公司的营业收入，但对上市公司随后期间的盈利水平和盈利能力却产生了显著的不利影响，即 ROA、ROE、OPR 的表现显著较差。这表明，尽管激进的营销战略可能在短期内提升企业市场曝光度并促进营业收入的增长，但其并不具备长期的可持续效应。高额的营销投入和高企的销售费用率难以长期稳定地影响客户和消费者的态度及行为，对于增强消费者对品牌忠诚度的长期建设作用有限。此外，过于激进的营销战略可能会挤占和浪费企业的战略性资源，导致企业无法将有限的资源投入到技术创新和产品服务研发中，从而可能损害公司的盈利能力和长期发展潜力。此外，赵保国等人（2016）的研究指出，企业在广告和营销活动上的投资存在一个最优区间，超过这一效率最高的投资区间不仅不会进一步提升企业绩效，反而可能向资本市场传递出成本控制不力的负面信号，限制企业的长期发展。

在本研究中，对控制变量的回归分析结果揭示了若干关于企业业绩的有趣发现。首先，民营上市公司在财务绩效方面表现较为突出，其总资产净利润率（ROA）、净资产收益率（ROE）、营业收入增长率（OIR）相较于其他类型的公司更高，这可能归因于民营企业在市场竞争中更为灵活和创新的经营策略。其次，当董事长与总经理职位由同一人兼任时，上市公司的总资产净利润率（ROA）、净资产收益率（ROE）、营业利润率（OPR）显著较低。这一结果表明，管理者权力的集中可能削弱了公司治理的有效性，不利于企业业绩的改善和长期稳定发展。高管持股比例与上市公司总资产净利润率（ROA）之间存在正相关关系，但与其他企业业绩指标之间的关联并不显著。这可能意味着高管持股能够在一定程度上激励管理层提高公司的盈利能力，但其对企业增长和其他绩效指标的影响较为有限。再次，营业毛利率较高的上市公司往往展现出更优的业绩表现。上市公司的负债比例越高，其总资产净利润率（ROA）和营业利润率（OPR）倾向于更低，但营业收入增长率（OIR）却更高，这可能反映了高负债水平对盈利能力的压缩效应以及对增长潜力的刺激作用。最后，资产规模较大的上市公司虽然营业收入增长率（OIR）较低，但其总资产净利润率（ROA）、净资产收益率（ROE）、营业利润率（OPR）较高，这表明规模较大的企业在盈利能力上可能更为稳健，但可能面临增长速度放缓的挑战。

四、稳健性测试

(一) 高管薪酬激励动态性与营销战略风格

在进行中国上市公司高管薪酬激励动态性与营销战略风格关系的实证分析时，为了验证研究结果的稳健性，除了在表5-4中展示的经年度行业均值调整的销售费用率（S_rate1）和经年度行业中位数调整的销售费用率（S_rate2）之间的相关性分析之外，本研究还实施了额外的稳健性检验。

具体而言，本研究采用了滞后一期的销售费用率作为替代变量，并对其进行了相同的年度行业均值和中位数调整，随后进行了回归分析（见表5-6），表明高管薪酬激励的动态性与滞后一期的销售费用率之间维持显著的负相关性。这一发现进一步支持了研究假设H1，即高管薪酬激励的动态性与企业营销战略风格的激进程度呈负相关，且相关研究结论在不同时间点的销售费用率指标下保持一致。

表 5-6 薪酬激励的动态性与 t+1 期营销战略风格的影响

VARIABLES	S_rate1				S_rate2			
	(1)	(2)	(3)	(4)	(5)	(6)	(7)	(8)
ROC	-0.003* (-1.68)				-0.003* (-1.77)			
Sen		-0.001*** (-10.38)				-0.001*** (-7.86)		
Rsd1			-0.005* (-1.66)				-0.007** (-2.22)	
Rsd2				-0.007** (-2.22)				-0.008** (-2.46)
Private	0.001 (0.92)	0.001 (0.86)	0.001 (0.93)	0.001 (0.96)	0.003** (2.11)	0.003** (2.05)	0.003** (2.14)	0.003** (2.16)
Dual	0.003* (1.85)	0.003* (1.86)	0.003* (1.86)	0.003* (1.85)	0.004** (2.37)	0.004** (2.37)	0.004** (2.37)	0.004** (2.36)
MSH	0.013 (1.22)	0.013 (1.24)	0.012 (1.18)	0.012 (1.16)	0.016 (1.50)	0.016 (1.52)	0.015 (1.45)	0.015 (1.44)
GRO	0.132*** (23.37)	0.131*** (23.25)	0.132*** (23.39)	0.132*** (23.42)	0.150*** (25.91)	0.150*** (25.79)	0.150*** (25.95)	0.150*** (25.98)
Lev	0.006*** (2.64)	0.006*** (2.63)	0.006*** (2.67)	0.006*** (2.70)	0.004* (1.77)	0.004* (1.75)	0.004* (1.85)	0.004* (1.87)

续表

VARIABLES	S_rate1				S_rate2			
	(1)	(2)	(3)	(4)	(5)	(6)	(7)	(8)
Ln(asset)	-0.000 (-0.94)	-0.000 (-0.92)	-0.000 (-0.94)	-0.000 (-0.91)	-0.001*** (-3.33)	-0.001*** (-3.31)	-0.001*** (-3.31)	-0.001*** (-3.28)
Constant	-0.030*** (-3.11)	-0.031*** (-3.17)	-0.030*** (-3.05)	-0.031*** (-3.18)	0.001 (0.13)	0.001 (0.07)	0.002 (0.22)	0.001 (0.06)
年份固定效应	是	是	是	是	是	是	是	是
Observations	8 245	8 245	8 245	8 245	8 245	8 245	8 245	8 245
R-squared	0.149	0.150	0.149	0.150	0.198	0.198	0.198	0.198
adj_R2	0.197	0.197	0.197	0.197	0.197	0.197	0.197	0.197
F	54.47	54.47	54.47	54.47	54.47	54.47	54.47	54.47

注：*** 表示在 0.01 水平上相关性显著，** 表示在 0.05 水平上相关性显著，* 表示在 0.1 水平上相关性显著。
资料来源：作者计算整理。

(二) 营销战略风格与企业绩效

在探究营销战略风格与企业绩效关系的框架内，为了增强研究结果的稳健性，本研究实施了一项补充的稳健性检验。具体方法为，采用滞后两期的上市公司财务指标——总资产净利润率（ROA）、净资产收益率（ROE）、营业利润率（OPR）以及营业收入增长率（OIR）作为因变量，并进行回归分析。

从表5-7可见，当使用滞后两期的财务指标时，经过年度行业均值调整和年度行业中位数调整的上市公司销售费用率与营业收入增长率（OIR）之间的正相关性不再显著。此外，以总资产净利润率（ROA）、净资产收益率（ROE）、营业利润率（OPR）为因变量的模型所得到的回归分析结果与之前的研究结果保持一致，继续支持研究假设 H2。

这一稳健性检验的结果进一步强化了以下结论：激进的营销战略可能在短期内对营业收入的增长产生一定的促进作用，但从长期角度来看，这种战略会显著损害公司的盈利水平，不利于企业的长期稳定发展和内在实力的增强。

表 5-7 t 期营销战略风格与 t+2 期企业绩效

VARIABLES	(1) ROA_{t+2}	(2) ROE_{t+2}	(3) OPR_{t+2}	(4) OIR_{t+2}	(5) ROA_{t+2}	(6) ROE_{t+2}	(7) OPR_{t+2}	(8) OIR_{t+2}
S_rate1	-0.040*** (-3.96)	-0.097*** (-4.28)	-0.312*** (-10.49)	0.027 (0.28)				
S_rate2					-0.048*** (-4.30)	-0.098*** (-3.97)	-0.351*** (-10.74)	0.040 (0.39)
Private	0.003** (2.06)	0.006** (2.08)	-0.006 (-1.59)	0.034*** (2.72)	0.003** (2.11)	0.006** (2.12)	-0.006 (-1.46)	0.034*** (2.71)
Dual	-0.006*** (-3.89)	-0.010*** (-2.62)	-0.010** (-2.04)	-0.004 (-0.29)	-0.006*** (-3.82)	-0.009*** (-2.58)	-0.009* (-1.89)	-0.005 (-0.30)
MSH	0.011 (1.31)	-0.008 (-0.44)	-0.023 (-0.95)	-0.099 (-1.30)	0.011 (1.31)	-0.008 (-0.45)	-0.023 (-0.95)	-0.099 (-1.31)
GRO	0.085*** (21.82)	0.137*** (15.82)	0.356*** (31.16)	0.072** (2.00)	0.087*** (21.48)	0.140*** (15.47)	0.370*** (31.08)	0.070* (1.84)
Lev	-0.026*** (-10.27)	-0.009 (-1.52)	-0.045*** (-5.98)	0.056** (2.34)	-0.026*** (-10.22)	-0.008 (-1.49)	-0.044*** (-5.86)	0.055** (2.33)
Ln(asset)	0.002*** (4.46)	0.010*** (9.15)	0.013*** (8.76)	-0.044*** (-9.35)	0.002*** (4.40)	0.010*** (9.10)	0.013*** (8.61)	-0.044*** (-9.34)
Constant	-0.022** (-1.96)	-0.191*** (-7.74)	-0.289*** (-8.88)	1.074*** (10.41)	-0.020* (-1.85)	-0.189*** (-7.62)	-0.279*** (-8.58)	1.073*** (10.40)
年份固定效应	是	是	是	是	是	是	是	是

续表

VARIABLES	(1) ROA$_{t+2}$	(2) ROE$_{t+2}$	(3) OPR$_{t+2}$	(4) OIR$_{t+2}$	(5) ROA$_{t+2}$	(6) ROE$_{t+2}$	(7) OPR$_{t+2}$	(8) OIR$_{t+2}$
Observations	8 245	8 245	8 245	8 245	8 245	8 245	8 245	8 245
R-squared	0.097	0.048	0.132	0.029	0.097	0.047	0.133	0.029
adj_R2	0.0275	0.0275	0.0275	0.0275	0.0275	0.0275	0.0275	0.0275
F	17.64	17.64	17.64	17.64	17.64	17.64	17.64	17.64

注：***表示在0.01水平上相关性显著，**表示在0.05水平上相关性显著，*表示在0.1水平上相关性显著。

资料来源：作者计算整理。

五、内生性分析

内生性问题是回归分析中的一个关键考量因素,它可能影响研究结果的准确性和可靠性。在探讨高管薪酬激励动态性与营销战略风格之间的关系时,可能存在由遗漏变量和双向因果关系所引起的内生性问题。具体来说,一是公司内部治理结构和外部监管环境对高管薪酬的设定以及销售费用的投入都可能产生显著影响。这种影响可能导致高管薪酬动态性与销售费用投入之间在统计上呈现出相关性,而这种相关性并不能直接反映二者之间的因果关系。二是在销售费用数额较大或比例较高的情况下,高管为了维护自身的薪酬水平,可能会利用其影响力对薪酬进行操纵,从而产生销售费用率对薪酬动态性的逆向影响。此外,销售费用率与企业业绩之间的双向因果关系也是可能的。尽管本研究已经考虑到销售费用对企业绩效的影响,并采取了滞后处理来控制这种影响,但当高管能够准确预见到未来企业业绩可能的下降趋势时,公司也可能通过增加营销投入来试图提升业绩,尽管这种做法的成功并非易事。

(一)高管薪酬激励动态性与营销战略风格

在本研究中,为了检验高管薪酬激励动态性与营销战略风格之间的内生性问题,我们采取了以下方法进行检验。

一是针对可能由遗漏变量引起的内生性问题,本研究参考了孙世敏(2022)等人的研究,通过在原有模型中引入公司内部治理相关的多项控制变量,包括第一大股东持股比例(GQP)、董事会持股比例(DSH)、监事会持股比例(SSH)以及股权制衡度(EBD)。在引入这些控制变量后,我们重新进行了回归分析,其结果展示在表5-8中。分析结果表明,高管薪酬激励动态性与营销战略风格之间的关系并未发生实质性变化,与前文的研究结果保持一致。

表 5-8 薪酬激励的动态性对营销战略风格的影响（增加控制变量）

VARIABLES	S_rate1				S_rate2			
	(1)	(2)	(3)	(4)	(5)	(6)	(7)	(8)
ROC	-0.006*** (-3.38)							
Sen		-0.001** (-2.40)			-0.004*** (-2.90)			
Rsd1			-0.009*** (-2.66)			-0.001** (-2.47)		
Rsd2				-0.009*** (-2.74)			-0.006** (-1.99)	-0.007** (-2.14)
Private	-0.002 (-0.94)	-0.002 (-1.03)	-0.002 (-0.97)	-0.002 (-0.95)	0.000 (0.05)	-0.000 (-0.01)	0.000 (0.02)	0.000 (0.03)
Dual	0.006*** (3.19)	0.006*** (3.20)	0.006*** (3.19)	0.006*** (3.18)	0.007*** (4.28)	0.007*** (4.28)	0.007*** (4.28)	0.007*** (4.26)
MSH	-0.035*** (-2.84)	-0.034*** (-2.75)	-0.036*** (-2.88)	-0.036*** (-2.87)	-0.030*** (-2.69)	-0.029*** (-2.59)	-0.031*** (-2.71)	-0.031*** (-2.70)
Ln(asset)	-0.002*** (-3.03)	-0.002*** (-2.96)	-0.002*** (-3.05)	-0.002*** (-3.03)	-0.003*** (-4.25)	-0.002*** (-4.18)	-0.003*** (-4.26)	-0.003*** (-4.24)
GRO	0.141*** (34.18)	0.140*** (33.96)	0.141*** (34.14)	0.141*** (34.15)	0.167*** (44.25)	0.166*** (44.06)	0.167*** (44.20)	0.167*** (44.21)

续表

VARIABLES	S_rate1				S_rate2			
	(1)	(2)	(3)	(4)	(5)	(6)	(7)	(8)
Lev	0.011***	0.010**	0.011***	0.011***	0.014***	0.014***	0.014***	0.015***
	(2.62)	(2.54)	(2.71)	(2.73)	(3.87)	(3.80)	(3.93)	(3.95)
GQP	-0.000	-0.000	-0.000	-0.000	-0.000	-0.000	-0.000	-0.000
	(-0.24)	(-0.34)	(-0.23)	(-0.24)	(-1.27)	(-1.35)	(-1.27)	(-1.28)
DSH	0.036***	0.035***	0.035***	0.035***	0.032***	0.031***	0.032***	0.032***
	(4.26)	(4.21)	(4.26)	(4.24)	(4.15)	(4.09)	(4.15)	(4.14)
SSH	0.132*	0.135*	0.132*	0.131*	0.068	0.071	0.068	0.067
	(1.67)	(1.71)	(1.68)	(1.67)	(0.94)	(0.98)	(0.95)	(0.93)
EBD	0.000*	0.000	0.000*	0.000*	0.000	0.000	0.000	0.000
	(1.76)	(1.50)	(1.83)	(1.81)	(1.27)	(1.04)	(1.30)	(1.29)
Constant	-0.016	-0.017	-0.015	-0.017	0.017	0.016	0.018	0.016
	(-1.25)	(-1.33)	(-1.16)	(-1.31)	(1.42)	(1.34)	(1.47)	(1.36)
年份固定效应	是	是	是	是	是	是	是	是
Observations	7 944	7 944	7 944	7 944	7 944	7 944	7 944	7 944
R-squared	0.159	0.158	0.158	0.159	0.234	0.234	0.234	0.234
adj_R2	0.232	0.232	0.232	0.232	0.232	0.232	0.232	0.232
F	134.4	134.4	134.4	134.4	134.4	134.4	134.4	134.4

注：***表示在0.01水平上相关性显著，**表示在0.05水平上相关性显著，*表示在0.1水平上相关性显著。
资料来源：作者计算整理。

二是针对高管薪酬激励动态性与营销战略风格之间可能存在的互为因果问题，本研究采取了以下检验方法来评估内生性问题的严重程度。考虑到高管可能会基于销售费用率进行薪酬操纵，我们预期在销售费用率不同的公司中，高管薪酬激励的动态性程度会表现出显著差异。为此，本研究将样本按照销售费用率的中位数分为两组，并检验了两组样本在高管薪酬动态性方面是否存在显著差异。从表5-9可见，两组样本在高管薪酬动态性方面并无显著差异，这表明在高管薪酬激励动态性与营销战略回归模型中，薪酬激励动态性相对外生，内生性问题对研究结论的影响不大。

此外，已有研究表明，滞后处理可以有效打破自变量和因变量在同时期可能存在的互为因果性（唐跃军等，2010）。在稳健性测试中，我们采用了当期的高管薪酬激励动态性与滞后一期的销售费用率进行回归分析，结果依然支持研究假设H1。这一发现同样表明，在高管薪酬激励动态性与营销战略风格之间的关系分析中，不存在严重的内生性问题。

表 5-9 薪酬激励动态性与营销战略风格（销售费用率分组）

VARIABLES	销售费用率高于中位数 (1-4)				销售费用率低于中位数 (5-8)			
	(1)	(2)	(3)	(4)	(5)	(6)	(7)	(8)
ROC	-0.012* (-1.84)				-0.001* (-1.79)			
Sen		0.000 (0.16)				-0.002 (-1.20)		
Rsd1			-0.047*** (-3.53)				-0.001 (-1.20)	
Rsd2				-0.043*** (-3.18)				-0.001* (-1.66)
Private	0.011** (2.05)	0.011** (2.00)	0.012** (2.14)	0.012** (2.15)	0.002*** (3.68)	0.001*** (3.60)	0.002*** (3.65)	0.002*** (3.66)
Dual	0.002 (0.36)	0.003 (0.39)	0.002 (0.33)	0.002 (0.35)	-0.000 (-0.22)	-0.000 (-0.27)	-0.000 (-0.23)	-0.000 (-0.24)
MSH	-0.001 (-0.02)	-0.000 (-0.01)	-0.004 (-0.13)	-0.004 (-0.15)	0.010*** (3.19)	0.010*** (3.19)	0.010*** (3.17)	0.010*** (3.17)
Ln (asset)	-0.042*** (-17.77)	-0.042*** (-17.81)	-0.042*** (-17.76)	-0.042*** (-17.71)	-0.001*** (-7.08)	-0.001*** (-7.06)	-0.001*** (-7.07)	-0.001*** (-7.07)
GRO	0.546*** (35.87)	0.545*** (35.79)	0.550*** (36.04)	0.549*** (36.00)	0.006*** (4.69)	0.006*** (4.62)	0.006*** (4.64)	0.006*** (4.67)

续表

VARIABLES	销售费用率高于中位数 (1-4)				销售费用率低于中位数 (5-8)			
	(1)	(2)	(3)	(4)	(5)	(6)	(7)	(8)
Lev	0.463***	0.462***	0.466***	0.466***	-0.002**	-0.002**	-0.002**	-0.002**
	(34.91)	(34.86)	(35.09)	(35.05)	(3.25)	(3.31)	(3.25)	(3.26)
Constant	0.660***	0.661***	0.665***	0.654***	0.041***	0.040***	0.041***	0.040***
	(13.01)	(13.03)	(13.12)	(12.89)	(12.80)	(12.75)	(12.81)	(12.77)
年份固定效应	是	是	是	是	是	是	是	是
Observations	4 123	4 123	4 123	4 123	4 122	4 122	4 122	4 122
R-squared	0.328	0.328	0.330	0.329	0.043	0.042	0.042	0.043
adj_R2	0.327	0.327	0.327	0.327	0.0393	0.0393	0.0393	0.0393
F	144	144	144	144	13.05	13.05	13.05	13.05

注：*** 表示在0.01水平上相关性显著，** 表示在0.05水平上相关性显著，* 表示在0.1水平上相关性显著。
资料来源：作者计算整理。

(二) 营销战略风格与企业绩效

在本研究中,针对营销战略风格与企业绩效之间的潜在内生性问题,我们进行了深入探讨。虽然我们假设销售费用率的变化会对企业绩效产生影响,但同样需要考虑销售费用率与企业业绩之间可能存在的双向因果关系。在高管能够准确预测到企业未来业绩可能下滑的情况下,公司可能会通过增加促销活动和广告投放等手段来提高销售费用投入,以刺激业绩增长。

为了解决这一问题,我们采用了滞后处理的方法。具体而言,我们使用 t 期的销售费用率与 t+1 期的企业业绩进行了回归分析,并在稳健性检验中进一步将 t 期的销售费用率与 t+2 期的企业业绩进行回归分析。理论上,销售费用率与滞后一期或两期的企业业绩之间存在双向因果关系的可能性较低。此外,在探讨 t 期高管薪酬激励动态性与 t+1 期销售费用率关系的回归模型中,我们在模型中加入了 t 期的公司业绩(以营业利润率 OPR 表示)作为控制变量,随后重新进行了回归分析。从表 5-10 可见,t 期的公司业绩(OPR)对 t+1 期的销售费用率并无显著影响。从表 5-5 和表 5-7 可见,销售费用率更有可能对企业绩效产生显著影响。通过上述分析可以得出结论,营销战略风格与企业绩效之间的关系并不存在严重的内生性问题,从而为研究结果的可靠性提供了进一步的支持。

表 5-10 薪酬激励的动态性与 t+1 期营销战略风格的影响

VARIABLES	S_rate1				S_rate2			
	(1)	(2)	(3)	(4)	(5)	(6)	(7)	(8)
ROC	-0.003* (-1.76)				-0.003* (-1.87)			
Sen		-0.001** (-2.42)				-0.001** (-2.39)		
Rsd1			-0.005* (-1.69)					
			-0.007** (-2.28)					
Rsd2				-0.007** (-2.25)				-0.008** (-2.54)
OPR	0.000 (0.69)	0.000 (0.68)	0.000 (0.69)	0.000 (0.70)	0.000 (0.62)	0.000 (0.61)	0.000 (0.63)	0.000 (0.64)
Private	0.001 (0.94)	0.001 (0.88)	0.001 (0.95)	0.001 (0.98)	0.003** (2.14)	0.003** (2.07)	0.003** (2.16)	0.003** (2.18)
Dual	0.003** (2.03)	0.003** (2.04)	0.003** (2.03)	0.003** (2.03)	0.004*** (2.59)	0.004*** (2.60)	0.004*** (2.60)	0.004*** (2.59)
MSH	0.013 (1.54)	0.013 (1.58)	0.012 (1.50)	0.012 (1.47)	0.016* (1.95)	0.016* (1.98)	0.015* (1.88)	0.015* (1.87)

续表

VARIABLES	S_rate1				S_rate2			
	(1)	(2)	(3)	(4)	(5)	(6)	(7)	(8)
GRO	0.132*** (35.41)	0.131*** (35.27)	0.132*** (35.40)	0.132*** (35.44)	0.150*** (41.08)	0.150*** (40.94)	0.151*** (41.11)	0.151*** (41.13)
Lev	0.007** (2.48)	0.007** (2.45)	0.007** (2.53)	0.007** (2.57)	0.004 (1.57)	0.004 (1.54)	0.004* (1.65)	0.004* (1.68)
Ln（asset）	-0.000 (-0.90)	-0.000 (-0.88)	-0.000 (-0.89)	-0.000 (-0.87)	-0.001*** (-2.89)	-0.001*** (-2.87)	-0.001*** (-2.88)	-0.001*** (-2.86)
Constant	-0.030*** (-2.61)	-0.030*** (-2.66)	-0.029** (-2.56)	-0.030*** (-2.67)	0.002 (0.17)	0.001 (0.12)	0.003 (0.25)	0.001 (0.11)
年份固定效应	是	是	是	是	是	是	是	是
Observations	8 245	8 245	8 245	8 245	8 245	8 245	8 245	8 245
R-squared	0.149	0.150	0.149	0.150	0.198	0.198	0.198	0.198
adj_R2	0.197	0.197	0.197	0.197	0.197	0.197	0.197	0.197
F	135.6	135.6	135.6	135.6	135.6	135.6	135.6	135.6

注：***表示在0.01水平上相关性显著，**表示在0.05水平上相关性显著，*表示在0.1水平上相关性显著。
资料来源：作者计算整理。

第六章 研究结论与建议

第一节 研究结论

一、高管股权激励动态性、研发创新与公司绩效

本研究以人力资本的动态性为研究视角，沿着"股权激励动态性—研发创新投入—企业绩效"的逻辑主线，展开对股权激励动态性影响机制的研究。研究样本涵盖了 2010 年至 2022 年所有 A 股上市企业的数据。通过运用描述性统计、相关性分析和回归分析等实证研究方法，本研究得出的主要结论如下。

（一）股权激励动态性与企业短期绩效

在本研究中，通过实证分析发现股权激励动态性与企业短期绩效之间存在显著的负相关关系。这一结果表明，当企业对高管实施的股权激励动态性增强时，企业的短期业绩表现反而下降。这种现象可能意味着，在短期内，增强的股权激励动态性并未有效解决股东与高管之间存在的委托代理问题。当前的股权激励机制在设计行权条件时，普遍与企业的短期业绩紧密相关，特别是业绩型股权激励计划，更多地关注于短期利润的实现。然而，动态股权激励机制可能并不能为高管提供稳定的私有收益保障。因此，为了降低个人所承担的资本风险，高管可能会采取一定的投机行为，这会对企业的短期

业绩产生不利影响。

（二）股权激励动态性与企业长期成长性绩效

在本研究中，实证分析揭示了股权激励动态性与企业长期成长性绩效之间的显著正相关关系。这一发现表明，增强企业对高管实施的股权激励动态性，能够显著提升企业的长期成长性绩效。从长期激励的角度出发，股权激励机制通过使高管能够分享未来业绩的红利，有助于实现高管与股东利益的一致性。这种激励方式能够抑制高管的短视行为和自利行为，激励高管做出符合企业长远利益的战略决策，从而促进企业的持续成长和发展。此外，股权激励作为一种长期激励工具，通过与高管的长期绩效挂钩，鼓励高管专注于企业的长期价值创造，而不仅仅是短期利润最大化。这种机制有助于确保高管的行为与企业的长期目标保持一致，进而推动企业实现长期稳定的发展。

（三）研发创新投入的中介作用

在本研究中，我们观察到高管股权激励的动态性与企业研发创新投入的强度之间存在负相关关系。这一现象表明，当股权激励的动态性增强时，企业在研发创新上的投入强度反而降低。此外，我们还发现上市企业的研发创新投入强度与其短期业绩呈现负相关，而与长期成长能力则呈现正相关关系。这表明，尽管研发创新投入在短期内可能会对企业的财务表现产生压力，但它是企业长期增长和可持续发展的关键驱动力。进一步的分析揭示了研发创新投入在股权激励动态性与企业绩效之间的中介作用。具体而言，企业可以通过调节研发创新投入的强度来间接影响股权激励动态性对企业短期绩效和长期成长性绩效的作用。这种中介效应意味着，企业管理层在设计和实施股权激励计划时，需要考虑研发创新投入的策略定位，以确保激励机制能够有效地促进企业的长期发展，而不仅仅是短期的财务表现。

（四）企业风险承担水平的调节作用

在本研究中，我们探讨了企业风险承担水平对股权激励动态性与企业绩效关系的影响。研究发现，企业风险承担水平的提升能够削弱股权激励动态性与企业短期绩效之间的负向作用，并强化其与企业长期成长性绩效之间的正向作用。具体而言，当企业风险承担水平增加时，企业对风险的容忍度提高，这使得企业更倾向于采取积极的创新投资决策。这种适度的风险承担和创新决策有助于企业建立和维持竞争优势，从而在一定程度上提升企业的业绩表现。在短期内，这种效应可能不会立即显现，因为创新投资通常需要时间来孵化和实现回报。从长期来看，这些投资能够为企业带来持续的增长动力和市场竞争力，从而对企业的长期成长性绩效产生正向影响。这一结果强调了在设计高管股权激励机制时，需要考虑企业风险承担水平的重要性。企业应当根据自身的风险偏好和市场定位，制定合理的激励机制，以平衡短期绩效和长期发展目标。

（五）代理问题的调节作用

在本研究中，我们进一步分析了代理问题对股权激励动态性与企业绩效关系的影响。研究发现，两类代理问题——即高管与股东之间以及控股股东与中小股东之间的代理问题，均会加剧股权激励动态性与企业短期绩效之间的负向作用。然而，代理问题在股权激励动态性和企业长期成长性绩效之间的关系中并未表现出显著的调节效应。代理问题的激化导致高管与股东之间、控股股东与中小股东之间的利益冲突更加明显。在这种情况下，高管可能会因为个人私有利益的受损而采取损害企业价值的行为。由于高管本身也是中小股东的一部分，当他们的利益受到侵占时，可能会通过减少对研发创新的投资或采取其他短期行为来维护自己的利益，这些行为会在一定程度上加剧企业短期绩效的缩减。

二、高管薪酬激励动态性、研发创新与公司绩效

本研究立足于第一类代理问题和动态激励相容理论，利用2011年至2022年中国上市公司的数据，探究CEO薪酬激励动态性对企业绩效的影响机制。在分析过程中，本研究设计了一系列相关的控制变量，包括独立董事比例、CEO持股比例、第一大股东持股比例、机构投资者比例、最终控制人产权性质、公司规模以及资产负债率等，以确保研究结果的准确性。此外，为了进一步减少遗漏变量偏误和测量误差的影响，本研究还固定了时间和行业效应。在这些严谨的控制条件下，得出了以下结论。

一是，CEO薪酬激励的动态性与企业t+1期的短期绩效呈现负相关关系，而与t+2期的长期绩效则呈现正相关关系。这一发现说明，在短期内，CEO薪酬的较大波动性可能会增加CEO对风险的厌恶，加剧管理层与股东之间的利益冲突。因此，CEO可能为了规避风险或保持薪酬水平，倾向于采取风险较低、收益相对较小的投资决策。这种短期内较为保守的投资行为可能导致企业财务绩效指标的暂时下降。然而，从长期角度来看，较高的CEO薪酬激励动态性能够激励CEO专注于企业的长期发展战略，从而有助于提升企业的市场价值。这种动态性的薪酬结构可以抑制CEO的短期投机行为，鼓励其在更长的时间范围内持续地为企业贡献努力，实现更持久的价值创造。通过这种方式，CEO薪酬激励的动态性有助于缓解第一类代理问题，即管理层与股东之间目标不一致的问题，实现利益相关者之间的动态激励相容。

二是，CEO薪酬激励的动态性与企业创新投入之间存在负相关关系。具体来说，CEO薪酬激励的动态性与t期、t+1期以及t+2期的创新投入指标均呈现出显著的负相关性。这一结果表明，随着CEO薪酬激励动态性的增强，CEO在决策过程中可能表现出更高的风险厌恶，从而导致其短视行为的增加，抑制了其采取积极创新投入策略的意愿。企业创新活动通常伴随着高投入成本、长期收益周期和较大的不确定性。作为创新决策的核心推动者，CEO需要在综合考虑当前市场状况和企业资源的基础上做出最优决策。CEO的人力资本，包括其知识、经验和技能，对创新决策具有重要影响，并且这种人力资本是动态变化的。

三是，CEO薪酬激励的动态性不仅能够直接对企业绩效产生影响，还能通过影响企业创新投入这一中介变量，间接促进企业绩效的提升。CEO作为企业战略决策的核心人物，对资源整合具有关键的决策权。CEO需要根据企业的具体特征，如企业规模、企业战略定位以及所处行业的竞争激烈程度等，来调整其努力投入的程度，确保个人的努力与薪酬收入之间形成合理的匹配关系。基于提升企业绩效和增加个人薪酬收入的双重动机，CEO可能会通过调整创新投资项目的规模和方向来影响企业的绩效表现。

四是，CEO薪酬差距显著地调节了薪酬激励动态性与企业创新投入之间的关系。具体而言，从企业外部薪酬比较的角度来看，当CEO的薪酬高于同行业均值时，CEO薪酬激励动态性与企业创新投入强度之间的负向关系得到了强化。作为既得利益者的CEO，在面对薪酬激励动态性带来的不确定性时，会出于对自身利益潜在威胁的担忧，而避免采取风险较高的创新投资活动。相反，当CEO的薪酬低于行业均值时，CEO薪酬激励动态性与企业创新投入之间的负向关系可能会发生反转。在这种情况下，CEO可能会将高度动态性的薪酬激励视为一种激励机制，通过增加创新投入以提升企业的长期绩效，以此来弥补自身薪酬的不足。从企业内部薪酬差距的角度来看，较大的内部薪酬差距弱化了CEO薪酬激励动态性与企业创新投入对数值之间的负向关系。较大的内部薪酬差距表明CEO的激励机制较为有效，由于薪酬制度的稳定性，CEO可以预期在未来获得相对于其他高管更高的薪酬。因此，利益得到保障的CEO可能更倾向于支持研发创新活动，这有助于企业的长期业绩增长。综上所述，内部薪酬差距作为一种激励机制，能够有效地减弱甚至逆转CEO薪酬激励动态性对创新投入的潜在抑制作用，从而鼓励CEO专注于长期的创新和价值创造。

三、CEO薪酬激励动态性与营销战略风格

在当今时代，人力资本已成为企业最宝贵的战略资源。因此，企业如何有效地将关键人力资本的知识和技能转化为生产力，已成为企业战略规划中的核心议题。鉴于人力资本的显著动态性，为了实现人力资本所有者的动态激励相容，企业的治理结构和治理机制必须从静态向动态转变。这种转变对于缓解第一类代理问题、充分挖掘人力资本的潜力以及赋予企业持续的内生增长能力至关重要。基于这一背景，本研究利用2011年至2020年中国沪深A股上市公司的数据，从人力资本理论和委托代理理论的角度出发，实证检验了高管薪酬激励动态性对企业营销战略风格的影响以及营销战略风格与企业绩效之间的相互关系。本研究的发现有如下两方面。

一是，高管薪酬激励动态性的四个指标——年度波动率、业绩敏感性、3年波动率以及调整后的3年波动率，均与上市公司销售费用率呈现出显著的负相关性。这一结果表明，在中国市场背景下，高管薪酬激励的动态性越强，公司采纳的营销战略风格越倾向于稳健。具体而言，当高管薪酬激励动态性

较高时,高管在收益权层面更易于实现动态激励相容,这要求高管在面临不确定性的营销战略决策时,更加注重风险与收益的平衡。由于薪酬动态性高的高管需要承担更大的经营风险,他们在决策过程中往往会表现出更高的谨慎性,从而更偏好于选择稳健的营销战略风格。

二是,上市公司通过增加营销投入、提高销售费用率能够在短期内显著提升营业收入。然而,这种营销战略的激进性同时对公司的后续盈利水平和盈利能力产生了显著的负面影响,如总资产净利润率(ROA)、净资产收益率(ROE)、营业利润率(OPR)等关键财务指标的表现均显著下降。这一现象表明,尽管激进的营销战略可能有助于企业在规模上的快速扩张,实现"做大"的目标,但对提升企业的核心竞争力和实现"做强"则并不利。

第二节 研究建议

一、高管股权激励动态性、研发创新与公司绩效

本研究采用理论分析与实证研究相结合的方法,从人力资本动态性的角度出发,深入探讨了股权激励动态性与企业绩效之间的内在联系。研究进一步检验了研发创新投入在股权激励动态性影响企业绩效过程中的中介作用,从而揭示了股权激励动态性如何通过影响企业的研发创新活动进而作用于企业绩效的机制。这一发现对于优化中国企业的治理结构、管理层激励方案以及投资决策具有重要的启示和借鉴意义。

(一)优化股权激励动态机制的设计

在企业管理实践中,企业和高管必须认识到股权激励的核心目的并非作为短期福利或个人私利的工具,而是作为推动企业绩效持续增长的长期激励机制。股权激励的设计和实施不应是一次性的决策。市场环境的不断变化、关键人力资本的能力和努力程度的动态性等,均对高管的决策行为产生显著影响。因此,股权激励机制需要从传统的静态安排转变为持续的、动态的激

励体系。这要求企业改变以短期业绩为导向的静态机制设计，通过动态配股、动态分红等创新方式，不断优化企业治理机制，以减少股权激励对短期绩效的潜在负面影响，降低滞后效应，确保股权激励对企业绩效的持续促进作用。同时，高管的激励机制也需随着企业的不同发展阶段进行动态优化调整。无论是薪酬激励还是股权激励，企业在设计激励机制时应关注的核心不仅限于薪酬和股权本身，更在于激励的本质——即激发高管的潜在价值和工作热情。为了实现长期有效的激励效果，股权授予不应是一次性的行为，而应基于企业的发展需求和高管的个人表现，进行持续的滚动优化和动态调整。

（二）强化企业的创新意识

创新不仅是企业在市场竞争中获得优势的关键途径，也是国家经济实现持续增长的重要驱动力。为了加速建设创新型国家，确保关键技术的自主可控，迫切需要通过有效的激励机制来激发我国企业的创新动力和创新能力。在当前市场环境快速变化的背景下，创新的优势尤为重要，它对于企业的长期发展至关重要。然而，就我国目前的创新实践而言，许多中小型企业仍然倾向于寻求通过投机行为快速获利，而忽略了研发创新在企业转型升级中的核心作用。为了改变这一现状，股东和管理层需要转变观念，通过设计合理的激励机制和调整动态的股权结构，促进高管和员工形成正确的创新意识。这将有助于激发他们的创新活力，引导他们进行积极的创新实践。在企业内部营造积极的创新氛围，不仅能够促进创新活动的开展，还能为企业的持续发展提供强有力的支持。通过这种方式，企业可以更好地利用研发创新作为其转型升级的催化剂，从而在激烈的市场竞争中获得优势。

（三）提升企业的风险承担水平

风险承担水平是企业决策过程中的一个关键因素，尤其在决定是否将资源分配给具有较高不确定性的项目时。为了在市场上取得优势并实现高额收益，企业必须承担相应的风险。根据本研究的实证结果，企业风险承担水平的提高能够增强股权激励动态性对企业长期成长性绩效的正向影响。因此，企业应当致力于提升其风险承担能力，具体措施包括以下三个方面。

一是，扩充企业的自有资金储备，建立稳固的财务基础，以支持对高风险项目的投入。

二是，构建和维护良好的银行和企业间的合作关系，确保在需要时能够获得必要的资金支持。

三是，在进行投资决策时，全面分析内外部市场的信息资源，科学预测潜在的风险点，并制定相应的预防和应对措施，以减轻不确定性因素的影响。

通过这些措施，企业可以更好地管理风险，把握机遇，从而在追求最大化企业价值的同时，实现长期稳定增长。

二、高管薪酬激励动态性、研发创新与公司绩效

关于 CEO 薪酬激励动态性对企业创新影响机制的设计，提出如下几点建议。

一是，企业应当设计灵活的薪酬结构，将薪酬与公司的长期绩效挂钩，同时引入包括股权激励在内的多种激励方法。强化监事会、证券监管机构以及公众监督的力度，防止经理人滥用职权、降低信息不对称性。

二是，为了充分激发企业的创新活力，必须对企业创新激励制度进行完善。包括对企业创新投入所产生的经济效益进行合理评估，并改进创新投入与产出之间的激励机制。通过强化内部成本控制，有效抑制管理层的短视行为和管理防御动机，从而最大化公司创新投入所带来的长期发展潜力。

三是，企业应根据具体情况设计和优化 CEO 的薪酬差距，以实现激励机制的最优化。

具体而言，当企业内部薪酬差距较大时，CEO 可能更有动力推动创新投入，因为这反映了其对创新活动的重视和对高层管理者的激励。同时，外部薪酬差距的调整可以影响 CEO 对风险的态度，进而影响其决策行为。通过调整 CEO 的薪酬结构，企业可以更好地激励 CEO 追求与企业长期价值创造相一致的目标。

三、CEO 薪酬激励动态性与营销战略风格

鉴于第一类代理问题在公司治理中的普遍性以及人力资本的显著动态性，公司在设计治理制度和机制时，必须同时考虑激励相容和动态激励相容的原

则。通过增强高管薪酬激励的动态性,提升薪酬契约的有效性,并促进关键人力资本在收益权层面实现动态激励相容,从而有效缓解第一类代理问题,即管理层与股东利益不一致的问题。此外,动态的薪酬激励机制有助于减少高管可能存在的机会主义动机和行为,同时激发高管的积极性,挖掘其潜在能力。为了实现这一目标,公司应当设计出能够反映高管努力和公司长期绩效的薪酬结构,以及与之相匹配的激励机制。这要求公司治理结构能够适应外部环境的变化,并对内部管理进行适时调整,确保高管的行为与公司的长期利益相符合。

企业在制定营销战略时,应避免采取过于激进的行为,特别是在面对不确定性的营销投入决策时,更应保持审慎态度。企业在决策时需要权衡营销投入的短期效果与长期影响,采取稳健的营销战略,以实现可持续发展。企业应重视技术创新和产品服务的研发,以此作为提升企业核心竞争力和实现长期增长的关键。

第三节 研究展望

一、高管股权激励动态性、研发创新与公司绩效

本研究在探讨股权激励动态性对企业绩效影响机制的理论框架和实证检验方面取得了一定的研究成果,并为理解股权激励的动态治理效应提供了新的视角。然而,由于资源、时间等多重因素的限制,本研究的不足之处主要体现在以下几个方面。

一是,本研究在量化股权激励动态性的指标时存在一定的局限性。尽管研究采用了薪酬业绩敏感性的测算方法,但主要关注时间因素和高管持股比例的变化,这可能未能充分捕捉股权激励实际行权过程的复杂性。因此,未来的研究可以进一步拓展和完善股权激励动态性的度量方法。为了更准确地反映高管动态持股情况,后续研究可以综合考虑股权激励计划中的多项激励因素,包括但不限于分红政策、股权激励的封闭期、行权条件、以及激励计

划中可能包含的其他激励机制。通过这种多维度的考量，可以更全面地评估股权激励动态性对企业绩效的影响。

二是，本研究集中探讨了动态股权激励机制对高管决策行为的影响，并考察了研发创新在其中的中介作用。在分析研发创新的中介效应时，研究主要关注了企业研发资金的投入情况，而未深入探讨研发创新的产出及投产效率。在企业的实际决策过程中，研发创新不仅涉及资金投入，还包括风险承担、市场前景、技术可行性等多元因素。因此，未来的研究可以通过将研发创新的产出和投产情况纳入模型，更全面地评估研发创新投资在股权激励机制与企业绩效关系中的作用。这将有助于揭示研发创新活动对企业长期增长潜力的影响，以及如何通过优化激励机制来促进有效的研发创新投资。

三是，在本研究中，探讨了股权激励动态性与研发创新投入之间的关系，并考察了研发创新投入在模型中的中介作用。然而，研究未能充分考虑不同行业对研发创新需求的差异性。尽管通过去中心化的方法控制了行业差异，但未来的研究可以通过对行业进行更细致的划分，或者选择特定行业进行深入分析，以便更准确地捕捉行业特性对研发创新投入和股权激励机制的影响。此外，后续研究可以基于行业特点，对股权激励机制的动态设计提出更有针对性的调整建议。例如，高科技行业可能需要更强的激励机制来促进创新，而传统行业可能更注重激励与风险控制的平衡。通过这种针对性的研究，可以为不同行业的企业提供定制化的股权激励策略，以促进企业研发创新活动的开展，进而提升企业绩效。

二、高管薪酬激励动态性、研发创新与公司绩效

本研究深入探讨了 CEO 薪酬激励动态性、CEO 薪酬差距、创新投入与企业绩效之间的关系，并提出了相应的结论与建议。然而，研究存在若干局限，主要包括五个方面。

一是样本数据的局限。本研究主要基于 A 股上市公司的数据，未能涵盖非上市公司样本。由于非上市公司的制度结构与上市公司存在差异，本研究的结论可能无法直接推广至非上市公司，而后者的 CEO 薪酬激励动态性对企业创新的影响同样具有重要的研究价值。

二是研究对象范围有局限。本研究从第一类代理问题出发，主要关注CEO薪酬激励动态性。未来的研究可以进一步扩展至董事会、监事会、高管团队等其他公司治理主体的激励机制，以及这些机制如何影响企业创新投入和企业绩效。

三是薪酬激励数据维度的局限。本研究主要依据上市公司年报披露的CEO货币薪酬来衡量薪酬激励动态性。鉴于货币薪酬仅为薪酬激励的一部分，未来的研究可以结合股权激励等其他激励方式，从而更全面地考察CEO激励动态性对企业创新和绩效的影响。

四是调节变量的局限。本研究考察了CEO薪酬差距在薪酬激励动态性与创新投入关系中的调节作用，但未能涵盖所有相关的影响因素。未来的研究可以扩大数据范围，考虑更多的控制变量，从而更深入地探讨CEO薪酬结构及公司治理机制对这些关系的调节作用。

五是研究领域的局限。本研究未对不同行业和企业性质进行细分研究。在数字经济背景下，企业数字创新对经济发展的推动作用日益凸显。未来的研究可以聚焦于特定行业和企业性质，深入探讨CEO薪酬激励动态性对企业数字创新水平的影响。

三、CEO薪酬激励动态性与营销战略风格

本研究深入探讨了CEO薪酬激励动态性、营销战略风格与企业绩效之间的相互关系，并据此提出了相应的结论和建议。然而，由于资源和时间等多方面的限制，研究在以下几个方面存在局限。

一是，本研究集中探讨了高管薪酬激励动态性对企业营销战略风格的影响。然而，随着股权激励在企业治理中的地位日益凸显，其普遍性和重要性不断增强，本研究的现有框架需要进一步扩展。仅控制管理层持股比例可能不足以全面捕捉股权激励对企业决策的影响。因此，未来的研究应当系统地、深入地探讨股权激励动态性对企业营销战略风格的影响。

二是，本研究从第一类代理问题的角度出发，探讨了管理层薪酬激励对企业营销战略风格的影响。然而，管理层对企业营销战略风格取向的影响是多维度的，除了薪酬激励之外，还包括管理层权力、高管团队特征等多重因

素。这些因素均可能对企业的营销战略风格产生潜在的影响。在未来的研究中，可以更广泛地考察这些因素如何共同作用于管理层的决策过程，进而影响企业的营销战略风格。例如，管理层权力的集中程度可能影响其对风险的态度和战略选择的激进程度；高管团队的多样性和专业性可能影响团队对市场动态的响应速度和创新能力。

三是，不同行业因其独特的市场特性和消费者行为，对营销活动的敏感度存在显著差异。本研究通过中心化的方法控制了行业差异，但在未来的研究中，可以进一步细分行业类别，以更细致地考察营销战略与企业绩效之间的相互关系。这种方法会揭示更多有关行业特定因素如何影响营销效率和企业绩效的有趣发现。此外，细分行业的研究方法能够更准确地识别和评估不同营销战略在特定市场环境下的有效性，从而为企业提供更为定制化的营销策略建议。例如，高科技行业更注重创新和品牌形象的营销策略，而传统制造业更侧重于成本效益和分销渠道的优化。

参考文献

[1] Abowd J M. Does performance-based managerial compensation affect corporate performance? [J]. Review, 1990, 43 (3): 52-S-73-S.

[2] Adams JS. Inequity in social exchange [J]. Advance in Experimental Social Psychology, 1965, 2 (4): 267-299.

[3] Afonso A J. Políticas avaliativas e accountability em educação—subsídios para um debate iberoamericano [J]. Sísifo, 2016 (9): 57-70/EN 57-70.

[4] Aggarwal R K, Samwick A A. Empire-builders and shirkers: Investment, firm performance, and managerial incentives [J]. Journal of Corporate Finance, 2006, 12 (3): 489-515.

[5] Ahuja G., Lampert, C. M., Tandon, V. Moving Beyond Schumpeter: Management Research on the Determinants of Technological Innovation. Academy of Management Annals, 2008, 2 (1): 1-98.

[6] Amihud Yakov, Lev Baruch. Risk Reduction as a Managerial Motive for Conglomerate Mergers [J]. The Bell Journal of Economics, 1981, 12 (2).

[7] Anna, et al. CEO Personal Wealth, Equity Incentives and Firm Performance [J]. Corporate Governance: An International Review, 2013, (01): 26-41.

[8] Armstrong C S, Vashishtha R. Executive Stock Options, Differential Risk-taking Incentives, and Firm Value [J]. Social Science Electronic Publishing, 2012, 104 (1): 70-88.

[9] Baber W R, Fairfield P M, Haggard J A. The effect of concern about reported income on discretionary spending decisions: The case of research and development [J]. Accounting Review, 1991: 818-829.

［10］Baber W R, Janakiraman S N, Kang S H. Investment opportunities and the structure of executive compensation［J］. Journal of Accounting and Economics, 1996, 21（3）: 297-318.

［11］Baranchuk N, Kieschnick R, Moussawi R. Motivating innovation in newly public firms［J］. Journal of Financial Economics, 2014, 111（3）: 578-588.

［12］Bebchuk L A, Fried J M. Executive compensation as an agency problem［J］. Journal of economic perspectives, 2003, 17（3）: 71-92.

［13］Bebchuk L A, Fried J M. Pay without performance: The unfulfilled promise of executive compensation［M］. Harvard University Press, 2009.

［14］Belloc F. Corporate governance and innovation: A survey［J］. Journal of Economic Surveys, 2012, 26（5）: 835-864.

［15］Berle A A, Means G G C. The modern corporation and private property［M］. Transaction publishers, 1991: 51-56.

［16］Berle A, G Means. The Modern Corporation and Private Property［M］. New York: Macmillan, 1932.

［17］Bloom N, Genakos C, Sadun R, et al. Management practices across firms and countries［J］. Academy of management perspectives, 2012, 26（1）: 12-33.

［18］Brian J, Hall, Jeffrey B, Libman. Are CEOs Really Paid Like Bureaucrats? The Quarterly Journal of Economics, 1998, 8: 653-691

［19］Bryan S, Hwang L S, Lilien S. CEO compensation after deregulation: The case of electric utilities［J］. The Journal of Business, 2005, 78（5）: 1709-1752.

［20］Bulan L, Sanyal P. Incentivizing managers to build innovative firms［J］. Annals of Finance, 2011, 7（02）: 267-283.

［21］Bushe BJ. The influence of institutional investors on myopic R&D investment behavior［J］. The Acounting Review, 1998, 73（3）: 305-333.

［22］Canarella G, Gasparyan A, Nourayi MM. New Insights Into Exkecutive Compensation and Firm Performance［J］. Managerial Finance, 2008, 34（8）:

537-544.

[23] Cassiman, B., & Veugelers, R. (2006). In search of complementarity in innovation strategy: Internal R&D and external knowledge acquisition. Management Science, 52 (1), 68-82.

[24] Chakraborty A, Sheikh S, Subramanian N. The Relationship Between Incentive Compensation and Performance Related CEO Turnover. Jourrral of Economics & Business, 2009, 61 (4): 295-311.

[25] Chen L. Research on the Influence of Executive Compensation Incentive on Company Growth [J]. Francis Academic Press, 2019 (3): 53-65.

[26] Chen, C. J., S. Chen, X. Su, and Y. Wang. Incentives for and Consequences of Initial Voluntary Asset Write - Downs in the Emerging Chinese Market [J]. Journal of International Accounting Research, 2004, 3 (1): 43-61.

[27] Chung K H, Shen C H H. Corporate Governance and Market Reactions to Capital and R&D Investment Announcements [J]. 2009.

[28] Chung K H, Wright P, Kedia B. Corporate governance and market valuation of capital and R&D investments [J]. Review of Financial Economics, 2003, 12 (2): 161-172.

[29] Cohen W M, Levinthal D A. Innovation and learning: the two faces of R & D [J]. The economic journal, 1989, 99 (397): 569-596.

[30] Cole C R, He E, McCullough K A, et al. Separation of Ownership and Management: Implications for Risk – Taking Behavior [J]. Risk Management and Insurance Review, 2011, 1: 49-71.

[31] Conchar M P, Crask M R, Zinkhan G M. Market valuation models of the effect of advertising and promotional spending: a review and meta – analysis [J]. Journal of the Academy of Marketing Science, 2005, 33 (4): 445-460.

[32] Conyon M J, Murphy K J. The prince and the pauper? CEO pay in the United States and United Kingdom [J]. The Economic Journal, 2000, 110 (467): 640-671.

[33] Coughlan A T, Schmidt R M. Executive compensation, management

turnover, and firm performance: An empirical investigation [J]. Journal of accounting and economics, 1985, 7 (1-3): 43-66.

[34] CUI H, Mak Y T. The Relationship Between Managerial Ownership and firm Performance in high R D firms L [J]. Journal of Corporate Finance, 2002, 8 (4): 313-336.

[35] CUSTÓDIO C, FERREIRA M, MATOS P. Do general managerial skills spur innovation? [J]. Management Science, 2019, 65 (2): 459-476.

[36] Deleersnyder B, Dekimpe M G, Steenkamp J B E M. The Role of National Culture in Advertising's Sensitivity to Business Cycles: An Investigation across Continents [J]. Journal of Marketing Research, 2009, 46 (5): 623-636.

[37] Eriksson T. Executive Compensation and Tournament Theory: Empirical Tests on Danish Data [J]. Journal of Labor Economics, 1999, 17 (2): 262-280.

[38] Faccio M. M. T. Marchica and R. Mura. Large Shareholder Diversification and Corporate Risk-taking [J]. Review of Financial Studies, 2011 (24): 3601-3641.

[39] Fama E F. Agency problems and the theory of the firm [J]. Journal of political economy, 1980, 88 (2): 288-307.

[40] Fama E, Jensen M. Separation of Ownership and Control [J]. Journal of Law and Economics, 1983, 26: 301-325.

[41] Firth M, Fung P M Y, Rui O M. Corporate performance and CEO compensation in China [J]. Journal of Corporate Finance, 2006, 12 (4): 693-714.

[42] Frankenberger K D, Graham R C. Should firms increase advertising expenditures during recessions? [J]. MSI reports, 2003, 3 (3-115): 65-85.

[43] Frieder L, Subrahmanyam, A. Brand perceptions and the market for common stock [J]. Journal of Financial and Quantitative Analysis, 2005, 40 (1): 57-85.

[44] Gächter, S., Fehr, E. Fairness in the Labour Market: A Survey of Experimental Results. Social Science Electronic, 2002.

[45] Gerhart B, Rynes S L. Compensation: Theory, Evidence, and Strategic Implication [M]. Thousand Oak, CA: SagePublications, 2003.

[46] Gibbons R, Murphy K J. Relative performance evaluation for chief executive officer [J]. ILR Review, 1990, 43 (3): 30-51.

[47] Goel A M, Thakor A V. Overconfidence, CEO Selection, and Corporate Governanc [J]. The Journal of Finance, 2008, 63 (6): 2737-2784.

[48] Graham J R, Harvey C R, Rajgopal S. The Economic Implications of Corporate Financial Reporting [J]. Journal of Accounting and Economics, 2005, 40 (1-3): 3-73.

[49] Griliches Z. Productivity, R&D, and the Data Constraint [J]. Economic Impact of Knowledge, 1994, 84 (1): 1-23.

[50] Griliches Z. R&D and productivity: Measurement issues and econometric results [J]. Science, 1987, 237 (4810): 31-35.

[51] Griliches Z. Productivity, R&D, and Basic Research at the Firm Level in the 1970's. The American Economic Review, 1986, 76 (1): 141-154.

[52] GROSSMAN S J, HART O D. An analysis of the principle agent problem [J]. Econometrica, 1983, 51 (1): 7-45.

[53] Hall B J, Liebman J B. Are CEOs really paid like bureaucrats? [J]. The Quarterly Journal of Economics, 1998, 113 (3): 653-691.

[54] Haubrich J G. Risk aversion, performance pay, and the principal-agent problem [J]. Journal of Political Economy, 1994, 102 (2): 258-276.

[55] Healy P M. The effect of bonus schemes on accounting decisions [J]. Journal of accounting and economics, 1985, 7 (1-3): 85-107.

[56] HOLMSTROM B. Agency costs and innovation [J]. Journal of economic behavior and organization, 1989, 12 (3): 305-327.

[57] Holmström, B. Moral hazard and observability [J]. The Bell journal of economics, 1979: 74-91.

[58] Howitt P, Aghion P. Capital accumulation and innovation as complementary factors inlong-run growth [J]. Journal of Economic Growth, 1998, 3: 111-130.

[59] Huang G Y, Huang H H, Lee C I. Is CEO pay disparity relevant to seasoned bondholders? [J]. International Review of Economics & Finance, 2019, 64:

271-289.

[60] Hurwicz L. The design of mechanisms for resource allocation [J]. The American Economic Review, 1973, 63 (2): 1-30.

[61] Jackson SB, Lopez TJ, Reitenga AL. Accounting Fundamentals and CEO Bonus Compensation [J]. Journal of Accounting & Public Policy, 2008, 27 (5): 374-393.

[62] Janos'ova', L., Jira'sek, M. R&D Investment under the Influence of Board Characteristics and Performance Feedback. Working Paper: International Conference on Management, Leadership and Governance, 2017: 487-494.

[63] Jensen M, Meckling W H. Theory of the firm: Managerial behavior, agency costs and ownership structure – ScienceDirect [J]. Journal of Financial Economics, 1976, 3 (4): 305-360.

[64] Jensen M C, Meckling W H. Theory of the Firm: Managerial Behavior, Agency Costs and Ownership Structure [J]. Journal of Financial Economics, 1976, 3 (3): 82-137.

[65] Jensen, M C, Murphy, K J. Performance pay and top-management incentives [J]. Journal of Political Economy, 1990, 98 (2): 225-264.

[66] Jindal N, McAlister L. The impacts of advertising assets and R&D assets on reducing bankruptcy risk [J]. Marketing Science, 2015, 34 (4): 555-572.

[67] Joshi A, Hanssens D M. The direct and indirect effects of advertising spending on firm value [J]. Journal of marketing, 2010, 74 (1): 20-33.

[68] Kang, S., P. Kumar, and H. Lee. Agency and Corporate Investment: The Role of Executive Compensation and Corporate Governance [J]. Journal of Business, 2006, 79: 1127-1147

[69] Kim M C, McAlister L M. Stock market reaction to unexpected growth in marketin expenditure: Negative for sales force, contingent on spending level for advertising [J]. Journal of Marketing, 2011, 75 (4): 68-85.

[70] Kothari S P, Laguerre T E, Leone A J. Capitalization versus Expensing: Evidenceon the Uncertainty of Future Earnings from Capital Expenditures ver-

sus R&D Outlay [J]. Review of Accounting Studies, 2002, 7 (4): 355-382.

[71] La Porta, R., F. Lopez-de-Silanes, and A. Shleifer, Corporate Ownership Around the World [J]. Journal of Finance, 1999, 54 (2): 471-517.

[72] Lazear E P . Output–Based Pay: Incentives, Retention or Sorting? [J]. Research in Labor Economics, 2003, 23 (04): 1-25.

[73] Lazonick W, O´Sullivan M. Innovation and Economic Performance [J]. 2000, 145 (7): 878-810.

[74] Lee P M, H M O´ Neill. Ownership structures and R&D Investment of U.S and Japanese Firms: Agency and Stewardship perspectives [J]. Academy of Management Journal, 2013, (2): 212-225.

[75] Leland, H. E & Pyle, D. H. Informational asymmetries, financial structure, and financial inter-mediation. The Journal of Finance, 1977, 32 (2): 371-387.

[76] Leone, A., J. Wu, and J. Zimmerman. 2006. Asymmetric Sensitivity of CEO Cash Compensation to Stock Industry adjusted Stock Returns. Journal of Accounting and Economics, 42 (1-2): 167-687.

[77] Lerner J . The new new financial thing: The origins of financial innovations [J]. Journal of Financial Economics, 2006, 79 (2): 223-255.

[78] Lev B, Sougiannis T. The capitalization, amortization, and value-relevance of R&D [J]. Journal of accounting and economics, 1996, 21 (1): 107-138.

[79] Liu B H, Huang W, Wang L. Performance-based equity incentives, vesting restrictions, and corporate innovation [J]. Nankai Business Review International, 2019, 10 (01): 138-164.

[80] Lodere, Martin. Executive stock ownership and performance Tracking faint traces [J]. Journal of Financial Economics, 1997, (2): 223-2.

[81] Lucas Jr R E. On the mechanics of economic development [J]. Journal of monetary economics, 1988, 22 (1): 3-42.

[82] Ma S, Seidl D . New CEOs and their collaborators: Divergence and convergence between the strategic leadership constellation and the top management team [J]. Strategic Management Journal, 2018, 39 (3): 606-638.

[83] Major B, Forcey B. Social Comparisons and Pay Evaluations: Preferences for Same-Sex and Same-Job Wage Comparisons [J]. Journal of Experimental Social Psychology, 1985, 21 (4): 393-405.

[84] Manso G. Motivating Innovation [J]. The Journal of Finance, 2011. 66: 1823-1860.

[85] Markovitch D G, Huang D, Ye P. Marketing intensity and firm performance: Contrasting the insights based on actual marketing expenditure and its SG&A proxy [J]. Journal of Business Research, 2020, 118: 223-239.

[86] Mason, A, Carpenter, et al. The Effects of Top Management Team Pay and Firm Internationalization on MNC Performance - ScienceDirect [J]. Journal of Management, 2004, 30 (4): 509-528.

[87] McConnell J J, Servaes H. Additional evidence on equity ownership and corporate value [J]. Journal of Financial economics, 1990, 27 (2): 595-612.

[88] Meckling W H, Jensen M C. Theory of the firm: Managerial behavior, agency costs and ownership structure [J]. Journal of financial economics, 1976, 3 (4): 305-360.

[89] Morck R, Wolfenzon D, Yeung B. Corporate governance, economic entrenchment, and growth [J]. Journal of economic literature, 2005, 43 (3): 655-720.

[90] Omesh Kini, and Ryan Williams. Tournament Incentives, Firm Risk, and Corporate Policies [J]. Journal of Financial Economics, 2012, 103 (2): 350-376.

[91] Özturan P, Özsomer A, Pieters R. The role of market orientation in advertising spending during economic collapse: The case of Turkey in 2001 [J]. Journal of Marketing Research, 2014, 51 (2): 139-152.

[92] Rao V R, Agarwal M K, Dahlhoff D. How is manifest branding strategy related to the intangible value of a corporation? [J]. Journal of Marketing, 2004, 68 (4): 126-141.

[93] RIDGE J W, AIME F, WHITE M A. When much more of a difference makes a difference: social comparison and tournaments in the CEO's top team [J].

[94] Romer P M. Endogenous technological change [J]. Journal of political Economy, 1990, 98 (5, Part 2): S71-S102.

[95] Romer, P. Endogenous Technological Change [J]. Journal of Political Economy, 1990, 98 (5): 71-102.

[96] Romer, P. Increasing Returns and Long-Run Growth [J]. The Journal of Political Economy, 1986, 94 (5): 1002-1037.

[97] Rosen S. Temporal information in speech: acoustic, auditory and linguistic aspects [J]. Philosophical Transactions of the Royal Society of London. Series B: Biological Sciences, 1992, 336 (1278): 367-373.

[98] Sanders, W. G., Hambrick, D. C. Swinging for the fences: the effects of CEO stock options on company risk taking and performance [J]. Academy of Management Journal, 2007 (50): 1055-1078.

[99] Shaw K W, Zhang M H. Is CEO cash compensation punished for poor firm performance? [J]. The Accounting Review, 2010, 85 (3): 1065-1093.

[100] SIEGEL P A, HAMBRICK D C. Pay Disparities within top management groups: evidence of harmful effects on performance of high-technology firms [J]. Organization Science, 2005, 16 (3): 259-274.

[101] Sloan R G. Accounting earnings and top executive compensation [J]. Journal of accounting and Economics, 1993, 16 (1-3): 55-100.

[102] Smith, A. (2020). CEO pay dynamics and corporate innovation. Journal of Business Research, 113, 29-39.

[103] Solow, R. M. Technical Change and the Aggregate Production Function [J]. The Review of Economics and Statistics, 1957, (39): 312-320.

[104] Srivastava, Rajendra K, Tasadduq A. "Market-based assets and shareholder value: A framework for analysis." Journal of Marketing, 1998, 62 (1): 2-18.

[105] Stam, E., Wennberg, K. The Role of R&D in New Firm Growth. Jena Economic Research Papers, 2009, 33 (1): 77-89.

[106] Tang Y J, Zuo J J. "The Governance Model for Entrepreneurial Enterprises: A Study Based on Dynamic Ownership Governance Platform", Frontiers of Business Research in China, 2022, 17 (1): 44-69.

[107] Tang Yuejun, Zuo Jingjing. The Governance Model for Entrepreneurial Enterprises: A Study Based on Dynamic Ownership Governance Platform [J]. Frontiers of Business Research in China, 2022, 17 (1): 44-69.

[108] Tosi Jr H L, Gomez-Mejia L R. The decoupling of CEO pay and performance: An agency theory perspective [J]. Administrative Science Quarterly, 1989: 169-189.

[109] Wang K, Xiao X. Controlling shareholders' tunneling and executive compensation: Evidence from China [J]. Journal of Accounting & Public Policy, 2011, 30 (1): 89-100.

[110] Wang R, Liu L, Feng Y. An empirical investigation on the impact of marketing strategy style on firm performance: evidence from public firms in China [J]. Journal of Contemporary Marketing Science, 2021, 4 (2): 280-299.

[111] Wang, J., & Zhang, Y. (2019). CEO compensation dynamics and firm innovation. Journal of Business Research, 95, 1-13.

[112] Wiseman R M, Gomez-Mejia L R. A Behavioral Agency Model of Managerial Risk Taking [J]. Academy of Management Review, 1998, 23 (1): 133-153.

[113] Wulf L J. Innovation and Incentives: Evidence from Corporate R&D [J]. Review of Economics & Statistics, 2007, 89 (4): 634-644.

[114] Zhang Y, Rajagopalan N. When the known devil is better than an unknown god: An empirical study of the antecedents and consequences of relay CEO successions [J]. Academy of management journal, 2004, 47 (4): 483-500.

[115] ZHONG X, WAN H, REN G. Can TMT vertical pay disparity promote firm innovation performance? The moderating role of ceo power and board characteristics [J]. European Journal of Innovation Man-agement, 2021, 25 (4): 1161-1182.

[116] 步丹璐, 文彩虹. 高管薪酬粘性增加了企业投资吗? [J]. 财经研

究，2013，39（6）：63-72.

[117] 陈文强，贾生华. 股权激励、代理成本与企业绩效——基于双重委托代理问题的分析框架［J］.当代经济科学，2015，37（2）：106-113+128.

[118] 陈文强. 股权激励、契约异质性与企业绩效的动态增长［J］.经济管理，2018，40（5）：175-192.

[119] 陈文强. 长期视角下股权激励的动态效应研究［J］.经济理论与经济管理，2016（11）：53-66.

[120] 陈晓红，李玉环，曾江洪. 管理层激励与中小上市公司成长性实证研究［J］.科学学与科学技术管理，2007（7）：134-140.

[121] 陈笑雪. 管理层股权激励对公司绩效影响的实证研究［J］.经济管理，2009，31（2）：63-69.

[122] 陈修德，梁彤缨，雷鹏等. 高管薪酬激励对企业研发效率的影响效应研究［J］.科研管理，2015，36（9）：26-35.

[123] 陈震. 经营风险、管理层权力与企业高管层内部薪酬差距［J］.经济管理，2012，34（12）：51-61.

[124] 谌新民，刘善敏. 上市公司经营者报酬结构性差异的实证研究［J］.经济研究，2003，（8）：55-63+92.

[125] 程远亮，黄乾. 人力资本产权激励：知识经济时代激励制度的选择［J］.经济经纬，2001，（4）：37-40.

[126] 丑建忠，黄志忠，谢军. 股权激励能够抑制大股东掏空吗？［J］.经济管理，2008（17）：48-53.

[127] 翟淑萍，毛文霞，韩贤. 急功近利抑或行稳致远：CEO薪酬差距与企业研发效率——基于地理邻近性视角［J］.经济管理，2022，44（9）：151-168.

[128] 董静，苟燕楠，郭强. 企业技术创新的组织模式——基于不确定性和系统性的实证研究［J］.研究与发展管理，2010，22（3）：10.

[129] 杜勇，鄢波，陈建英. 研发投入对高新技术企业经营绩效的影响研究［J］.科技进步与对策，2014，31（2）：87-92.

[130] 范宋伟. 高管薪酬差距对企业技术创新绩效的影响［J］.技术经济

与管理研究, 2022 (9): 51-56.

[131] 方军雄, 于传荣, 王若琪, 杨棉之. 高管业绩敏感型薪酬契约与企业创新活动 [J]. 产业经济研究, 2016 (4): 51-60.

[132] 方军雄. 我国上市公司高管的薪酬存在粘性吗? [J]. 经济研究, 2009, 44 (3): 110-124.

[133] 冯乾彬, 赵乐新, 胡晓. 创新与企业内部薪酬差距 [J/OL]. 经济学报: 1-44 [2023-11-22]. https://doi.org/10.16513/j.cnki.cje.20230411.001.

[134] 冯展斌, 杨罡, 张兆慧. 产品市场竞争、外部薪酬差距与企业研发投入 [J]. 财会通讯, 2020 (24): 63-66.

[135] 葛军. 股权激励与上市公司绩效关系研究 [D]. 南京农业大学, 2007.

[136] 巩娜. 高管薪酬差距、控股股东与民营上市公司绩效关系实证分析 [J]. 中央财经大学学报, 2015, (7): 64-73.

[137] 顾海峰, 朱慧萍. 高管薪酬差距促进了企业创新投资吗——基于中国A股上市公司的证据 [J]. 会计研究, 2021, (12): 107-120.

[138] 郭元晞. 论经营者年薪制 [J]. 经济研究, 1995, (11): 24-29+53.

[139] 郝东洋. 产品市场竞争、内部薪酬差距与公司经营绩效 [J]. 华东师范大学学报 (哲学社会科学版), 2016, 48 (1): 149-158+172.

[140] 郝云宏, 朱炎娟. 高管薪酬、企业营销战略倾向与企业成长——基于房地产行业上市公司的实证检验 [J]. 财经论丛, 2012, (6): 88-92.

[141] 何爱, 艾永明, 李炜文. 税收激励与企业创新: CEO通用能力的调节作用 [J]. 研究与发展管理, 2023, 35 (1): 158-171.

[142] 何涌. R&D投入能促进企业创新质量的提升吗?——基于风险投资的调节作用 [J]. 经济经纬, 2019, 36 (4): 118-125.

[143] 洪康隆, 邵帅, 吕长江. 实际控制人行业专长与公司创新 [J/OL]. 南开管理评论: 1-32 [2023-12-01]. http://kns.cnki.net/kcms/detail/12.1288.F.20230616.1133.002.html.

[144] 侯静茹, 黎文靖. 高管团队薪酬差距激励了企业创新吗?——基

于产权性质和融资约束的视角［J］.财务研究，2017（5）：13-21.

［145］胡柳艳，邢花.医药制造企业高管薪酬激励、研发投入与企业绩效之间的关系研究［J］.商业会计，2020（19）：75-77.

［146］胡夏婕.薪酬差距如何影响企业创新——基于内部和外部双重视角［J］.会计之友，2022（23）：116-122.

［147］胡亚峰，李睿，冯科.高管薪酬差距、现金持有及其市场价值——基于不同产权性质比较［J］.商业经济与管理，2021（9）：45-55.

［148］黄辉.高管薪酬的外部不公平、内部差距与企业绩效［J］.经济管理，2012（7）：81-92.

［149］黄琦星，温馨.广告支出、行业竞争与公司绩效［J］.管理学报，2018，15（12）：18-38.

［150］孔东民，徐茗丽，孔高文.企业内部薪酬差距与创新［J］.经济研究，2017，52（10）：144-157.

［151］雷宇，郭剑花.规则公平与员工效率——基于高管和员工薪酬粘性差距的研究［J］.管理世界，2017（1）：99-111.

［152］黎文靖，岑永嗣，胡玉明.外部薪酬差距激励了高管吗——基于中国上市公司经理人市场与产权性质的经验研究［J］.南开管理评论，2014（4）：24-35.

［153］李春玲，张雅星.上市公司股权激励对象动态选择研究——以浙江苏泊尔股份有限公司为例［J］.财会通讯，2019（32）：86-90.

［154］李春涛，宋敏.中国制造业企业的创新活动：所有制和CEO激励的作用［J］.经济研究，2010，45（5）：55-67.

［155］李昊洋，程小可，李馨子.投资者调研与高管薪酬契约有效性研究［J］.当代财经，2017（3）：81-90.

［156］李丽，傅飞强.基于现金计划的长期激励模式设计［J］.中国人力资源开发，2014，（3）：63-68.

［157］李青东.股权的力量［M］.北京：中国商务出版社，2017.

［158］李世刚，蒋煦涵，蒋尧明.连锁股东与企业创新投入［J］.南开管理评论，2022（6）：1-25.

［159］李文贵，余明桂．民营化企业的股权结构与企业创新［J］．管理世界，2015（4）：112-125．

［160］李文贵，余明桂．所有权性质、市场化进程与企业风险承担［J］．中国工业经济，2012（12）：115-127．

［161］李小荣，张瑞君．股权激励影响风险承担：代理成本还是风险规避？［J］．会计研究，2014（1）：57-63+95．

［162］李晓钟，徐怡．政府补贴对企业创新绩效作用效应与门槛效应研究——基于电子信息产业沪深两市上市公司数据［J］．中国软科学，2019（5）：31-39．

［163］李彦龙．创新与收入不平等［J］．劳动经济研究，2020，8（5）：117-144．

［164］李燕萍，孙红，张银．高管报酬激励、战略并购重组与公司绩效——来自中国A股上市公司的实证［J］．管理世界，2008，（12）：177-179．

［165］李增泉．激励机制与企业绩效——一项基于上市公司的实证研究［J］．会计研究，2000，（1）：24-30．

［166］李战奎．高管激励与企业绩效——基于研发投入的中介效应［J］．财会通讯，2017（35）：31-36+129．

［167］梁莱歆，金杨，赵娜．基于企业生命周期的R&D投入与企业绩效关系研究——来自上市公司经验数据．科学学与科学技术管理，2010，31（12）：11-17．

［168］梁彤缨，雷鹏，陈修德．管理层激励对企业研发效率的影响研究——来自中国工业上市公司的经验证据［J］．管理评论，2015，27（5）：145-156．

［169］刘宝华，王雷．业绩型股权激励、行权限制与企业创新［J］．南开管理评论，2018，21（1）：17-27+38．

［170］刘春济，陈金采娜．高管股权激励、R&D支出与企业绩效的实证分析［J］．辽宁工程技术大学学报（社会科学版），2019，21（2）：113-118．

［171］刘慧龙．控制链长度与公司高管薪酬契约［J］．管理世界，2017（3）：95-112．

[172] 刘婷婷,高凯,何晓斐.高管激励、约束机制与企业创新[J].工业技术经济,2018,37(9):21-29.

[173] 刘帷韬,尤济红,邹小华.产业全球化、R&D投入与企业绩效[J].经济经纬,2020,(5):63-71.

[174] 刘雯赫,李自杰,李雅婷.高管正向外部薪酬差距对企业R&D国际化覆盖国家差别化的影响[J].技术经济,2020,39(7):147-158.

[175] 刘永丽,王凯莉.高管薪酬结构、团队稳定性与企业绩效研究[J].财会月刊,2018(16):35-44.

[176] 刘运国,刘雯.我国上市公司的高管任期与R&D支出[J].管理世界,2007(1):128-136.

[177] 卢锐.管理层权力、薪酬与业绩敏感性分析——来自中国上市公司的经验证据[J].当代财经,2008(7):107-112.

[178] 卢馨,郑阳飞,李建明.融资约束对企业R&D投资的影响研究——来自中国高新技术上市公司的经验证据[J].会计研究,2013,(5):51-58+96.

[179] 陆国庆.股权激励与企业技术创新——来自中国上市公司的经验证据[J].学海,2019(6):114-119.

[180] 逯东,王运陈,付鹏.CEO激励提高了内部控制有效性吗?——来自国有上市公司的经验证据[J].会计研究,2014,(6):66-72+97.

[181] 栾甫贵,纪亚方.高管外部薪酬差距、公司治理质量与企业创新[J].经济经纬,2020,37(1):114-122.

[182] 罗宏,曾永良,宛玲羽.薪酬攀比、盈余管理与高管薪酬操纵[J].南开管理评论,2016,19(2):19-31+74.

[183] 吕长江,赵宇恒.国有企业管理者激励效应研究——基于管理者权力的解释[J].管理世界,2008,(11):99-109+188.

[184] 吕长江,张海平.股权激励计划对公司投资行为的影响[J].管理世界,2011(11):118-126+188.

[185] 缪毅,胡奕明.内部收入差距、辩护动机与高管薪酬辩护[J].南开管理评论,2016,19(2):32-41.

[186] 牛建波,李胜楠,杨育龙等.高管薪酬差距、治理模式和企业创

新[J].管理科学,2019,32(2):77-93.

[187] 潘雄锋,李昌昱,孔新男.不同阶段研发投资对企业绩效的动态效应研究:基于中国上市公司的面板数据分析[J].管理工程学报,2020,34(3):97-103.

[188] 潘雄锋,潘仙友,李昌昱.中国政府R&D资助对技术创新的影响效应研究[J].管理工程学报,2020,34(1):9-16.

[189] 彭镇,陈修德,许慧.外部薪酬差距对企业创新效率的影响研究[J].证券市场导报,2020(12):20-28.

[190] 任海云.公司治理对R&D投入与企业绩效关系调节效应研究[J].管理科学,2011,24(5):37-47.

[191] 盛明泉,张娅楠,蒋世战.高管薪酬差距与企业全要素生产率[J].河北经贸大学学报,2019,40(2):81-89.

[192] 宋渊洋,李元旭,王宇露.企业资源、所有权性质与国际化程度——来自中国制造业上市公司的证据[J].管理评论,2011,(2):53-59+92.

[193] 苏冬蔚,林大庞.股权激励、盈余管理与公司治理[J].经济研究,2010,45(11):88-100.

[194] 孙世敏,陈怡秀,刘奕彤.合谋掏空对高管隐性薪酬及其经济效应影响研究——考虑业绩风险与高管依附性特征[J].管理工程学报,2022,(2):109-122.

[195] 孙维峰.所有权性质、研发支出与企业绩效之相关关系[J].现代财经(天津财经大学学报),2012,32(8):82-90.

[196] 孙晓华,翟钰,冀浩正.行业锦标赛激发了企业策略性创新吗？[J/OL].南开管理评论:1-20[2023-11-20].http://kns.cnki.net/kcms/detail/12.1288.f.20220919.1458.007.html.

[197] 孙自愿,王玲,李秀枝,赵绍娟.研发投入与企业绩效的动态关系研究——基于内部控制有效性的调节效应[J].软科学,2019,33(7):51-57.

[198] 唐清泉,甄丽明.管理层风险偏爱、薪酬激励与企业R&D投入——基于我国上市公司的经验研究[J].经济管理,2009,31(5):56-64.

[199] 唐松,孙铮.政治关联、高管薪酬与企业未来经营绩效[J].管理

世界，2014，(5)：93-105+187-188.

[200] 唐跃军，宋渊洋，金立印，左晶晶. 控股股东卷入、两权偏离与营销战略风格——基于第二类代理问题和终极控制权理论的视角 [J]. 管理世界，2012，(2)：82-94.

[201] 唐跃军，宋渊洋. 价值选择 VS. 价值创造——来自中国市场机构投资者的证据 [J]. 经济学（季刊），2010，(2)：609-632.

[202] 唐跃军，左晶晶. 创业企业治理模式——基于动态股权治理平台的研究 [J]. 南开管理评论，2020，(6)：136-147.

[203] 万里霜. 上市公司股权激励、代理成本与企业绩效关系的实证研究 [J]. 预测，2021，40（2）：76-82.

[204] 王春雷，黄庆成. 高管股权激励对企业绩效的影响研究——基于中介效应模型 [J]. 会计之友，2020，No.627（3）：89-96.

[205] 王化成，张修平，高升好. 企业战略影响过度投资吗 [J]. 南开管理评论，2016，(4)：87-97+110.

[206] 王鹏，周黎安. 控股股东的控制权、所有权与公司绩效：基于中国上市公司的证据 [J]. 金融研究，2006（2）：88-98.

[207] 王秀芬，徐小鹏. 高管股权激励、经营风险与企业绩效 [J]. 会计之友，2017（10）：84-89.

[208] 王亚，李桂华，李园园等. 转型背景下中国制造业的创新激励："行政型"激励还是"经济型"激励——基于制造业不同产权上市企业的对比研究 [J]. 中国科技论坛，2021（4）：75-84.

[209] 王燕妮. 高管激励对研发投入的影响研究——基于我国制造业上市公司的实证检验 [J]. 科学学研究，2011，29（7）：1071-1078.

[210] 王一鸣，杨梅. 企业创新投入、绩效与市场价值的关系——基于中国上市公司数据 [J]. 经济问题，2017，(4)：1-5.

[211] 魏刚. 高级管理层激励与上市公司经营绩效 [J]. 经济研究，2000，(3)：32-39+64-80.

[212] 温忠麟，叶宝娟. 中介效应分析：方法和模型发展 [J]. 心理科学进展，2014，22（5）：731-745.

[213] 温忠麟，张雷，侯杰泰等．中介效应检验程序及其应用［J］．心理学报，2004，（5）：614-620．

[214] 吴继忠，谢晶晶．私募股权投资基金参与度、企业性质与经营绩效［J］．武汉理工大学学报（社会科学版），2012，25（2）：260-264．

[215] 吴文华，姚丽华．战略性新兴产业上市公司核心骨干股权激励对创新绩效的影响研究［J］．科技进步与对策，2014，31（5）：75-79．

[216] 吴燕天．创新投入中介视角下的股权激励与财务绩效——基于科技型与非科技型企业的对比研究［J］．财会通讯，2021（14）：39-43．

[217] 吴育辉，吴世农．高管薪酬：激励还是自利？——来自中国上市公司的证据［J］．会计研究，2010（11）：40-48．

[218] 吴育辉，吴世农．企业高管自利行为及其影响因素研究——基于我国上市公司股权激励草案的证据［J］．管理世界，2010（5）：141-149．

[219] 西奥多·W·舒尔茨．人力投资：人口质量经济学［M］．北京：华夏出版社，1990：9．

[220] 西奥多·W·舒尔茨．人力资本投资：教育和研究的作用［M］．北京：商务印书馆，1990．

[221] 肖虹，曲晓辉．R&D投资迎合行为：理性迎合渠道与股权融资渠道？——基于中国上市公司的经验证据［J］．会计研究，2012（2）：42-49+96．

[222] 谢乔昕，陈雨轩．高管团队薪酬差距对企业风险承担的影响研究［J］．重庆理工大学学报（社会科学），2023，37（3）：80-92．

[223] 谢修齐．高管激励、创新投入与企业绩效——基于医药上市公司的实证研究［J］．商业会计，2019（23）：29-33．

[224] 徐斌．技术创新、生命周期与企业财务绩效［J］．江海学刊，2019（2）：109-114．

[225] 徐经长，张璋，张东旭．高管的风险态度与股权激励方式选择［J］．经济理论与经济管理，2017（12）：73-87．

[226] 徐宁，任天龙．高管股权激励对民营中小企业成长的影响机理——基于双重代理成本中介效应的实证研究［J］．财经论丛，2014（4）：55-63．

[227] 徐宁，徐向艺．技术创新导向的高管激励整合效应——基于高科

技上市公司的实证研究[J].科研管理,2013,34(9):46-53.

[228] 徐悦,刘运国,蔡贵龙.高管薪酬粘性与企业创新[J].会计研究,2018(7):43-49.

[229] 许宏.基于委托代理模型的企业经理人年薪制探讨[J].财会通讯,2012,(32):52-53.

[230] 亚当·斯密.国富论[M].北京:商务印书馆,1979:257-258.

[231] 杨伽伦,朱玉杰.薪酬管制、企业内部薪酬差距与创新:来自制造业的证据[J].经济学报,2020,7(4):122-155.

[232] 杨向阳,王文平.论国有企业人力资本的剩余索取权[J].中国人力资源开发,2006,(10):10-13+28.

[233] 姚凯.基于企业家工作性质的延期支付式年薪制研究[J].管理世界,2008,(11):178-179.

[234] 叶陈刚,刘桂春,洪峰.股权激励如何驱动企业研发支出?——基于股权激励异质性的视角[J].审计与经济研究,2015,30(3):12-20.

[235] 叶红雨,王勋.高新技术上市企业高管激励对企业绩效影响的实证研究——基于研发投入的中介作用[J].技术与创新管理,2017,38(5):520-525.

[236] 叶红雨,闻新于.管理层股权激励对企业绩效影响的实证研究——基于风险承担的中介作用[J].山东财经大学学报,2018,30(3):90-98.

[237] 尹美群,盛磊,李文博.高管激励、创新投入与公司绩效——基于内生性视角的分行业实证研究[J].南开管理评论,2018,21(1):109-117.

[238] 尹夏楠,明华,耿建芳.高管薪酬激励对企业资源配置效率的影响研究——基于产权性质和行业异质性视角[J].中国软科学,2021,(S1):260-267.

[239] 应瑛,王毅.企业研究开发人员动态激励体系研究——兼论企业人力资本投资收益递减[J].中国地质大学学报(社会科学版),2003(1):17-21.

[240] 于东智.股权结构、治理效率与公司绩效[J].中国工业经济,2001,(5):54-62.

[241] 于桂兰，杨富华．人力资本分享企业收益的原因与形式［J］．中国人力资源开发，2001，(12)：11-12+16．

[242] 于雪航，方军雄．"国家队"持股与企业创新投资决策［J］．国际金融研究，2020（8）：87-96．

[243] 余明桂，李文贵，潘红波．管理者过度自信与企业风险承担［J］．金融研究，2013（01）：149-163．

[244] 张立，高英智．公司规模、营销战略风格与家族企业业绩［J］．经济经纬，2015，(3)：120-125．

[245] 张横峰，罗堞，王昊．高管晋升锦标赛激励与企业创新——来自我国上市公司的经验证据［J］．会计之友，2022（5）：69-76．

[246] 张金山．人力资本、薪酬制度与企业绩效关系研究［D］．吉林大学，2008．

[247] 张蕊，王洋洋，廖佳．关键下属高管晋升锦标赛的创新激励效应研究［J］．会计研究，2020，(2)：143-153．

[248] 张完定，崔承杰，王珍．基于治理机制调节效应的技术创新与企业绩效关系研究——来自上市高新技术企业的经验数据［J］．统计与信息论坛，2021，36（3）：107-118．

[249] 张维迎．所有制、治理结构及委托—代理关系——兼评崔之元和周其仁的一些观点［J］．经济研究，1996，(9)：3-15+53．

[250] 张友棠．知识经济时代人力资本的产权特征及核算方式创新［J］．会计研究，1999，(8)：44-45+22．

[251] 章迪诚，严由亮．高管薪酬激励、第二类代理成本与企业绩效［J］．会计之友，2017（17）：89-94．

[252] 赵保国，阙人超．传统企业广告投入与企业绩效的非线性关系研究——基于工业企业数据的门槛分析［J］．北京邮电大学学报（社会科学版），2016，18（4）：92-100．

[253] 赵君，汪惠玉，刘智强等．高管团队异质性对突破性创新的影响机制研究［J］．管理学报，2023，20（9）：1303-1312．

[254] 赵奇锋，王永中．薪酬差距、发明家晋升与企业技术创新［J］．世

界经济，2019，42（7）：94-119.

[255] 郑森圭，崔笑宁，汪寿阳，尚维. 基于动态基础薪酬的企业薪酬制度研究[J]. 系统工程理论与实践，2022，42（4）：1-9.

[256] 周菲，杨栋旭. 高管激励、R&D 投入与高新技术企业绩效——基于内生视角的研究[J]. 南京审计大学学报，2019，16（1）：71-80.

[257] 周建，袁德利. 公司治理机制与公司绩效：代理成本的中介效应[J]. 预测，2013，32（2）：18-25.

[258] 周建波，孙菊生. 经营者股权激励的治理效应研究——来自中国上市公司的经验证据[J]. 经济研究，2003（5）：74-82+93.

[259] 周罗琳. 营销投入、财务杠杆与企业绩效[J]. 财会通讯，2018，(2)：27-29.

[260] 周其仁. 市场里的企业：一个人力资本与非人力资本的特别合约[J]. 经济研究，1996，(6)：71-80.

[261] 周亚虹，许玲丽. 民营企业 R&D 投入对企业业绩的影响——对浙江省桐乡市民营企业的实证研究[J]. 财经研究，2007，33（7）：102-112.

[262] 周艳，曾静. 企业 R&D 投入与企业价值相关关系实证研究——基于沪深两市上市公司的数据挖掘[J]. 科学学与科学技术管理，2011，32（1）：146-151.

[263] 朱芳芳，李海舰. 高管薪酬差距与企业研发投入——基于高管团队重组的情境作用[J]. 商业研究，2018（11）：119-126.

[264] 朱锦烨. 股权激励、企业创新与企业财务绩效关系研究[D]. 江西师范大学，2020.

[265] 朱琪，关希如. 高管团队薪酬激励影响创新投入的实证分析[J]. 科研管理，2019，40（8）：253-262.

[266] 朱仁宏，周琦，伍兆祥. 创业团队契约治理真能促进新创企业绩效吗——一个有调节的中介模型[J]. 南开管理评论，2018，21（5）：30-40.

[267] 左晶晶，唐跃军. CEO 激励与国际化战略[J]. 管理评论，2014，26（7）：148-158.

后 记

基于委托代理理论、人力资本理论和激励相容理论，本书深入探讨了高管激励动态性、企业的战略行为及企业绩效之间的关系。人力资本的动态性要求企业从传统的静态激励机制转变为动态的激励机制，以实现高管与股东之间的动态激励相容。通过理论分析和实证研究，本书揭示了高管激励动态性与企业战略行为之间的内在联系，以及这种联系如何影响企业的长期绩效和短期绩效。

在本书的研究过程中，得到了上海理工大学管理学院三位硕士研究生梅洁、蔡晓轩和王艳茹的大力协助，她们以高度的责任心和专业精神，参与了文献综述、数据收集、实证分析等各个环节的工作，为本书的完成付出了辛勤的努力。同时，上海理工大学管理学院的本科生肖嘉文，以严谨细致的工作态度，参与了本书后期的格式调整和细节完善方面的工作。在此，对她们表示衷心的感谢，并期待她们在未来的研究道路上取得更多的成就。此外，还要感谢那些在研究过程中提供帮助和支持的同行、朋友和家人。同行提供了宝贵的建议和反馈，帮助我们不断完善研究设计和分析方法。家人的耐心和支持则是能够持续工作的强大后盾。没有他们的帮助，本书的完成将变得异常艰难。

在这本学术专著的撰写与出版过程中，深感幸运能够与一支专业且富有洞察力的出版团队合作。在此，要向出版社以及编辑部的全体成员表达我的诚挚感谢。特别要感谢的是那些在编辑过程中给予我巨大帮助的编辑老师们。他们对学术严谨性的坚持、对文稿细节的精准把握以及对提升书籍质量的不懈追求，使得这部作品得以更加完善地呈现在读者面前。感谢读者对本书的关注和阅读，期待着与学术界同仁及广大读者就书中内容进行深入的交流和讨论。再次对出版社和编辑部的全体成员表示敬意和感谢。

创新是企业持续发展的关键，而有效的高管激励机制则是激发创新活力的关键。希望通过本书的探讨为学术界提供新的研究视角，同时能够为企业管理实践提供有益的参考，帮助企业设计出更加科学合理的激励机制，激发高管和员工的创新潜力，推动企业的持续创新和发展。在推动企业和社会创新发展的进程中，每一分努力都是不可或缺的。相信通过不断地探索和研究，我们可以更好地理解高管激励机制与企业创新之间的关系，为实现企业的可持续发展和社会的全面进步作出贡献。